킹핀 이후 K-산업 2.0
제조·수출에서 K-지식서비스 경제로

포스트 수출 강국 신성장 해법 2

킹핀 이후 K-산업 2.0

박광기 지음

매일경제신문사

프롤로그

　산업은 우리 사회가 직면한 문제들을 해결하기 위한 가장 근본적인 처방이자 가장 강력한 수단이다. 트럼프 발 세계 관세전쟁 시대, 한중 기술역전 시대, AI 대전환 시대를 맞아 한국의 성장 모델이자, 통상 모델, 산업 모델인 상품 제조·수출형 경제시스템이 송두리째 흔들리고 있다.

　전통산업 첨단산업 가릴 것 없이 상품 제조·수출로 유지해오던 기존 ① 일자리(제조업의 양질 일자리), ② 국부 창출(무역수지 흑자), ③ 경제성장(수출 드라이브) 모두가 임계점에 봉착한 것이다. 수출을 드라이브할수록 수직적 산업구조가 착취형(불평등 피라미드)으로 변질되어 양극화를 확대시키고 있다. 글로벌 공급망 내 경쟁 과열로 양산 제조업의 부가가치는 줄어들고, 세계 상품 수출 시장 내에서 대중국 비교우위를 잃고 성장력이 떨어지고 있다. 고소득(인당 GNI 3만 달러 이상) 대열에 진입한 이후에도 산업구조가 후발국과의 경쟁구도에 놓여 있는 나라는 선진국 함정(11년째, 2025년)에 빠진다. 한국 산업 정책의 최우선 과제는 중국과의 초격차 경쟁이 아니라 경쟁구도에서 벗어나는 비대칭성 기반 산업구조 구축이다.

　피크 코리아(Peak Korea)는 곧 수출주도 경제의 유효 기간이 다했음을 의미한다. 피크 코리아의 위기를 딛고 팍스 코리아나(Pax Koreana)의 새 시대를 열어갈 새로운 성장경로를 제시할 시대적 역사적 소명이 기성세대에 주어져 있다.

우리 사회가 정체하고 있는 것은 산업 성장기의 경제논리에 빠져 기존 성공 방식을 고집하며 성장 후 전환 비전을 찾지 못하고 있기 때문이다. 전환은 새것으로 대체가 아닌 한 단계 위로의 진화다. 일자리 창출 2.0, 국부창출 2.0, 성장전략 2.0 등 모두 한 단계 높은 2.0 비전으로의 전환이 요구된다.

선진국형 경제는 개도국과 경쟁하는 것이 아니라 축적된 자산을 운용하는 나라다. 개도국, 중진국이 경쟁우위 혁신으로 추격자의 길을 간다면 이제 선진국 대열에 진입한 한국은 '어떤 역할로 세계를 선진할 것인가? 곧 신흥선진국으로서 국제 사회에 어떤 역할로 공헌 기여할 것인가?'의 '역할비전'이 나와야 할 때다. 이는 포스트 수출 강국 대한민국의 새로운 지향점이자 한국만의 비대칭적 국제 역할을 찾는 일이다.

경제발전을 가져오는 생산성 혁신은 지속적으로 일자리를 고부가로 재생산해나가는 과정이다. 우리나라가 '국제 개발협력 플랫폼 국가'로 포지셔닝해서 곧 세계 곳곳에 개발 아젠다 사업을 펼치면, 국제 사회와의 연결성이 극대화되어 내수 경제는 국제 사회의 돈과 인재가 모이는, 글로벌 집적효과를 누리는 '국제 허브형 경제체제(글로벌 산업 수도)'로 변신한다. 우리 국민은 국제 사회 사업장의 현장 일감을 지원하는 본사 일감 중심의 멘토 코치가 되어서 일자리 베이스캠프가 지식 기반 서비스 일자리로 업그레이드된다.

이 책은 《한국 경제의 킹핀을 찾아서》에 이은 후속으로 기성세대가 상품 제조수출형 산업(1.0)으로 한국을 선진국에 진입시켰다면 2030 MZ세대들이 이끌어갈 진정한 선진국, 미래 한국의 산업 2.0 비전을 구체적으로 제시하고자 기획했다.

박광기

목 차

프롤로그   4

PART 1 | 사회 문제 해결의 질적 성장에 기반한 전환기 산업정책

[산업정책 2.0] '투 트랙 성장전략'으로 '포용 성장' 구현   12
     1. 기존 산업정책의 한계   13
     2. 전환기 산업정책, 국가 단위 비교우위 재구축이 우선이다   18
     3. 포트폴리오 대체식 신산업 육성에서 포트폴리오 운용 기반 산업진화로   23

국가 단위 산업전환의 견인차, 재벌그룹의 제2 창업   32
     1. 국가산업개혁의 주체   32
     2. 재벌 3세들의 투자 행보   34
     3. 제2 창업 운용 혁신 모델, '사업 진화형', '사업 투자형', '투자 개발형'   37

[낙수효과 2.0] 기업 간·세대 간 동반성장 플랫폼   48
     1. 우물 안 공존정책이 공멸을 부른다   50
     2. 보호·견제 중심 중소기업 정책의 한계   52
         중소기업 생태계 특성   53
         시장 자율적 자연도태식 구조조정의 한계   55
         중소기업의 글로벌화는 중소기업계의 20년 이상 해묵은 숙제   56
     3. 낙수효과 2.0을 넛지하는 동반성장 모델   58
         한국 대기업의 독특한 3대 위상과 앵커 대기업의 사회적 책무   58
         [재벌개혁 2.0] 포지티브섬 게임 플랫폼   60
         [중소기업정책 2.0] 민생경제주체이자 국가 경제 아킬레스건   63

[양극화 해법 2.0] 용강부약 플랫폼   70

PART 2 | 관세전쟁 시대, FTA 2.0 통상 모델

[통상 모델 2.0] 상품 수출 시장에서 '국가 아젠다 맞춤형 개발 시장'으로 전환	84
[신남방정책 2.0] 한·아세안 경제 협력 뉴 프레임워크	88
국제 사회 '개발 아젠다 맞춤형 융복합사업' 예시	97
1. 현지 문제 해결 시장과 '운용 혁신'	97
2. 한미 경제동맹 확장과 국제 신용 제고 기회	120
[내수 시장 확장, FTA 2.0] 경제공동체형 K–경제특구 사업	134
1. 상품 제조·수출형과 도급공사 마진형 통상·산업 모델의 국부 창출 한계	135
2. 국가 단위 기업가 정신 발휘, 팀코리아 투자 조직화	138
장기적 개발이익(+미래 세대 경제영토+SOC 투자 기회) 공유형 해외 사업	138
K–경제특구, '제조 거점 투자와 신도시 개발사업'의 결합형 종합개발	139
새로운 사업 현장인 국제 사회 '신도시(업종융합·기술 융합의 場) 플랫폼' 선점	157
3. [사례] 미국 러스트벨트 전통산업 재건과 도시 재생사업	162

PART 3 | [산업 2.0] 지식서비스 기반 5대 선진형 산업 플랫폼

[지식산업] 산업현장기술 기반 제조 지식·엔지니어링·위탁경영 서비스	177
1. 사업 투자형 코칭 서비스	178
2. 맞춤형 개발사업 기획 서비스	180
3. 생산형 서비스	182
K–시니어노믹스, 세대 상생형 일자리 사업	183
[금융산업] 국제 개발 협력 플랫폼 기반 개발금융허브	194
1. 개발금융 특화	195
2. 국제 금융 유치 플랫폼	196
3. 신금융(핀테크) 테스트베드	200

[첨단산업] 상용·응용 R&D 기반 첨단산업의 글로벌 테스트베드   201
   1. 첨단 미래기술 상용화 R&D 허브   201
   2. 첨단산업 소부장 R&D 허브   207
   3. 신기술 융합의 사업 현장(신도시) 플랫폼 선점   208
   [과학기술정책 2.0] 초격차 R&D 경쟁에서 산업기술 R&D 파트너십으로   212

[문화산업] 한류 콘텐츠 기반 문화산업   219
   1. 대중문화 한류 기반 엔터테인먼트 산업   220
   2. 사회 전 부문 교육 콘텐츠 IP 산업   221
   3. 소비재 산업의 문화산업화   223

[관광산업] 세계 목적성 관광의 허브, 테마 관광대국   226
   1. 한류 테마 기반 에듀투어   230
   2. 글로벌 산업 수도로서의 MICE 관광   234
   3. 한류 테마 관광   238
   [북한개발 사례] 체제 불안을 야기하지 않는 경제개발 비전, 관광 입국   239

[부록]
   [잠재성장률 2.0] 잠재역량 운용 기반   247
   산업 2.0 전환을 위한 FDI 유치 전략   255
   Q&A   267

PART 1

사회 문제 해결의 질적 성장에 기반한 전환기 산업정책

[산업정책 2.0] '투 트랙 성장전략'으로 '포용 성장' 구현

『산업정책을 GDP 양적 성장 관점에서만 보지 말고 국민 일자리와 소득 관점에서 바라본다. 첨단산업 중심의 성장은 고숙련자에게 편향적으로 좋은 일자리를 제공하기 때문에 불평등과 격차를 더 벌릴 수밖에 없다. 불평등과 격차를 줄여나가는 질적 성장 해법을 찾아야 한다. 첨단산업 육성과 병행해 다수 서민층 중산층 국민이 종사하고 있는 전통산업을 운용하는 '투 트랙 성장전략'을 구사해 '포용성장'을 구현한다. 첨단산업이 주축이 되는 '하이테크 산업 국가'를 지향하면서도 다수 국민과 중소기업이 보유한 기존 역량을 활용해 함께 참여할 수 있도록 기존 산업 운용 기반, 국민역량 운용 기반 성장 기회를 개발한다.』

1. 기존 산업정책의 한계

『기존 주력산업에서의 초격차 전략과 미래 첨단산업에서의 선도자 전략 모두 실패하고 있다. 초격차는 이미 한중 기술역전으로 유명무실해졌고 첨단산업은 선도는커녕 미·중 추격에 나서고 있지만 격차는 더욱 확대되고 있다. 무엇이 문제인가? 1년 R&D 예산이 우리나라 1년 예산보다 많은 중국이나 미국과 어떻게 경쟁하자는 것인가? 미·중과의 경쟁구도가 아닌 한국만의 비대칭성에 기반한 새로운 산업정책과 새로운 성장전략이 요구된다.』

우리 사회는 산업정책, 성장전략이라고 하면 뭔가 '새로운 아이템과 신기술' 관점에서 바라보는 경향이 있다.

'10년 후 우리를 먹여 살릴 산업(노무현 참여정부 10대 차세대 성장동력)' → '다가오는 또 다른 60년, 대한민국의 성공 신화(이명박 정부 17대 신성장동력)' → '2020년까지 국민소득 4만 달러 정조준(박근혜 정부 13대 미래 성장동력)' → 문재인 정부의 혁신성장 8대 선도산업(스마트 공장·드론·바이오 헬스·핀테크·스마트시티·자율주행차·에너지 신산업·스마트 팜) → 윤석열 정부의 BBC(바이오, 배터리, 반도체) 포함 15대 신성장 프로젝트 등 역대 정부는 백화점식으로 유망 신산업을 선정하고 육성한다는 산업정책을 예외 없이 추진해왔다. 하지만 지난 십수 년간 한국의 13대 주력산업은 변동이 없다. 이제 이런 유형의 산업정책이 오늘날 한국 경제규모와 글로벌 비교우위에 비추어 성장전략으로 실효성이 있는지 성찰하고 새로운 접근법을 찾을 때다. 미래 유망·유행산업을 선정해 가용한 자본과 인재를 집중적으로 투입해 총력전(정부 주도로 노동·자본 생산요소 투입을 늘리는 식)을 펼친다는 '선택과 집중'의 성장전략은 성장기의 인풋 기반 경제논리이자 대표적인 추격형 산업정책의 관성이다. 한국은 이미 연구 개발 투자에, 인력 양성에 전력을 다하는 나라다. 같은 노력을 배가한다고 성과가 크게 달라질 가능성은 낮다.

기술 경쟁우위(초격차 전략)에 기반한 산업정책의 한계

산업이 성장기에 있을 때는 경쟁우위 기반의 산업정책이 유효하지만, 전환기에 기존 산업정책의 틀을 유지해서는 저성장 문제를 해결할 수 없다. 지난 십수 년간 역대 정부 산업정책은 공통으로 미래 유망산업으로 보이는 테크[1] 신산업을 백화점식으로 선정하고 경쟁국 대비 기술 경쟁우위 확보를 목표(초격차 전략)로 한다. 그것도 이들 산업별 밸류체인에서 우리나라 기업의 역할은 대부분 양산제조에 집중되어 있다.

게다가 우리가 집중 육성하고 있는 첨단산업은 대부분 우리보다 예산 규모가 8배나 큰 중국이 10년간 칼을 간다는 8대 신산업, 7대 과학기술과 모두 겹치는 분야다. 중국과의 경쟁을 감수해야 한다. 언제까지 우리 국민의 경제생활을 고래와 싸우는 경쟁체제에 묶어두어야만 하나. 〈니혼게이자이〉 신문이 74개 품목을 대상으로 세계 시장 점유율을 조사한 결

---

[1] 전고체 배터리, 조선, 자율주행, 소형모듈원전, 재활용 플라스틱, 인공지능, AI 반도체, 양자 컴퓨터, 로켓·위성, 로봇, 스마트공장, 바이오 등

과 우리나라는 1등 품목 5개 모두가 삼성전자 단일 회사 제품이다. 삼성 반도체는 TSMC와 인텔 사이에 끼어 있고 스마트폰은 애플과 샤오미 사이에 낀 샌드위치 신세다. 삼성이 제2 창업의 돌파구를 찾지 못한 결과가 샌드위치 국가 처지다. 산업정책은 곧 국부 창출 전략이다. 우리는 국부 창출의 원천을 '기술=제조판매'로 등치하고 있다. 한국은 제조업으로 성장(성공의 저주)했지만, 제조업 만능론(특히 국내 생산 중심 제조업)을 넘지 못하면 미래 한국(First Mover)은 없다.

포트폴리오 대체식(특정 산업·기업 선별 육성 식, 금융지원 중심) 산업정책의 한계

정부가 한정된 재원으로 신산업 업종과 기업을 선정해 집중적으로 지원하는 방식의 육성 정책은 오늘날 한국 경제규모와 글로벌 비교우위에 비추어 성장전략으로 실효성이 있는지 성찰해보고 새로운 접근법이 필요하다. 철강, 화학, 자동차, 조선업 등 기존 주력산업은 대부분 중후장대(重厚長大)하고 자본 집약적이어서 정부가 대기업 하나를 선정해 장기 저리 대출과 정책자금을 집중지원해 육성시켰다. 하지만 BBC(바이오, 배터리, 반도체) 같은 신산업도 자본 집약적 산업인데 이제 중국 정부와 경쟁해야 하고 규모의 경제에서 우리가 밀릴 수밖에 없다.

더욱이 신산업 대부분 뚜렷한 비교우위가 없이 추격전의 연장선에 있다. 중소기업도 역대 정부마다 재정지원 중심의 육성 정책을 펼쳤지만, 한계기업 수명만 연장시킬 뿐 생산성을 향상시키지는 못했다.

포트폴리오 대체식 신산업 육성이 성과를 내기 어려운 것은 신·구 산업 속도 차이다. 신산업이 성장하는 속도보다 훨씬 빠르게 수축하는 전통산업의 속도가 문제다. 신산업을 키워 낙수효과를 기대하기까지 장기간이 소요된다. 전통산업에 종사하는 다수 국민은 신산업의 성장 혜택을 누릴 수 없고, 경제의 밑 빠진 독이 되어 신산업 성장도 어렵게 한다. 전통산업에 묶여 있는 자본과 노동이 신산업으로 이동하지 못하면 신성장 육성도 제한받는다. 역대 정부마다 신성장을 독려해왔지만, 성장률이 지속해서 하향하는 이유다.

신산업, 구(전통)산업 간 속도 차로 인한 구조개혁의 한계를 극복하고 선순환을 일으키는 구조개혁 해법을 찾아야 한다. 우리 경제가 생산성이 떨어지는 근본(경제위기의 실체)은 산업 팽창기에 급격히 늘려온 공급 과잉력이고 납품 물량에 의존하는 중소기업의 저생산성이다. 중소기업의 생산성 제고는 일감을 늘일 수 있어야만 가능하다. 국내 과잉 생산력은 출구가 있어야만 속도를 낼 수 있다. 둘 다 일감창출을 요구한다. 전략산업 육성에는 많은 시간이 걸리므로 당면한 경제위기를 타개하기 위해서는 기존 자원(업종과 기술 등)을 활용해 새로운 성장 기회를 극대화할 수 있어야 한다.

사회 문제(일자리, 양극화 등) 해결의 질적 성장에 한계

경제발전 역사의 맥락으로 보면 경제가 성숙단계(고도성장 후)에 들면 경제정책 방향이 격차해소로 가야 하는데 오히려 격차확대로 가고 있다. 기업 혁신과 정부 정책 모두가 경제성장기 선택과 집중의 성장전략 패러다임을 고수하고 있기 때문이다.

'포트폴리오 대체식' 신산업 육성 곧 반도체, 배터리, 바이오 등 소수 첨단산업, 소수 대기업 주도식 양적 성장(GDP 규모 중심)으로는 저출산 고령화 지방소멸 등 사회 전반에 걸쳐 있는 만성적 문제들을 해결하기는커녕 악화시킨다. 소수 첨단산업은 전통산업에 비해 낙수효과가 제한적일 수밖에 없다. 수출 낙수효과에 의존해 압축성장으로 과밀구조를 이룬 제조 중소기업 생태계는 지금 저출산 고령화로 인한 내수 정체, 수출 물량 감소에 더해 중국산 수입 증가로 생존 위기에 몰려 있다. 성장기에 선택과 집중으로 소수 대기업, 소수 산업 중심으로 GDP의 양적 성장(규모 증대)을 추진해왔다면, 경제 성숙기는 국민 일자리 80% 이상을 차지(기업 수 90%)하나 자생력을 갖추지 못한 중소기업이 질적 성장(격차 해소)의 키(Key)고, 민생경제의 기본 토대다.

2. 전환기 산업정책, 국가 단위 비교우위 재구축이 우선이다

한국 경제는 압축성장 후 압축적으로 쇠퇴하고 있다. 90년대 9%가 넘었던 민간 소비 증가율(한국은행)이 2020년대는 1%대로 떨어지고, 동 기간 기업 투자 증가율은 15%에서 3% 밑으로, R&D 투자 증가율도 20%에서 4%대로 급락했다.

압축성장의 부작용을 최소화하고 압축적으로 산업전환에 성공하려면 전통산업을 진화시켜 산업공동화를 막고 전통산업 기반 위에 미래를 이끌 전략산업을 키워내야 한다. 먼저 확고부동한 미래산업 비전이 서야 혼선을 줄이면서 선제적이고 효과적인 자원 배분과 재배치를 할 수 있다. 특정 산업육성에 앞서 신·구 산업전환 플랫폼 구축이 우선인 이유다.

전환기(경제성장단계에서 성숙단계로) 산업정책의 핵심 과제는 ① 포스트 상품 제조수출의 미래산업 비전을 찾아야 하고, ② 수출산업의 낙수효과 소멸로 인해 확대되고 있는 대외 경제(GDP 증가)와 대내 경제(국민소득감소) 간 괴리를 어떻게 해소할 것이며, ③ 중소기업과 중하위 기술을 보유한 서민층이 경제의 밑 빠진 독이 되지 않도록 어떻게 구조조정 출구를 마련해 줄 것이냐다.

국가 전체 기회 총량(기업 일감·국민 일자리)이 줄어드는 전환기 산업정책, '산업전환'

① 산업전환기를 맞아 앞으로 다수의 전통산업은 쇠퇴(탈탄소와 맞물려)하고 소수의 미래산업만 성장하는 양극화 현상은 더욱 가속화될 수밖에 없다. 국가 경제 전반의 생산성이 떨어지는 이유다. 이를 당연지사로 받아들일 수는 없다.

② 진정한 구조개혁은 미래산업에 앞서나가도록 지원하되 전통산업이 밑 빠진 독이 되지 않도록 성장구조를 재편성해야 한다.

③ 소수 엘리트의 고위 기술뿐만 아니라 다수 중산층·서민층의 중 저위 기술과 중소기업의 저부가가치 업종도 활용할 수 있는 길을 터야 한다.

전통적으로 정부의 산업정책은 유망 첨단산업을 선정해 초격차 기술 우위 전략을 지원하는, 경쟁우위 기반의 이른바 '포트폴리오 대체식 신산업 정책'이다. 첨단 분야는 미래산업으로 당연히 키워야 하고 기술 선진국이 우리의 미래 지향점임에는 분명하나, 경제 전반의 생산성(중소기업·자영업 생태계 전반)을 올리려면 전통산업에 묶여 있는 노동과 자본이 원활하게 새로운 산업에 재배치될 수 있도록 물꼬를 터줘야 하는 것이 선결과제다. 지난 십수 년간 정권마다 산업 구조개혁을 외쳤지만, 아직도 그 길을 찾지 못하고 있다.

일자리 관점 산업정책, '일자리 수혜자 저변 확대 및 업그레이드'

산업정책은 곧 기업 일감과 국민 일자리를 만드는 정책이다. 첨단 제조산업만으로 저성장의 국가 경제 흐름을 반전시킬 수는 없다. 첨단산업이 제공하는 일자리는 대기업이나 플랫폼 기업의 6~7% 수준에 그치고 그것도 소수 엘리트 계층에 국한된다. 다수의 기존 산업 종사자는 성장 혜택에서 소외될 수밖에 없다.

첨단산업으로 갈수록 참여하는 경제주체가 소수 엘리트에 제한된다. 다수의 국민은 소외되고 양극화, 서민층 일자리 등 현재 우리 사회가 직면한 문제를 해결하는 데는 한계가 있다. 국민 일자리 80% 이상이 3D 경공업, 중화학공업에서 나오고 있다.

첨단산업 BBC는 GDP 20%를 차지하지만, 고용은 1%가 채 안 된다. 신산업 발굴은 민간에 맡기고 정부는 쇠퇴하는 전통산업, 중소기업, 중산층·서민층의 일감·일자리 확보에 나서야 한다. 쇠퇴하는 전통산업이 연착륙할 수 있도록 출구를 찾아야 일자리를 유지하면서도 미래에 대응할 수 있는 여력도 생겨난다. 신산업, 창업벤처 육성보다 현재 고용을 책임지고 있는 기존 산업과 기존 기업의 제2 창업이 우선이라는 뜻이다.

선진국이 예외 없이 고부가가치 제품을 생산하고 수출하지만, 이는 선진국이 창출하는 부가가치의 일부에 지나지 않는다. 첨단산업이 하드웨어 기술에만 있는 것도 아니다. 미래 문화를 선도하는 소프트웨어 콘텐츠도 고부가가치 첨단산업이다. 삼성 반도체 부진과 대조적으로 TSMC가 중심이 되는 대만 반도체 산업이 그 어느 때보다도 선전하고 있음에도 대만은 2023년

14년 만에 최저인 1.4% 성장률을 기록했다. 월평균 총소득도 11년 만에 최대폭으로 줄었다. 일부 특정 산업에 국가 경제가 의존할 수 없다는 뜻이다.

경제 전반의 생산성을 올려주는 산업정책

AI 강국, 우주 강국, 바이오 강국 등 몇몇 첨단 분야가 국가의 미래인 양 글로벌 시류에 즉각 편승하는 식(정부가 ○○산업에 얼마를 투자)의 정책 마인드에서 벗어나지 못하고 있다. 정권이 바뀔 때마다 5년 단위로 '신성장 동력'이 바뀌고 있는 배경이다. 글로벌 비교우위 전략도 없이 백화점식으로 유망산업을 선정해 세제와 금융 혜택만 제공하면 신성장 동력으로 육성될까? 역대 정권이 7대, 10대 ○○ 신산업 육성을 외쳐온 것이 몇 해가 지나고 있나?

성장률 하락 트랜드를 되돌리려면 국가 경제 전반의 생산성을 올려야 하고 이는 개별단위 신산업 육성에 앞서 국가 차원의 새로운 비교우위를 찾는 것이 우선이다. 포트폴리오 대체(미래 먹거리 찾기)가 아니라 기존 포트폴리오를 활용해 새로운 시장을 창출(일감과 일자리)하는 기업가 정신 기반의 경제정책, 산업정책, 통상정책, 민생정책이 요구된다. 곧 밖으로 전통산업[2] 의 물꼬를 트고 안으로 미래산업[3] 인프라를 구축하는 글로벌 뉴딜을 기획해야 한다.

압축성장 후 압축적 쇠퇴 과정을 밟고 있는 한국 경제는 미래산업으로 압축적 전환이 필요하다. 전환기는 개별 경제주체인 민간에 기업가 정신을 기대하기 전에 국가 전체의 전환 물꼬를 트는 것이 급선무다. 정부의 산업정책이 국가 단위 기업가 정신을 발휘해 국가 차원의 새로운 비교우위(국민 일자리 베이스캠프)를 찾아 막힌 물꼬를 트는 일이 필수다.

개별 산업의 경쟁력 강화에 앞서 국가 차원의 유기적 성장 틀 자체를 바꾸는 것, 곧 전통산업에 묶여 있는 노동과 자본이 원활하게 신산업으로 재배치되도록 물꼬를 터줘야 국가 경제가 미래형 혁신 경제로 전환이 가속화된다. 즉 포스트 수출 강국의 새로운 비교우위를 찾는 것이 우선되어야 하고 이는 국가가 주도해야 한다.

예컨대 중국은 산업혁명(생산)에 뒤처졌지만 디지털 혁명(운용)은 앞서가고 있다. 미국과 중국이 디지털경제를 주도하고 있다. 중국이 디스플레이, 배터리 소재 같은 첨단 분야의 소재 부품에서도 일본을 앞서고 있다. 전통 제조산업은 우리를 추격하고 디지털 혁명(전기차 등 미래산업)은 우리보다 앞서 나가는 중국 앞에 한국의 포지션은 무엇인가? 산업정책 2.0은 소규모 개방형 통상 국가 특성, 국제 사회 기술 위상, 태생적 산업 구조를 이해하고 그 바탕 위에서 국가 차원의 비교우위 2.0을 재구축하는 정책이어야 한다.

---

[2] 모든 사회 문제의 온상인 국내 과밀·과당경쟁 해소 출구
[3] 재생에너지 인프라, 낙후지역 첨단산업 클러스터 조성 및 재개발, 첨단제조 분야 투자만이 아니라 엔터테인먼트, 문화서비스 인프라 등 SW 분야 투자 유치로 미래지향적 첨단도시로 개발, AI 데이터센터(일반 데이터센터보다 배 이상 전력 소모) 등 디지털산업 전기수요 급증에 대응(재생에너지 확대), 미래산업 메가클러스터 조성을 위한 광역화, 국토의 정원화 추진)

3. 포트폴리오 대체식 신산업 육성에서 포트폴리오 운용 기반 산업진화로

전환기 정부의 산업정책은 GDP 규모 확대의 양적 성장 관점에서 ① 기업 일감, 국민 일자리 관점, ② 국가 단위(시너지, 경제 전반 생산성) 비교우위 관점, ③ 전환기 산업전환(업종전환, 시장 전환을 통한 부가가치 제고) 관점의 질적 성장 기반 산업정책으로 전환한다.

양적(GDP) 성장 관점 →
일자리·격차 해소 등 질적 성장(신성장) 관점

• 경제 전반 생산성 제고와 양극화 해소형 성장 해법

미래 성장 방식은 지식과 (디지털) 기술이 기반이 되므로 초능력주의 사회로 간다. 소수 엘리트 중심 집중화가 가속화된다. 첨단산업으로 갈수록 소수 대기업 중심(우리나라는 250인 이상 대기업 기준, 고용 비중이 14%대에 불과해 OECD 최하위)으로 수혜자는 제한되기 때문이다.

초격차 기술 중심 산업정책은 초격차의 사회 양극화를 낳을 수밖에 없다. 새로운 첨단산업을 육성하는 것도 중요하지만, 이미 글로벌 기반을 구축한 기존 전통산업 분야에서 업종과 기술을 어떻게 활용해 자산화(성장 기회로 활용)할 것인지 운용 혁신이 병행되어야 한다. 그래야 기존 산업에 종사하는 다수 국민이 뒤처지지 않고 미래산업으로 옮겨갈 수 있는 포용적 전환이 가능하다.

첨단기술을 기반으로 하는 신산업은 소수 엘리트 중심의 민간(기업)이 주도할 수밖에 없다. 정부 지원 없이도 대기업들은 이미 디지털 혁신과 녹색성장에 사활을 건 투자를 하고 있다. 정작 정부가 관심을 두어야 하는 것은 전통산업에 몸담고 있는 자발적 회복력이 없는 중소기업과 다수의 경제 약자층 국민이 성장 기회에 뒤처지지 않도록 이들 역량을 활용할 수 있는 기회(성장공간)를 만들어주는 일이다. 다수 국민, 중소기업, 경제적 약자층 누구나 참여하고 성장 기회를 갖는 '보유역량 활용 기반 성장 플랫폼'이 요구된다. 민생 중심의 경제성장을 이루려면 소수 대기업 중심-일부 첨단산업 중심-제조수출 중심 산업정책에서 질적 성장 기반 산업정책으로 옮겨가야 하는 이유도 여기에 있다.

경제성장기에 선택과 집중으로 소수 산업과 스타 기업을 키워냈다면 이들을 레버리지로 삼아 국민 전체가 고루 잘 사는 길을 열어야 하는 것이 전환기의 과제다. 즉 소수 첨단산업과 소수 엘리트가 주도하는 경제체제를 국민 누구나 기회를 얻는 체제로 바꾸려면 먼저 국가 성장 틀을 업그레이드해야 한다. 국민 모두의 경험과 지식을 활용할 수 있는 '기회의 나라'로 재도약을 이루는 것이다. 우리 국민 모두의 지식과 경험을 부가가치 서비스로 활용할 수 있는 시장의 기회는 무엇인가?

개별 산업 육성 →
선(先) 국가 단위 비교우위(경제 전반 생산성) 재구축

산업정책을 신산업과 신기술 관점에서 '차별화된 국제 역할'로 바라보면 이미 우리가 보유하고 있는 업종과 기술역량을 필요로 하는 '시장(수요)'이 보이고 타국과 경쟁하지 않고도 성장할 수 있는 기회가 열린다. 국가(수출 강국의 역할은 상품 제조·수출산업)가 할 일을 새로 찾으면 그 국가 속에 있는 기업과 국민, 지방경제도 할 일이 생겨난다. 국제 사회 국가의 역할 재정립이 먼저고 국제 역할은 국가산업을 통해 가시화된다.

한국은 경제 규모 10위권, 운크타드(UNCTAD, 국제 연합 총회 상설 기관) 신흥 선진국 진입, 세계적 대중문화 한류 붐 등에 비추어 대외적 위상에 걸맞은 국제 역할은 아직 찾지 못하고 있다. 국제 역할이 우리만이 가장 잘할 수 있는 탈(脫)경쟁의 영역이어야 진정한 선도국이고 일류 국가다. 국가가 나아가야 할 빅픽처(Big Picture)가 없으니, 경제정책이 국내 복지경쟁에 매몰되어 있다. 신산업은 민간이 주도하도록 맡기고 정부는 다수 국민이 참여할 수 있는 국가 단위 비교우위를 재구축하는 데 집중해야 한다.

오늘날 한국 경제 규모가 몇몇 신산업 육성으로 변화를 줄 정도로 작지 않다. 정권마다 신성장 아이템이라 하는 것들이 모두 기존 상품제조, 수출형 산업구조의 연장선상에 있고 아직도 한국이 수출주도형 성장 모델(수출 강국으로 국가 포지셔닝 전략)에 비교우위가 있는지 의문이다.

글로벌 산업화는 우리 내부 노력과 상관없이 상대적 경쟁력이 키다. AI와 양자, 우주항공, 에너지 등 모든 미래산업에서 급부상하고 있는 중국에 대항할 카드도 없으면서 우물 안 국내에서 총력전(정신승리전)을 펼친다고 글로벌 산업으로 육성할 수 있는 게 아니지 않나? 무엇보다 신산업에 참여하는 경제주체는 소수기업과 국민에 제한될 수밖에 없기 때문에 국가 경제 전반의 생산성(산업정책의 최우선 목표)을 올리는 데는 한계가 분명하다. 첨단제조산업만으로 저성장 기조를 되돌릴 수는 없다.

정부는 특정 산업육성에 방점을 두기보다 국가 전체 ① 자산의 효율적 배분(경제 전반 생산성 제고)을 위한 물꼬, ② 정책자금 중심의 지원 정책에서 벗어나 경제영토 확장, 일감 확대(유휴설비 활용) 기회, 일감 혁신 출구(사업전환 유도, 자원의 효율적 재배치) 등 중소기업 자생력(중장기적 기초체력. 펀더멘털 강화)을 길러줄 시장친화적 정책, ③ 미래산업이라고 하지만 여전히 제조업 중심의 산업을 기후변화시대에 맞게 친환경 지식서비스 기반 산업으로의 전환에 방점을 두어야 한다.

포트폴리오 대체식 신산업 육성 →
포트폴리오 운용 기반 산업진화

· 경쟁우위 기반 산업혁신 패러다임(초격차) → 본업 운용 기반 신시장 창출 혁신

산업 대체가 아니라 기존 산업으로 축적한 기술과 경험 노하우를 활용하고 기존 산업에 AI, 로봇, 양자 등 신기술을 접목해 산업의 S 성장곡선(도입·성장·성숙·쇠퇴·재생)을 다시 그려내는 산업진화가 산업개혁의 키다.

한국은 지난 십수 년간 초격차전략을 추진해왔지만, 초격차는커녕 산업, 제품, 기술 모두 추격자인 중국과 선도자인 선진국 사이에 낀 넛크래커(Nutcracker) 처지만 악화되었다.

① 대외적으로 한중 기술격차가 사라지면서 초저생산성의 초저성장에 직면해 있다.

② 대내적으로 주력산업이 수명 주기상 수축기에 접어들면서 기술혁신이 혁신가의 딜레마(R&D 생산성 저하)를 겪고 있다.

③ 미래 기술 개발 경쟁도 미·중 강대국 대비 투자 규모에 있어 절대 열위에 있다. 특히 원천기술은 업력에 비례하고 첨단 분야는 장기간에 걸쳐 대규모 투자가 요구되므로 전통 선진국이나 중국과 경쟁하기에는 불리하다. 비대칭적 경쟁전략(본업기반. 문제 해결 기반. 강점 기반)의 운용 혁신으로 전환해야 하는 이유다.

첨단기술을 선도하는 것도 필요하지만 숙성되고 완성된 기존 기술을 국제 사회 더 많은 국가가 이용해 경제발전을 앞당기게 지원하는 것도 중요한 국제 역할이다. 융합 시대는 문제 해결형 기술 운용이 새로운 경쟁력이다. 곧 수단인 기술 자체에 대한 개발 경쟁을 넘어 목적(본질)인 해결할 문제를 정의하고 필요한 기술은 안팎에서 발굴해 융합해내는 운용 역량이 요구된다. 아직 해결되지 않은 문제는 개별 기업의 단위기술이나 단일 업종만으로 해결하기 어렵다. 이(異)업종 간, 기업 간, 민관 등 융합이 혁신의 키다. 기술의 융합 과정에서 신기술 개발 선점 기회도 열린다. 우리나라의 강점인 상용화 R&D 역량을 발휘해 원천기술을 가진 상대국과의 분업(상용화 및 시장개척) 파트너십으로 편승 성장하는 것이 유리하다.

백화점식 새로운 먹거리를 찾기보다 상대에겐 없는 자신만의 장점(주력산업)을 활용해 기존 산업을 진화시켜내는 운용 능력이 미래산업의 키다. 본업이 강해야 미래 먹거리도 키워낼 수 있다. 밑 빠진 독 메꾸기가 먼저다. 비대칭적 경쟁전략의 기반이 될 새로운 비교우위도 본업에서 나온다.

국가차원의 산업정책은 필요한가, 안 필요한가의 문제가 아니라 시대변화에 따라 국가 주도에서 '민간 주도 산업정책'으로 진화하는 것이다. 경제가 일정 수준 발전하면 어떤 신산업과 기술이 등장해도 그 분야 전문기업들이 생겨나게 마련이다. 우리나라가 지금 그러하다. 신산업은 민간이 주도하도록 맡기고, 필요시 정부는 뒤에서 넛지한다.

① 국가는 개별 산업을 넘어 국가차원 성장 모델(상품수출주도형 산업구조)의 글로벌 비교우위, ② 경제 전반(참여 경제주체 범위)의 생산성 제고, ③ 팀코리아 국가 단위 융합기회 발굴(개별 기업 단위 중국과의 경쟁한계 극복)에 방점을 두어야 하지 않나?

국가 경제성장기에는 제한된 국가 자원을 선택과 집중해 특정 산업을 육성하는 데 산업정책1.0의 방점을 두었다면, 성장 후 산업정책 2.0은 선택과 집중으로 키워낸 소수 주력산업과 대기업을 용강부약 플랫폼으로 활용(민간 주도)해 성장 과정에서 뒤처지고 소외된 다수 중소기업과 서민층 국민도 성장 기회를 얻고 격차를 해소할 수 있도록 동반성장 포용성장의 질적성장을 이루는 데 방점을 두어야 한다. 따라서 '대기업 주도 경제'를 깨려고 들 것이 아니라 대기업을 활용해 중소기업의 살길을 열어주는 것이 핵심이다. 중국 규모의 경제에 대응하기 위해서라도 각자도생 경쟁에 내맡기기보다 국가 단위 융합 넛지에 방점을 둔 산업정책으로 진화해야 한다. 과거와 같이 특정 산업을 정부가 주도해 육성하려는 산업정책은 효과가 없다.

결론적으로 경제가 성장세를 회복하려면 현재 우리 기업 일감과 국민 일자리를 제공하는 기존 산업 전반을 아우르는 활로를 다시 찾아야지, 시류에 편승해 몇몇 아이템을 신산업으로 육성한다고 될 일이 아니다.

즉 국가 단위 산업정책은 경제 생태계의 막힌 물꼬를 트는 것이 우선이다. 개별 산업을 키우려들면 다른 기회를 보지 못한다. 신산업에 경도되어 경제 전체를 아우르는 시야를 놓치기 쉽다. 지금 우리 사회가 일부 첨단산업에 쏠려 우리 경제의 몸통이자 강점인 기존 산업의 운용 기회를 보지 못하고 있다.

① 기존 산업의 경제영토를 확장해 더 많은 경제주체가 더 넓은 해외 시장으로 나가도록 하고, ② DX, AX 등 첨단기술을 접목해 제조 중심 기존 산업을 한 단계 위 고부가가치 지식서비스산업으로 업그레이드하며,

③ 기존 산업 해외 투자를 마중물로 새로운 연관 일감(신도시 등 국가 단위 융합사업 기회)을 창출하는 기제로 활용함으로써 더 큰 성장을 이룰 수 있다.

예컨대 석유화학, 철강 등 대중 규모의 경제에 밀려 하나둘 국내 공장을 폐쇄하고 있는 전통산업의 구조개혁도 글로벌 확장으로 해결할 수 있다. 우리나라 주력산업은 양산제조업이 기반인데 조강기술, 건조기술, 공정기술, 시공기술 등 양산기술은 규모의 경제를 잃으면 기술 격차를 유지할 수 없다. 특히 규모의 경제 몸통인 범용제품 물량을 놓치면 고부가가치 전환 투자도 힘을 잃는다. 국내에 갇혀 고사 중인 국내 중심 'K-산업 생태계'의 범위를 시장 가까이 원재료 가까이 글로벌로 확장시켜 국제 사회가 우리 산업을 견인하는 구조로 바꿔낸다. '세계 공급능력 점유율'로 승부하는 것이다. 예를 들어 석유화학업계의 구조개혁 방향성이 무엇인가? 경쟁에서 밀리는 범용 플라스틱 제품을 포기하고 고부가가치 제품(스페셜티)으로 옮겨가는 것만이 능사가 아니다. 범용 플라스틱 생산량을 급격하게 줄이면 캐시카우가 사라지는 만큼 스페셜티 제품을 개발할 투자 여력도 줄고 고부가 물량이 범용을 메꿀 만큼 빨리 늘어나지도 않는다. 국내가 스페셜티 중심으로 가려면 범용제품은 해외에서 물량을 맞추도록 재배치하는 균형전략이 기업에게 요구된다. 조선산업의 한화 멀티야드 전략, 자동차 산업의 현대차 공급망 현지화 전략, 제철산업의 포스코 해외 일관제철소 건설 등 이미 기업들은 그 방향으로 움직이고 있다. 대기업만 혼자 나갈 것이 아니라 중소기업도 동반진출하도록 생태계 차원의 클러스터 진출(K-국제 산단)을 유도한다. 현지에 제조생태계만 구축할 게 아니라 제조업을 마중물로 다양한 개발사업(K-신도시, K-경제특구 참고)을 일으켜 국내 일감과 일자리 창출로 연결시킨다.

유망 신산업을 쫓을 게 아니라 우리가 이미 강점이 있는 기존 산업부터 지켜야 새로운 신산업 창출 기회도 열린다. AI, 바이오, 우주항공 등을 축으로 하는 하이테크 산업 육성도 기존 산업이 든든한 캐시카우 역할을 해주고 선도기업과의 R&D 협업 발판이 되어줄 때 첨단 기술확보도 가속화된다. 첨단산업과 신기술 경쟁을 포기하라는 것이 아니다. 다만 불리한 경쟁에 매여 정신승리를 외칠 게 아니라 한국만의 비대칭성으로 승부해야 한다는 뜻이다.

① 기존 산업의 대선진국 파트너십 바탕 위에 관련 분야 앞선 첨단기술을 흡수해 기존 산업의 첨단화를 도모하고, ② 신산업 분야에서는 우리의 강점을 활용해 신기술 상용화 파트너십을 확장하며, ③ 첨단 미래 신도시와 같은 현장 플랫폼을 선점함으로써 세계의 신기술을 끌어들이는 식으로 기술혁신을 선도할 수 있다

국가 단위 산업전환의 견인차, 재벌그룹의 제2 창업

1. 국가산업개혁의 주체

지금 우리나라는 30여 년에 걸친 산업 성장기를 마감하고 팽창에서 수축단계로 옮겨가는 산업전환기에 있다. 기존 산업의 시장과 기술이 성숙 된 전환기는 제2 창업(창업 혁신)의 시대다.

어떤 사업이든 생애주기 변곡점에 도달하면 성장이 정체되고 위기를 맞는다. 창업 세대가 일으킨 국가 주력산업 대부분이 수명주기상 쇠퇴기에 접어들었다. 산업별 앵커 기업을 보유한 재벌그룹 3대 총수들에게 제2 창업 시대가 도래한 것이다.

우리 경제의 진짜 위기는 주력산업을 이끄는 재계가 세대교체는 되었어도 산업교체를 못 하고 있다는 데 있다. 일례로 무역장벽(관세장벽), 중국 저가 공세, 탄소 감축 압박(온실가스 배출당 세금 부여, 고로형 철강 사례) 등 삼중고(三重苦)를 겪으며 국내산 수출이 한계에 이른 고탄소 중화학공업을 여전히 유지하고 있다. 대기업 사업구조(상품 제조수출, 부품기지창)가 국민 눈높이를 따라가지 못하고 있다.

특히 고학력 청년세대가 기피하는 제조업에서 지식서비스업으로 진화하지 못하고 있다. 재벌 3세들의 제2 창업 부진이 국가 경제 전체의 발목을 잡고 있는 것이다. 한국의 주력산업과 이들 산업을 이끄는 대기업들 대부분이 한 단계 위 '업의 본질'로 진화하지 못하고 '업의 수단'에 머물러 있는 것이 국가 저성장 기조의 근본이다. 산업 구조개혁이 지지부진한 것은 노동 개혁과 규제개혁의 문제가 아니라 재계가 '사업 진화 사업재편 비전'을 찾지 못하고 있기 때문이다.

산업개혁 부진은 앵커 대기업의 1차 책임이다. 경제 5개 단체장이 정작 재계가 할 일은 찾지 않고 규제 탓, 정치권만 탓하고 있다. 정부는 기업 주도의 산업개혁을 환경적으로 넛지할 뿐이다. 벤처창업도 중요하지만 국가 경제 전반에 미치는 파급력으로 보면 재벌그룹의 제2 창업에 비할 바가 아니다.

2. 재벌 3세들의 투자 행보

재벌그룹 3세(세대교체)들이 주도하는 대기업의 신사업 투자 행보가 경쟁적으로 이어지고 있다. 이들의 제2 창업 행보에 따라 국가 미래 모습이 결정되고 국민의 삶의 프레임이 결정된다고 해도 과언이 아니다. 나라가 빅테크의 부품기지창이 되어 국민은 끝없는 국제 사회와의 경쟁에 내몰려 노예화될 수도 있고 세계의 중심 국가 국제 허브가 되어 세계인을 위한 멘토와 코치로 거듭날 수도 있다. 우리 국민은 특히 MZ세대는 이들이 그리는 국가 미래에 공감할까?

대기업의 신사업이 첨단산업이라 하지만 모두 제조업이고 대중국 경쟁산업이다. BBC 등 몇 개 사업에 국내 기업 간 중복 투자 경쟁이 일어나고 더욱이 중국업체들의 생산능력이 급증하고 있어 글로벌 공급과잉(치킨게임)이 우려된다. 우리 대기업들이 신사업을 내세우며 설비 투자에 올인하는 것은 극히 위험하다는 뜻이다. 이미 중국업체의 저가 태양광 공세로 초토화된 한국 태양광 산업생태계를 경험했다. 투자사업 대부분이 미국 빅테크의 부품기지창 역할을 강화하는 방향이다. 일례로 애플, 테슬라가 경기변동으로 물량을 줄이면 삼성SDI, SK온, LG이노텍(애플 비중 70%)이 휘둘리고 반도체 경기 사이클(삼성은 메모리 의존도 70%)에 국가 경제가 휘청거린다.

국가 경제가 소수 첨단에만 의존하는 것도 중국 시장 과다 의존만큼이나 우려스럽기는 마찬가지다. G2 디리스킹(Derisking) 피해를 줄이기는커 녕 G2 종속을 더욱 가속화하는 구도다. 사회는 선진사회로 변모하고 있 는 데 대표기업들의 사업 모델은 여전히 20세기형 도구 생산의 '제조판매 업'에서 한 단계 높은 도구 활용의 문제 해결 서비스업'으로 진화하지 못 하고 있다. 일례로 대표기업인 삼성은 20년째 사업구조에 변화가 없다. 핸드폰, 반도체(매출 70%, 이익 80%) 주력사업이 10년째 그대로다. 신사업이 라고 하는 것이 배터리, 전장, QLED, 바이오 등 또 다른 첨단 제조 아이 템뿐이다.

삼성이 제조기업 이후의 제2 창업 비전을 찾지 못하고 있으니 제조 강 국 한국도 넥스트(Next) 비전을 못 찾고 있다. 삼성이 제조 마인드에서 벗 어나지 못하고 있으니, 국가도 지식서비스산업으로 진화하지 못하고 있 다. 삼성 사업 포트폴리오가 미·중 샌드위치라 한국의 국제적 위상이 샌 드위치 처지다.

삼성이 200조 원이 넘는 유동자산을 쌓아두고도 투자에 나서지 못하 는 것도 오너 부재 때문이 아니라, 제2 창업 비전이 나오지 않아 필요한 기술이나 사업 분야를 (M&A 대상) 정할 수 없기 때문이다. 방향이 나와야 자원을 효율적으로 재분배하고 구조재편에 나설 수 있지 않나.

3세 총수들이 HW(Hard Ware) 제조판매업의 관점에서만 보면 국내에는 투자 기회가 많지 않다. 제조업에 매여 있다보니 투자도 설비 중심, 그것 도 국내 공장보다 경쟁력이 있는 해외 거점 중심으로 이루어져 국내 투자는 줄고 있다.

경험을 파는 디지털 시대(기기 → 콘텐츠. 서비스)에 해외로 향하고 있는 제조설비 투자의 1/10만 국내에 투자해 콘텐츠 IP를 키워도 그 레버리지는 HW 수출품에 비할 바가 아니다. 콘텐츠 개발은 우리 MZ세대의 강점 소질 분야이기도 하지 않나.

예를 들어 한국을 대표하는 IT 기기 제조기업들이 애플 프로비전에 고성능 카메라와 반도체를 부품으로 납품할 생각만 하지 프로비전이 제공할 무궁무진한 가상세계 경험 콘텐츠 IP 시장을 보지 못하고 있다. 우리는 왜 14억 인구 중국 시장을 중간재 팔아먹는 시장으로만 생각하나? 14억 인구가 한국에 와서 힐링하고 교육받는 곳으로 바꾸면 그 이상의 돈 (무역적자를 해소하고)을 벌 수 있다.

3. 제2 창업 운용 혁신 모델, '사업 진화형', '사업 투자형', '투자 개발형'

삼성 이건희 회장은 삼성을 1등 기업으로 키워냈지만, 후발국의 추격과 선진국의 선도기술 앞에서 그 한계를 직시했다. 생전 마지막 화두로 한계 돌파를 던진 이유다. 본인이 직접 답을 찾지는 못했지만, 그가 경영 화두로 삼은 '업의 본질'에 그 해답이 있다.

이 회장은 한때 가전은 조립 양산업, 반도체는 양심 산업이자 시간 산업, 카드업은 부실 채권 관리가 각 사업의 '업의 본질'이라고 정의했다. 가전업의 본질을 조립 양산업으로 보고 조립 양산에만 집중했다면 지금쯤 삼성 가전은 명품은커녕 대만 폭스콘과 같은 제조 하청업체로 전락했을 것이다. 삼성은 아직 업의 수단인 제조판매의 도구생산업에서 1등 기업이다. 업의 본질을 찾아 도구 활용의 문제 해결 서비스업으로 진화해 경쟁에서 벗어나 새로운 시장으로 옮겨갈 때 진정한 일류로 도약할 수 있다.

업의 수단에서 업의 본질(문제 해결 서비스)로 '사업 진화형' 솔루션 서비스 사업 모델

제조판매의 '업의 본질'은 제품 자체가 아니라 제품 활용이 가져올 편익(문제 해결)이다. 상품 자체(쥐덫)가 아니라 본질(쥐를 잡는 것)에 집중하는 것 곧 소비자의 '근본적인 문제'를 해결하는 것(사업이념)이다. 상품 자체는 언제라도 바뀔 수 있지만 그 본질은 바뀌지 않는다. 제품기능 개선만 보면 기회가 적지만 제품을 수단으로 보고 본질적 목적을 구현하고자 하면 솔루션 서비스 기회는 다양하게 새로 드러난다. 즉 기존 업종과 기술이 경쟁하고 있는 제품시장만 보면 이미 포화 돼 기회가 제한되지만 기존 업종과 기술을 수단으로 어떤 문제를 해결할지 기업가 정신의 관점으로 본다면 새로운 시장기회는 무궁무진하다.

제품은 수단이고 제품을 활용해 문제를 해결하는 편익 서비스가 진정한 '업의 본질'이다. 이를 테면 농기계 제조판매 기업인 존디어가 업의 본질인 농업 생산성 컨설팅 서비스 시장으로 옮겨간 것은 한 단계 높은 농업 솔루션 플랫폼 기업으로 진화한 제2 창업이다.

기업은 업의 본질을 찾아(재해석)한 단계 위(도구 생산 판매업 → 도구 활용의 지식서비스 운용업)로 진화하면서 삼류에서 이류로, 일류로 발전한다.

인력난을 겪으며 중국업체와 경쟁하고 있는 조선산업은 어떻게 업의 본질로 진화할 수 있나? 선박건조업은 업의 수단이다. 업의 본질은 선박을 활용한 해운 물류관리 통합서비스업이다. 건조 기술과 인프라(산업기술자 풀, 기자재 부품생태계, 세계 1위 건조 선박 MS 등)를 활용해 ① 로컬 조선산업 육성(산업생태계 구축 및 엔지니어링 서비스) 서비스, ② 선박 유지관리보수 서비스, ③ 선박 임대 서비스(그리스 선주 사례), ④ 선박 금융서비스, ⑤ 친환경 선박 연료 벙커링 서비스(싱가포르항만 사례), ⑥ 자율 운항 선박 원격운항 대행 서비스, ⑦ 미래 해양기술(해상풍력발전, 친환경. 자율선박 등) 엔지니어링 서비스 등 고부가가치 서비스 시장으로 옮겨갈 수 있다. HD현대는 선박건조업에서 벙커링(연료공급), 부품공급, 디지털 수리 및 확인 서비스업에 진출한다.

DX, AX(AI Transformation) 모두 업의 본질(문제 해결 서비스업, 제품의 서비스화. 서비타이제이션)로 진화하기 위한 수단이다. DX, AX의 본질(AI를 어디에 활용할 것인지)을 보지 못하고 기술 개발 자체에 매여 있으면 사업화에 뒤처진다. AI라는 기술 자체를 발전시키는 데 주목하기보다는 빠르게 고도화해나가는 AI를 어느 영역에 적용해 얼마나 실용적인 솔루션·서비스를 만들어 낼 것이냐가 AI 전략의 키다. 즉 AI 기술 개발 경쟁이 아니라 AI로 무슨 문제를 해결할 것인지 과제를 선점하는 것이다. 예컨대 LG는 LG가 활용할 AI 개념을 '공감 지능'으로 정하고 차별적인 고객가치 발굴에 나선다. 주력사업 대부분에서 초격차 우위를 잃고 있는 삼성은 지금이야말로 이건희 회장의 질문으로 돌아가 전자기기와 ICT 기술을 활용해 해결할 수 있는 문제가 무엇인지, '전자업의 본질'을 찾을 때 2차 도약의 기회도 열린다.

관계사 각자도생에서 그룹 단위 융합으로 곧 '투자 개발형' 복합사업 모델

21세기 융합 시대는 해결할 문제 선점이 곧 경쟁력이다. 새로운 문제를 인식하고 해결할 아이디어만 있으면 이를 구현해줄 기술과 부품은 세계 시장에 널려 있다. 기술력 자체보다 사업화 역량이 중요한 때다.

사업화 역량은 구체적인 문제 해결에 기반한 사업 비전이 출발점이다. 국제 사회 문제 해결에 방점을 두고 제2 창업에 나선다면 제조판매업 외에도 한국 재벌만이 보유한 문어발 업종과 기술을 융합해 해결할 수 있는 사업 기회는 널려 있다. 융합 시대에 각자도생의 경쟁보다 산업 간 기업 간 융합에 더 많은 성장 기회가 있다. 재벌 대기업의 융합 대상은 관계사뿐만이 아니다. 납품생태계의 중소기업은 물론이고 모든 국내 기업과의 업종 및 기술 융합이 가능하다.

이(異)업종 간 융복합으로 앞서 설명한 '국가 단위 개발 아젠다 맞춤형 사업'과 같은 종합개발사업 기회다. 각국 정부는 부문별 개발이 아닌 통합된 복합개발사업을 요구하고 있다. 일례로 미국의 공산품 대중의존도를 줄이기 위한 현지 공급망 구축 수요, 베트남 정부의 로컬 부품 GVC 편입 요구, 중동의 탈석유 신도시 개발 수요, 우크라이나 재건 사업 등 종합개발 수요가 폭증하고 있다.

삼성엔지니어링은 사우디아라비아의 '중장기 산업개발 파트너'로 지정받은 바 있다. 창업자의 사업이념 '사업보국'을 글로벌로 확장해 지구촌 균형발전을 선도한다. 복합개발 사업은 문어발 업종 자체가 경쟁력이다. 구글, 애플에 없는 그룹 관계사의 업종 포트폴리오를 활용한다.

B2G 시장에 신용이 높은 맥킨지와 같은 글로벌 컨설팅기업을 인수해 재벌그룹 내 경제연구소를 B2G 컨설팅기획사로 변신시킨다. 우리 정부의 KSP 및 EIPP 사업, 27개국에 걸친 ODA 사업과도 협업한다. 국부편

드 KIC(230조 원) 및 1,000조 원 국민연금의 대체 투자 확대와 장기 수익률 제고를 위한 투자처 등과도 연계할 수 있다.

국제기구와 협업해 UN SDGs 맞춤형 사업을 펼친다. SGD 취지를 살려 국제 금융을 동원한다. 한국 기업뿐만 아니라 세계 기업을 플랫폼 안으로 끌어들인다. 장기적인 개발수익 등 통상 수익을 다변화할 수 있는 토대다. 그룹 관계사는 물론이고 국내 협력사를 해외 시장으로 진출시키는 레버리지다. 국내에 있는 국가 산단 30여 개의 자매형 국제 산단을 해외에 조성하는 격이다. RE100 조건 등 탄소중립시대 인프라 조건을 충족시키는 사업장을 조성한다. 중국은 일대일로 국책사업으로 경제영토를 넓히고 있다. 한국은 국내 기업 해외 진출을 지원할 국가 차원의 대안은 무엇인가?

개도국은 개발 수요는 많으나 낮은 국가신용으로 자금조달이 어려워 개발사업을 현실화시키지 못하고 있는 경우가 태반이다. 우리나라 대기업의 신용으로 국제자금을 조달해 개발사업을 주도할 수 있다. 돈 없는 나라에 엔지니어링-조달-건설-금융 조달(EPCF) 방식으로 시공사업을 넘어선 시행사업은 곧 '개발금융 투자 플랫폼사업'이다. 해외 개발사업의 대세로 떠오르는 PPP의 본질은 수주 경쟁에서 벗어나 기획 제안 사업 곧 개발 협력 플랫폼사업을 펼치는 것이다. 공장 투자는 현지 진출을 위한 수단에 불과하다. 즉 상품 제조·수출형 공장 투자는 개발기획사업(탈수주 경쟁형)을 전개하기 위한 레버리지다.

세계 권역별 '한국형 신도시(산업도시) 플랫폼사업'을 펼칠 수 있다. 산업단지를 핵심축으로 배후에 산업도시를 조성하고 이를 다시 첨단 미래 도시로 발전시키면 엄청난 시너지 효과를 낼 수 있다. 국내 다양한 산업 업종과 기술을 융합해 '국제 산단 기반 산업도시' 개발 사업을 기획하면 한국만의 투자 개발형 사업으로 차별화할 수 있다. 제조클러스터와 신도시(산업화 집적효과 산업도시)의 결합이다. 하드웨어 인프라만 건설하고 끝나는 게 아니라 현지 시민이 자체적으로 운영할 수 있도록 운영 노하우 SW(Soft Ware) 전수가 핵심 차별화고 이는 교육 콘텐츠로 실현할 수 있다. 산업 생태계가 산업도시를 만든다고 해도 과언이 아니다. 산업의 집적과 관련 인재가 모여 있는 효과로 규모와 범위의 경제를 동시에 얻을 수 있어 산업생태계 조성은 곧 기업 경쟁력으로 이어진다. 산업도시 자체가 쉽게 넘을 수 없는 경쟁우위를 제공한다.

선수에서 코치로 곧 '사업 투자형' 사업 모델

기존 사업을 경쟁우위 관점으로 보면 후발국 기업들에 쫓기고 있지만 비대칭 경쟁전략으로 전환(선수에서 코치로)하면 기존 사업의 축적된 기술과 경험 노하우를 전수하고 코칭·교육하는 편승 성장(=노하우코칭형 교육사업, 새로운 용처 발굴) 기회가 열린다.

예컨대 롯데는 토지나 건물 등의 부동산을 직접 매입해 운영하는 직영 부담이 적은 에셋 라이트(Asset Light) 전략의 위탁 운영 방식 (한류 기반의 K-스탠더드) '글로벌 호텔 체인'을 구축해 편승 성장을 도모하고 있다.

대부분 국가가 제조업을 육성하려는 동기는 수출보다 내수 자급자족이 우선이다. 제조기업의 정점에 서 있는 우리나라 대기업들은 각 산업 분야에서 나름의 제조 방식을 접목시켜 글로벌 제조 네트워크를 구축하고 세계 공장의 제조 기술 상향 표준화를 선도할 수 있다. 'K-제조업 플랫폼사업'이다.

예컨대 삼성전자는 상생협력 차원에서 2018년부터 7년간 6,000여 개 중소기업에 스마트공장을 구축하고 삼성의 제조혁신 경험과 노하우를 현장에 전수하고 있다. CSR 차원에 추진 중인 삼성 스마트공장 지원 사업을 글로벌로 확장시키고 지분 투자를 병행해 스마트제조 플랫폼화시킨다. 국별 유망 로컬 중소·중견 제조기업을 발굴하고 지분을 확보해 스마트공장화를 선도한다. 전략적 투자자(SI)로 참여해 로컬기업의 가치를 올려 편승 성장을 도모하는 전형적인 사업 투자형 모델이다. 탄소중립 공장을 실현하는 데 선도자로 나선다. 성장기에 있는 로컬기업이나 부실기업에 삼성식 경영을 접목시켜 '국가별 제2의 삼성'을 육성한다. 협력사에 파견하는 제조전문가 풀을 활용하고 삼성 SCM 노하우도 전수한다.

일본 종합상사들이 글로벌로 수백 개에서 수천 개 자회사를 간접 경영하며 수익을 올리는 것도 사업 투자형 사업 모델이다. 유망 로컬기업을 발굴해 지분에 투자하고 일본 기업이 축적한 사업 노하우를 이식하고 경영시스템을 접목해 기업가치를 올리는 식으로 편승성장을 도모하고 있다. 일본에는 업종을 불문하고 도요타의 간판 방식을 접목시켜 제조업의 기업가치를 제고하려는 NPS[4](New Production System) 회원사 그룹이 결성된 바 있다. 한때 NPS 회원사로 선정되었다는 것만으로 주가가 오를 정도로 시장의 신뢰를 얻었다. 롯데의 파키스탄 정유 공장 인수 및 정상화, 호주 제철 기업의 현대화, 미국 로컬 조선산업의 현대화 니즈 등 모두가 사업 투자형 사업 기회다.

한국 대기업들은 모두 '산업 한류 플랫폼 기업'으로 재도약할 수 있다. 국내 중소기업과 소상공인들을 글로벌 시장으로 진출하도록 성장 사다리 역할을 해주는 글로벌 플랫폼 기업(예: 알리바바)으로 변신한다. 동시에 현지 로컬 유망기업을 발굴해 수출기업으로 성장하도록 멘토 기업(파트너십 기술 멘토)을 알선 매칭해주고, 지원해주는 코칭 플랫폼으로 두 가지 역할을 동시에 추진한다.

한국 제조 대기업들은 주력사업 생태계를 활용하면 K-제조업 플랫폼 사업과 연계해 '탄소중립 기반 SCM 대행 사업'을 펼칠 수도 있다. 자원무기화 시대에 글로벌 자원 낭비를 최소화하고 탈탄소 소재 부품 장비 공급망 구축을 선도한다. 반도체, 배터리, OLED, 전장 등 고부가 첨단부품

---

[4] 공식 명칭은 'NPS 연구회', 1 업종 1 개사 입회원칙, 각 회원 기업을 업계 1위로 육성 목표, '요코가와 전기', 외식업계의 '스카이라크', '닛폰 경금속' 등이 회원사로 있음. 도요타의 간판 방식에 기반을 두고 어떻게 시장지향형 제조 방식으로 바꾸어 나갈 것인가에 혁신의 방점을 두고 있음. 삼성전자가 업종 상관없이 중소기업을 대상으로 펼치고 있는 '스마트 팩토리' 지원 사업이 유사한 성격

을 중심으로 세계의 공장들을 대상으로 공급망 안정을 선도한다.

글로벌 전기차 회사들이 배터리 원료인 흑연, 리튬 등 광산업체와 직접 협상하고 중국 의존도를 줄이기 위해 공급망 다변화를 추구하고 있지만 핵심 경쟁력 분야가 아니다. 전기차 생산 초기가 지나면 납품으로 대응할 수밖에 없다.

전 세계에서 부품을 적시에 조달하는 현대, 삼성, LG의 SCM 역량은 세계 최고다. 삼성은 수백 수천 개 부품 공급사의 품질을 관리한다. 세계에 걸쳐 수천 개로 구성된 공급망을 철저하게 관리하는 시스템과 그 운영 노하우가 완성품 업체의 핵심 역량이다.

삼성은 공급망 관리(SCM)의 신으로 평가받고 있다. SCM에 특화된 전문 컨설팅기업을 인수해 B2B 거래선을 확보한다. 글로벌 부품사로서의 삼성 위상과 내부 SCM 역량을 접목한다. 권역별 부품 산단을 조성한다. 부품 협력업체를 발굴하고 현지 공급망을 구축한다. 불용설비·자재·부품 수급을 매칭시켜 글로벌 차원의 부진 재고를 최소화시켜 최적화를 도모한다. 구매비, 불용비, 물류비의 3대 원가절감 효과를 극대화한다.

AI 기반 글로벌 SCM(풀필먼트)은 자재 구매비, 운송비, 금융비, 창고비 등을 최적화시켜 자재 가격 변동에 따른 구매 리스크를 최소화해준다. 제조기업을 대상으로 한 B2B 사업이다. 원자재 가까이 시장 가까이에 위치해 소싱하고 생산 최적화를 도모한다. 부품을 사기도 하고 팔기도 하는 관계사의 거래선을 매칭시킨다.

RE100 산단에서 생산된 부품을 공급한다. 우리나라 대기업이 제조기업의 정점에서 보유한 역량이다. 앵커 기업으로서의 협력사 네트워크를 구축한다. 삼성전자의 경우 210조 원대 구매 규모가 기반이다. 구매와 판매의 양방향 거래선 네트워크와 종합상사의 자원개발 역량을 같이 활용한다. '탄소중립 SCM 대행 사업'을 통해 국내 중소기업의 대기업 종속을 해소할 수 있고 글로벌 생산 최적화를 이룬다. RE100 소부장 탄소 프리 발자욱 공급망(탄소 프리 부품망)을 구축한다. 삼성전자, LG전자가 빅테크의 일개 부품사 신분에서 벗어난다. 유통재고 최적화로 세계 공급망 안정을 선도한다. 세계 90국 11만 개 농·축·수산물 공급처의 정보를 확보해 AI로 전 세계 농산물값을 한눈에 볼 수 있게 한 무역 거래 플랫폼 '트릿지' 사업 모델이 선례다. 종합상사로 자동차 부품사를 발굴하고 직접 생산 투자도 하는 등 공급 파트너 역할을 수행하는 포스코인터내셔널, 텍사스에 진출한 국내 기업들을 대상으로 구매대행(MRO) 서비스를 하는 IMK 등을 참고한다.

'SCM 대행사업'은 공장 단위·산업 단위 MRO 플랫폼이자 '첨단기술 선점 상용화 플랫폼'이다. 그룹 관계사의 상용화 R&D 역량을 활용해 양자 컴퓨터. 초전도체 배터리. 초소형 SMR. 수소 등 미래 최첨단기술의 상용화를 선도하는 '첨단기술 상용화 선도 투자 플랫폼 사업'과도 연계할 수 있다. 예를 들면 삼성그룹이 삼성 벤처 투자사, HW 제조 관계사 R&D를 융합한다. 소프트뱅크 비전펀드 FI(재무적 투자)와 달리 하드웨어 기술 중심 SI(전략적 투자) 플랫폼이다. 소프트뱅크같이 유망벤처에 자금만 대는 FI

가 아니라 한국 R&D 강점을 접목해 상용화를 앞당긴다.

　우리나라 대기업들은 공통적으로 21세기 디지털 플랫폼 서비스 시대에 20세기형 제조판매업 중심의 하드웨어 설비 투자에 집착하고, 기술 운용 시대에 내부 기술 개발에 올인하며, 융합경쟁력 시대에 그룹 관계사 각자도생에 매여 제2 창업의 신사업 기회를 보지 못하고 있다. 삼성도 마찬가지다. 삼성전자는 사명에서 전자를 빼면 그 자리에 무엇을 붙일 수 있나?

[낙수효과 2.0] 기업 간·세대 간 동반성장 플랫폼

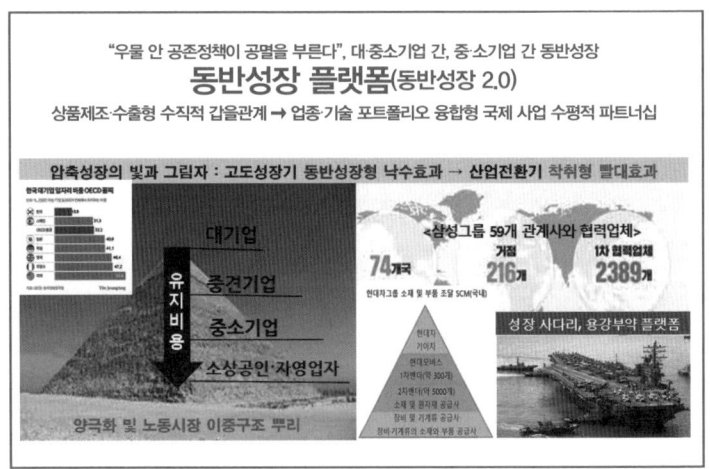

출처 : 저자 작성

　민생경제의 주체이자 국가 경제의 아킬레스건은 중소기업이다. 지금 우리가 겪고 있는 ① 양극화(12:88), ② 저성장, ③ 지방소멸, ④ 청장년 일자리, ⑤ 민생위기의 중심에 중소기업(King Pin, 킹핀)이 있다. 대기업 불황이 상당수 중소기업을 위기에 빠뜨리고 있다. 대기업과 하나의 생태계로 엮여 있기 때문이다.

중소기업들은 지방에 많다. 지역 불균형 발전과 지역 소멸도 중소기업 위기가 근본이다. 경제 역동성 저하도, OECD 최하위 수준의 저생산성도 저변에 중소기업이 있다. 우리 중소기업이 직면한 위기는 개별기업 혁신 역량이나 생산성 개선으로 넘기 힘든 외부적·국가 환경적 변수에 의한 것이므로 정부와 대기업, 중견·중소기업이 함께 해법을 찾아야 한다.

태생적으로 자생력을 갖추지 못한 대다수 중소기업에 역대 정부는 정책자금 중심의 지원 정책을 펼쳐왔지만, 부채만 늘려왔을 뿐 근본적 해법은 찾지 못하고 있다. 중소기업이 국가 경제의 밑 빠진 독이 되지 않게 하려면 외생적 성장 레버리지가 반드시 필요하다. 경제영토 확장, 일감 확대 기회, 일감 혁신 출구 등 중소기업 자생력을 길러줄 시장 친화적 정책이 필요하다.

동반성장 플랫폼은 ① 국가 경제의 밑 빠진 독을 메우기 위한 최우선 산업정책 과제, ② 양극화 해소를 위한 최우선 사회정책 과제, ③ 균형발전의 출구를 제공하는 최우선 지자체 정책과제다.

1. 우물 안 공존정책이 공멸을 부른다

• 낙수효과 축소 → 빨대효과 → 양극화(노동 시장 이중구조)

상품 제조수출형 산업 구조는 산업별 앵커 기업을 중심으로 수직적 갑을관계를 이루고 있다. 노동 시장 이중구조는 노동 개혁으로 해결되지 않는다. 종속적 산업 구조가 근본이기 때문이다. 고도성장기 앵커 기업 낙수효과의 순기능이 작동해 수직계열화된 산업생태계가 동반성장을 이루었다면 산업 수축기(전환기) 낙수효과 소멸은 앵커 기업의 유지비용이 착취형 빨대효과(외주화, 하도급 다단계 고용 확대 등)를 일으켜 노동 시장 이중구조를 악화시키는 역기능으로 변질된다. 대기업·중소기업으로 양극화된 산업구조는 사회적·지역적 불평등을 초래하고 청년층의 무한경쟁을 불러일으키며 저출산, 자살률을 밀어올리는 토양이 되고 있다.

• 압축성장의 빛과 그림자

한국의 상품 제조수출형 산업생태계는 납품 관계로 수직계열화되어 효율성 극대화로 압축성장을 가져왔지만, 그 이면은 수출 대기업의 경쟁력을 유지하기 위한 비용이 피라미드 하단으로 이전(하청화, 외주화)되고 양극화를 확대시키는 피라미드 구조다. 대형 조직이 2차 성장의 길(Next S Curve)을 찾지 못하면, 곧 제2 창업이 지연되면 조직 규모를 유지(버티기)하기 위한 관리 비용이 엄청나게 발생한다. 이 비용은 결국 피라미드 하부를 착취하는 동인으로 작용해 양극화를 확대시킨다.

일례로 국내 3대 대기업 조선소는 63%~69% 하청 일감으로 유지되고 있다. 선택과 집중으로 소수 대기업이 글로벌 기업으로 성장한 이면에는 자생력을 갖추지 못한 다수의 납품중소기업(격차 확대의 뿌리)이 있다. 대기업 일자리 비중(2021년 OECD 250명 이상 대기업 기준)은 OECD 32개국 평균 32.2%에 비해 한국은 13.9%에 불과한 이유도 우리나라 기업의 세계화 부진(매출 25% 이상 수출 기준 기업 수 7%, 선진국의 1/3 수준)에 있다.

미국은 57.7%, 프랑스 47.2%, 영국 46.4%, 일본 40.9%에 비해 턱없이 낮다. 더 많은 대기업을 키우는 길은 우물 안 국내에 갇혀 있는, 자생력이 없는 중소기업들의 경제영토를 해외로 확장시키는 것뿐이다. 재벌그룹의 외형적 규모는 제대로 쓰이지 못하면 사회구조 하층부의 압박으로 작용하고 이를 잘 활용할 길을 찾으면 막강한 레버리지다.

대기업의 브랜드로 구축된 글로벌 비즈니스 인프라는 국가자산이다. 대기업이 그동안 벌어들인 돈은 브랜드 신용·유통 네트워크·인재 풀·기술 특허 등 글로벌 시장에서 비즈니스 인프라를 구축하는데 투자되어 있다. 막강한 글로벌 인프라를 두고도 국내 기업 간 융복합 시너지를 내지 못하고 각자도생하는 것은 가장 큰 국가적 낭비다. 더욱이 우리 기업은 지금 배터리·디스플레이 등 중국의 개별 기업과 싸우는 것이 아니라 자국 기업에 보조금을 지원하는 중국 정부를 상대로 싸우고 있지 않은가.

2. 보호·견제 중심 중소기업 정책의 한계

지금까지 정부의 기업정책은 내수 시장 관점에서 중소기업 보호, 경제력 집중을 염두에 둔 대기업 규제를 기조에 깔고 있다. 심판 역할이다. 각자도생으로 해외에 진출하는 우리 기업에 대해서는 정부 차원의 기업정책은 무엇인가? 국내에서 성장한계를 겪고 있는 개별 기업의 경제영토 확장을 지원하고 보호하면서도 국가 차원의 시너지를 낼 수 있는 정부의 역할은 무엇인가? 지난 십수 년간 중소기업 정책이 성과를 내지 못한 이유는 개별 업종 개별 기업 선정 방식의 수천 개가 넘는 지원 프로그램에 있다. 이렇게 분절된 형태로는 문제를 해결할 수 없다. 정책자금 지원 중심의 중소기업 정책이 기업을 살리기는커녕 좀비기업을 연명시켜 출혈경쟁을 부추기고 중소기업 생태계 전반의 생산성을 더욱 악화시키고 있다. 보호·금융지원 중심의 복지성 정책으로는 해결되지 않는다.

지금처럼 현금성 지원 대책으로 계속 가면 ① 한계기업에 과도한 자금 공급으로 잠재 부실만 누적시키고, ② 사업축소 및 저가공세로 이어지다가 결국 고사하고 만다. ③ 더욱이 구조개혁 기회를 놓치고 물귀신처럼 건전 기업의 경쟁력마저 훼손시켜 생태계 전체를 파괴한다. '돈만 대주는' 방식이 아니라 구조조정과 업종전환을 유도하는 근본적 해법이 요구된다. 중소기업 전체 경쟁력을 높여 줄 수 있는 수단이 필요하다. 중소기업 전체를 대상으로 경쟁력을 키우고 성장할 수 있는 새로운 접근 방식이다. 곧 중소기업의 성장 사다리를 어떻게 놓느냐가 경제 재도약의 성패를 좌우한다. 규제개혁, 노동개혁, 교육개혁, 연금개혁 등 국내 제도와 시스템 개혁이 경제체질 개선에 필요조건은 되겠지만, 위기 이후 도약을 위한 충분조건이 될 수는 없다.

우리 중소기업은 세계화 덕분으로 수출 납품 일감이 늘어나면서 단기간에 우후죽순 생겨나 세계 최고의 과밀구조를 이루고 있다.

이제는 그 세계화 때문에 개도국에 경쟁력을 잃으면서 ① 국가 경제의 밑 빠진 독으로, ② 지방경제 침체의 근본 원인으로, ③ 양극화 문제의 몸통이 되었다.

OECD는 한국 중소기업의 40%가 정부 지원을 받고 있고 이러한 정부 개입이 오히려 기업 생태계 경쟁력을 떨어뜨리고 복잡한 사회문제의 토양이 된다고 지적한다.

중소기업 생태계 특성

고도성장을 이끌었던 주력 제조산업의 국내 양산제조가 원가경쟁력을 잃고 자본과 일자리가 중국 등 신흥국으로 옮겨가면서 제조업 대기업의 고소득 중산층 일자리가 해외로 유출되는 결과를 낳고 있다. 지난 십수 년간 대기업 고용 비중은 40%에서 10%로 반의반 토막이 났고, 중소기업 고용 비중은 90%에 근접할 정도로 급증했지만, 임금은 대기업의 80%에서 50% 수준으로 격감했다. 그 여파로 서비스업 고용 비중(73%)이 선진국 수준으로 급증했지만, 생산성은 제조업의 45%에 지나지 않고 과당경쟁으로 저수익성에서 벗어나지 못하고 있다.

제조업의 소규모 사업체(50인 미만 소기업, 서비스 소기업 제외) 고용 비중은 58.1%로 OECD 국가 가운데 비교 가능한 31개국 중 1위다. 소기업(10~49인)의 노동 생산성은 대기업(250명 이상)의 30% 수준, 소기업 비중이 큰 산업 구조는 한국 기업 경쟁력을 낮추는 요인이다.

중소기업(평균적으로 종업원 20여 명, 연간 매출 40억 원 정도의 소규모 업체가 대부분)은 동일 제품을 두고 다수의 납품업체 간 경쟁이 치열해 판매가는 원가(고정비+변동비)에 소폭의 마진(1~2%대)을 붙여 납품하고 있는 상태로 매출(일감)이 줄면 대출한도가 감소하고 매출이 준 만큼 상환압박을 받는다. 대출한도상 차입 여력이 없는 중소기업이 대부분이다. 적자가 나도 계속 공장을 돌리는 이유다. 은행 대출도 대규모 부실 발생을 우려해 연장되는 경우가 많다.

대기업은 코로나19에도 큰 영향을 받지 않았지만, 민생경제의 기본 토대가 되는 중소기업은 50.9%가 한계기업, 곧 잠재적 부실기업이다. 이들이 탄소중립 요건을 갖추지 못하면 납품이 중단되고 금융지원도 받지 못하는 상황이 닥쳐오고 있다.

게다가 국내 소비재 시장은 메이드 인 차이나에 점령당할 위기다. 이커머스를 앞세운 중국 직구 확대로 국내 시장이 빠르게 중국 내수 시장화되고 있다. 중소기업, 소상공인이 각자도생으로 경쟁력을 높여 대응할 수 있는 일이 아니다. 중국에 완전히 종속되는 것을 막고 국내 중소기업·소상공인 생태계 변화를 유도하기 위해 정부는 과거와는 차원이 다른 획기적인 방안을 찾아야 한다. 역대 정권마다 내놨던 '중소기업 경쟁력 강화' 같은 뻔한 정책만 되풀이해서 해결될 일이 아니다.

시장 자율적 자연도태식 구조조정의 한계

압축성장으로 급팽창한 한국 중소기업 생태계는 대부분 기업이 대기업 하청 일감으로 성장한 결과 자생력을 갖추지 못해 OECD 최하위 생산성(대기업의 1/3)과 최고 과밀구조에 최대 정부 지원 정책(세제 혜택, 보조금 지급 등 무려 1,646개에 국가 총예산 5.1% 투입, 2023년)에 의존해 연명하고 있는 것이 현주소다.

일감 대부분을 납품에 의존(일반 소비자 대상 내수 판매 10%, 직접 수출 10% 안팎)하면서 우후죽순 과밀화된 중소기업 생태계는 독자적인 생산성 향상(업종 고도화, 설비 업그레이드 투자 여력 등)은 기대하기 어렵다. 고용을 유지하면서 생산성을 올리려면 일감이 늘어야만 가능하다. 판매 확대 곧 일감 증가와 연결하지 못하면 생산성 향상을 가져올 수 없다.

중소기업(제조기업 96.4%가 50인 미만, 최저임금 95%가 중소기업 종업원) 생태계의 자생력 부재, 과밀구조, 일감 90% 납품(발주업체 85%, 공공기관 5%) 의존 등 태생적 특성을 통찰한다면 각자도생식. 시장 자율적 자연도태식 구조조정에 맡겨둘 수는 없다. 국가 차원의 정책이 필요하다.

자연도태식 구조조정이 이루어진다면 장기간이 소요되고 우리 산업은 이를 견뎌낼 여력이 없다. 이런 이유로 한계기업에 대한 구조조정은 퇴출이 아니라 과밀기업의 출구를 열어주는 것이 되어야 한다. 금리 상승기인 지금 한계기업(과잉 잉여 생산능력, 일감 부족)이 더 잘 드러난다. 내수 일감에 한계가 있는 영세한 중소기업들이 어떻게 글로벌 시장에서 기회를 찾게 다리를 놓아줄 것인가?

중소기업의 글로벌화는 중소기업계의 20년 이상 해묵은 숙제

삼성은 1차~3차 협력회사 간 중견·중소 협력회사의 거래대금을 현금으로 지급하고 상생 펀드를 조성해 설비 투자, 기술 개발 자금을 저금리로 대출해주고 있다. 정부의 정책금융 지원, 대기업의 상생 자금 지원 등 일감이 부족한 중소기업에 돈을 쥐어준다고 해결될 일인가? 중소기업에 정책자금을 지원하면 연명 기간은 좀 더 늘어나겠지만, 재정지원에 의존하는 한계기업을 국내에 묶어두면 경쟁력이 임계점에 이르고 궁극적으로는 고사할 수밖에 없다. 그런데 이런 설명은 포퓰리스트(Populist)의 주장보다 대중에게 어렵게 느껴질 수밖에 없다.

기업정책은 한국의 독특한 산업 구조에 기반해야 성과를 낼 수 있다. 한 나라의 대기업 수는 시장 사이즈와 비례한다. 우리 기업들은 좁은 내수 시장과 소수의 수출기업이 진출한 글로벌 시장의 결합이 기업 규모를 결정한다. 우리나라 대기업 비중(고용의 14%, OECD 평균 32% 최하위, 2021년 KDI)이 적은 것은 압축성장으로 인한 세계 최고 기업 밀도(인구 대비 기업 수)도

영향이 있다. 대기업 숫자 자체는 비중이 낮으나 수직계열화된 산업생태계로 인해 소수 대기업이 앵커하는 산업의 영향력은 그 어느 나라보다도 크다는 점이 경제력 집중의 본질이다.

소수 대기업 중심의 종속적 산업 구조(다수 납품기업 생태계)가 노동 시장 이중구조(12% vs 88%)의 뿌리다. 기업정책은 노동 시장 유연성, 정책자금 지원, 불공정 규제, 피터팬 증후군 등과 같은 피상적 문제의식에서 벗어나 근본적으로 개도국형 산업 구조(상품 제조수출형 산업)를 바꿔내고, 무엇보다 국내 시장에 갇힌 중소기업이 세계 시장으로 나아갈 수 있도록 국가 차원의 플랫폼을 제공하는 데 역점을 둬야 한다.

첨단산업은 자본과 기술을 축적한 시장(곧 민간, 대기업)에 맡기면 되지만 수출 대기업의 납품업체로 성장하면서 자생적 연구개발과 판매력을 갖추지 못한 중소기업은 외생적 성장 사다리가 반드시 필요하다. 국내 과밀구조로 인해 과잉 경쟁에 내몰린 중소기업이 중견, 대기업으로 성장하려면 내수 시장을 넘어 글로벌 시장으로 진출할 수 있는 출구가 있어야 한다.

해외 시장에 진출한 대기업의 역량을 플랫폼으로 활용해 글로벌로 경제영토를 확장해 성장 기회를 얻는 것이 낙수효과 2.0이다. 국내 콘텐츠가 넷플릭스와 같은 글로벌 플랫폼을 만나 세계 시장으로 진출했듯이 K-국제 산단과 K-신도시 사업과 같은 통상 포맷은 우리 국내 중소기업의 업종과 기술을 세계로 진출시키는 글로벌 플랫폼이다.

3. 낙수효과 2.0을 넛지하는 동반성장 모델

한국 대기업의 독특한 3대 위상과 앵커 대기업의 사회적 책무

오늘날 국가를 대표하는 수출 대기업들은 국가가 선택과 집중으로 키워낸 ① 황금알을 낳는 거위 같은 존재다. 황금알은 곧 낙수효과다. 소수의 글로벌 대기업을 어떻게 잘 활용해 모두가 혜택받는 경제구조를 만드느냐가 질적 성장의 핵심 과제다. 국민의 실질적 후생은 지자체, 기초단체가 아니라 일자리와 소득을 제공하는 산업별 앵커기업 중심의 산업생태계 단위로 결정된다. 소수 앵커기업에 생계를 의존하는 수직적 산업구조다. 삼성전자 1차 협력사 700여 곳, 협력사 직원만 37만 명, 연간 거래 규모 31조 원, 현대자동차 1차 협력사 300여 곳, 2차, 3차 협력사까지 5,000여 곳이다. 이들이 한국 중소기업의 몸통이다.

삼성, 현대, SK, LG 등 재벌그룹은 산업생태계 전체를 먹여 살리는 ② 현대판 부족 단위나 마찬가지다. 단임 5년 정권보다 70여 년 이어온 재벌이 사회 문제의 1차 책임이 있다는 뜻이다.

오늘날 경제 안보 일체화 시대에 글로벌 대기업은 경제 안보를 지켜내는 ③ 국가 항공모함(글로벌 인프라)이다. 대기업이 지금껏 성장하면서 축적한 이익은 기술, 브랜드, 네트워크, 인재 등 모두 글로벌 인프라 자산으로 변화되어 있다. 국가 재도약의 최대 국가자산이 수출 대기업이 가진 글로벌 인프라와 업종 포트폴리오다.

내수 시장에만 의존하고 있는 내수 기업이라도 앞으로는 중국산 쓰나미 등 외국 기업과의 경쟁은 불가피한 환경으로 바뀌고 있다. 중소기업의 글로벌화는 선택이 아니라 필수다. 문제는 글로벌화의 방법이다. 대다수 중소기업은 해외 시장에 나갈 역량을 갖추지 못하고 있다. 혁신에 참여하는 한국의 중소기업 비중은 17.9%로 OECD 32개 회원국 가운데 꼴찌다. 혁신성이 떨어진다는 것은 영세기업이 많아 연구개발 투자 여력이 없다는 뜻이다. 중소기업 해외 진출에 대기업의 플랫폼 역할이 필수다.

• **동반 진출 인센티브**

대기업이 협력 중소기업들과 함께 해외로 진출하도록 유도하려면, 정부와 대기업이 협력해 재정적, 제도적, 외교적 인센티브를 제공해야 한다.

① 세제 혜택 제공, 대기업이 협력사와 함께 해외에 진출할 경우, 투자 금액에 대해 세금 감면이나 공제 혜택을 제공할 수 있다. 예를 들어, 중소기업 동반 진출 시 법인세나 관세 혜택을 확대하는 방식이다.

② 금융지원, 해외 진출에 필요한 초기 비용을 줄이기 위해 대기업과 협력사가 공동으로 이용할 수 있는 저리 대출이나 보증 프로그램을 마련할 수 있다. 협력사들에는 신용 보강을 통해 자금조달이 용이하도록 돕는 것도 중요하다.

③ 공동 인프라 지원, 정부가 해외에 산업단지를 조성하거나, 대기업과 중소기업이 함께 사용할 수 있는 물류, 통신, 주거 인프라를 제공하면 협력사들의 진출 부담이 크게 줄어든다.

④ 전용 지원 펀드, 대기업과 중소기업 간 동반 진출을 조건으로 하는 해외 진출 지원 펀드를 설립해, 프로젝트 기획 및 운영 비용을 지원할 수 있다.

⑤ 외교적 협력 강화, 정부가 진출 대상국과의 협상을 통해 대기업과 협력사 모두가 혜택을 받을 수 있는 투자 환경을 조성한다. 예를 들어, 조세 협정이나 투자 보호 조약 체결로 안정성을 보장한다.

⑥ 성과 기반 인센티브, 협력사들을 일정 비율 이상 동반 진출시킨 대기업에 대해 추가 보조금이나 인증을 부여해 장기적으로 참여를 독려한다. 이러한 정책은 대기업이 협력사와 함께 진출함으로써 공급망을 강화하고, 현지에서 시너지를 창출할 수 있는 동기를 부여하는 데 효과적이다.

[재벌개혁 2.0] 포지티브섬 게임 플랫폼

양극화, 지방침체, 청년 일자리 등 오늘날 우리 사회가 겪는 문제 대부분은 재벌기업이 이끄는 산업 구조의 역기능에 기인한다. 즉 사회문제의 뿌리는 산업 구조의 낙후다. 산업은 대표 앵커 기업들이 사업을 진화시킬 때 바뀐다. 우리 사회의 구조적 문제들은 상품 제조수출형 산업 구조의 정점에 있는 앵커 기업의 주력사업이 바뀌지 않는 한 해결되지 않는다. 자생력 없는 한국 중소기업 생태계는 산업별 앵커 기업이 미래를 찾아야 수직적 생태계 내 중소기업도 미래를 찾을 수 있는 구조다.

한국은 30대 그룹의 수출기여도가 3분의 2에 달하고 전체 시설 투자의 70% 이상을 담당한다. OECD 회원국의 대기업 고용 비중(2018 기준)은 한국 27%, 영국 44.3%, 프랑스 60%, 스웨덴 60.2%, 독일 60.5%이고 100대 기업이 국부에서 차지하는 비중(2019년 기업 자산 총액기준)은 영국 44.9%, 독일 27.7%, 프랑스 23.6%, 이탈리아 19.5%, 한국 17.7%로 상대적으로 낮다. 한국은 대기업 비중이 선진국 대비 낮고 그것도 극소수 재벌기업에 국한되어 있다. 선택과 집중으로 압축성장한 결과가 소수 산업과 소수 대기업에 편중된 경제 구조다. 양극화 원인을 재벌 대기업의 경제력 집중으로 보면 재벌을 견제, 규제하려는 해법이 나오지만, 앵커 대기업이 주도하는 상품 제조·수출형 산업 구조로 보면 산업개혁이 해법으로 나온다.

정부의 대기업 지원은 자칫 간섭으로 흐르고 중소기업 지원은 보호정책으로 흐르기 십상이다. 여태껏 그래왔다. 중소기업을 도울 실질적 역량(일감을 줄 수 있는)을 가진 대기업을 레버리지로 쓰는 용강부약 넛지가 정부의 역할이다.

대중소기업 간 임금 격차 등 노동 시장 이중구조를 해소하기 위해 규제 완화와 수출기업화는 이미 십수년간 노력해온 정책이고 피라미드형 상품제조수출 산업구조를 바꾸지 않고서는 실효가 없다. 과거 정책을 시대변화에 따른 진화의 대상으로 보지 못하고 부정하면, 예를 들어 저출산 자살률 등 사회문제의 원인을 대기업 중심의 경제성장이 가져온 부작용(중소기업 착취, 납품단가 압박 등 역기능)으로 돌리면 대기업을 어떻게 견제 억제할까에 정책 방점이 간다.

문제를 해결하는 데 활용 자산이 될 대기업은 눈에 들어오지 않는다. 고도 성장기에는 소수 대기업의 급팽창하는 경제력을 잘 제어하지 못하면 산업 생태계 자체를 파괴할 수 있으므로 적정 관리 차원의 억강부약이 필요하다. 경제가 성숙기에 들면 성장시킨 대기업의 경제력을 잘 활용해 성장에 뒤처진 중소기업·약자층 등 다수 경제 주체들에게 성장 기회를 마련해주는 용강부약으로 진화해야 한다. 양극화는 공정정책, 분배정책을 넘어 동반성장 사업 기회로 풀 수 있어야 지속 가능하다. 따라서 대중소기업 간 대립 구도로 볼 것이 아니라 소수 대기업을 레버리지로 활용해 다수 중소기업에 성장 사다리를 제공하는 것이 양극화 해소의 출발점이다.

- **대기업의 5대 국가 플랫폼 역할**

① 대기업은 '산업 구조개혁 플랫폼'이다. 산업별 앵커기업의 주력사업 구조개혁이 곧 산업 생태계 전체의 구조개혁을 이끈다.

② 대기업은 중소기업 '해외 진출 플랫폼'(예:글로벌 생태계 조성)이다. 내수 정체와 과밀경쟁에 내몰려 생존 위기에 봉착한 중소기업의 살길은 해외 밖에 없으며 그 성장 사다리는 앵커 기업의 1차 책무다.

③ 대기업은 'FDI 유치 플랫폼'이다. 국내를 글로벌 첨단산업의 테스트베드로 전환시켜내는 레버리지다. 대기업이 보유한 글로벌 납품관계를 활용해 세계로부터 소부장 테크기업의 R&D 투자형 FDI를 국내로 끌어들일 수 있다.

④ 대기업은 '국가 차원의 대외정책 플랫폼'이다. 한 국가의 국제적 위상

변화 실체(예 : 개발 협력 플랫폼 국가)는 대표기업의 글로벌 사업 내용으로 나타난다. 우리나라가 과도기를 끝내고 정체된 사회에 물꼬를 트는 일은 삼성, 현대, SK, LG, 롯데 등 10대, 30대 소수 재벌 대기업이 국제 사회에서 무슨 일을 어떻게 하느냐에 달려 있다.

⑤ 대기업은 '국가 단위 기업가 정신 발휘 플랫폼'이다. 개별 대기업의 대규모 해외 투자를 국내 경제와 연계시켜 낙수효과를 극대화하고 국가차원의 시너지를 창출하는 레버리지다. 경제 성장기에 국가자원을 집중해 소수 대기업을 잘 키워내 단기간에 경제를 성장시킨 지도자가 있었다면, 경제가 성숙단계에 이른 오늘날은 대기업을 국가 플랫폼으로 잘 활용해 경제를 재도약시킬 지도자가 나와야 할 때다.

[중소기업정책 2.0] 국가 경제 아킬레스건이자 민생경제의 주체

전통 중소기업을 살리는 길이 경제 회복의 출발점이자 양극화 해소의 원점이다. 한국 경제의 아킬레스건은 국가 경제의 밑 빠진 독이 되어버린 전통 중소기업이다.

• 자생력 부재 중소기업의 출구, 외생적 레버리지·성장 사다리

중소기업의 특성(① 과밀구조, ② 자생력 부재, ③ 저부가 하청 일감, ④ 저임·장시간 노동, ⑤ 구인난)을 직시하면 새로운 성장 공간과 일감기회를 제공(일감을 직접 창출)하는 보다 직접적인 대책으로 전환해야 한다.

저출산, 고령화로 수축하는 내수 시장에서 과밀구조의 중소기업이 새로운 성장 기회를 찾는 것은 한계다. 결국 해외 시장에서 기회를 찾아야 한다. 문제는 정부가 중소기업에 금융지원을 해줄 수는 있지만, 해외로 나가 시장을 개척하고 사업을 확장시킬 해외 경험, 노하우를 돈으로 살 수는 없다는 점이다.

지난 십수 년간 반복해온 특정 산업이나 기업을 선정해 재정을 집중 투입하는 방식의 산업정책은 밑 빠진 독에 물 붓기가 되고 있다. 고금리 시대에 민간 소비와 기업 투자(상장사 40% 한계기업, 외부 감사 대상 비금융법인 15.5%)도 위축되고 통화정책 재정정책도 한계점에 이르고 있다. 첨단 신산업 육성이나 신기술 R&D 투자를 지원할 재정 여력도 줄어들 수밖에 없다. 경제활성화를 위해 남은 대안은 해외 출구전략밖에는 없다. 진퇴양난에서 외통수 정책만이 남았다.

자생적 성장 여력을 갖추지 못한 중소기업은 성장 사다리를 제공하는 국가 차원의 외부 레버리지가 요구된다. 최대 레버리지는 대기업의 대규모 해외 투자와 글로벌 신용에 편승하는 길이다. 대-중소기업이 납품 관계를 기반으로 해외 시장에 동반 진출하는 플랫폼을 기획한다. 이것이 대

---

[5] 예를 들면 종합상사 포스코 인터내셔널이 우크라이나 도로 복구 사업을 수주하고 아스팔트콘크리트 제조사인 국내 중견기업 SG가 제조·시공을 맡는 공동사업으로 해외 도로 포장시장에 진출한다.

기업을 활용(팀코리아 앵커)하는 '진정한 동반성장 모델'이다. 대기업 종합상사는 국내 중소기업[5] 해외 진출 플랫폼(낙수효과 2.0)이다.

종합상사가 보유한 글로벌 네트워크와 해외 사업 개발 경험, 국내 중소기업의 업종 및 기술력이 시너지 효과를 내는 동반성장이 중소기업의 살길이다. 이는 자생력이 부족한 우리 중소기업과 자체 산업화 동력(기술과 자본)이 부족한 저개발국의 외생적 요인의 필요성을 매칭시켜 양국 모두 문제를 해결하는 한국형 글로벌 뉴딜이다. 국제 사회 평가에는 이견이 있지만, 왕후닝(王滬寧)이 설계한 일대일로는 중국 내 과잉생산 과잉자본을 해외로 방출시키려는 대표적인 외생적 성장전략이다.

앵커 기업이 각자 살길로 첨단산업 몇 개에 투자를 집중하는 방식으로는 산하 중소기업의 참여가 제한된다. 현대, 삼성, SK, LG, 롯데 등 산업별 앵커 기업이 전통산업에 종사하고 있는 중소기업을 같이 참여시킬 수 있는 해외 사업을 어떻게 일으키냐에 국가 경제 미래가 달려 있다.

글로벌 산업 생태계 조성 사업, 국제 개발 아젠다 맞춤형 복합사업 등은 대·중소기업 클러스터 진출을 요구한다. 그 진출 포맷이 대중소기업 납품 관계 기반 산단이다. 특히 주로 대기업의 1차 협력사인 중견기업은 2차, 3차 협력 중소기업을 거느리고 있어 대기업과 중소기업 간 생태계를 잇는 중추 역할을 하고 있다. 대중소기업 동반성장의 고리 역할 주체다. 대중소기업 관계가 상품 제조수출형 산업 모델('장사')의 납품 하청 업체에서 한 단계 위 국제 개발 사업을 위한 업종 및 기술 포트폴리오 융합 파트너로 진화하는 것이다.

중소기업 문제에 해결의 물꼬를 트는 가장 강력한 레버리지가 맞춤형 산단 수출 사업이다. 영세한 중소기업이 각자도생으로 해외로 나가 일감 기회를 만들기는 어렵지만, 기획(맞춤형) 산단 형태(업종 및 기술 포트폴리오 융합형)로 뭉치면(동반 진출), 모두가 일감 기회를 얻는 진정한 동반성장 기회가 열린다.

중소기업이 좁은 우물 안 내수 한계와 제약의 틀에서 벗어나 글로벌 대기업을 플랫폼으로 해서 세계 시장으로 진출할 때 새로운 성장의 물꼬가 트인다. 산업별 앵커 대기업이 세계 각국과 글로벌 산업 파트너십(K-산업생태계를 글로벌로 확장)을 구축함으로써 중소협력사의 '부품 제조·판매 글로벌 플랫폼'으로 역할을 할 수 있다.

납품 기반의 대중소기업 간 동반성장뿐만 아니라 업종융합 기반 산단은 중소기업 간 동반성장도 가능한 포맷이다. 벤처창업 생태계도 '동반성장 플랫폼'이 절대적으로 필요하다. 단순 스타트업 활성화(창업지원 중심 정책)만으로는 실질적 일자리 창출, 고용 증대, 경제성장에 기여하지 못한다. 스타트업이 스케일업으로 가는 최대 레버리지는 대기업의 글로벌 네트워크다. 대기업을 플랫폼으로 활용해야 가장 효율적으로 혁신성장을 이룰 수 있다.

중소기업 수직계열화 촉진법 개정(안)

국가 경제를 살리려면 밑 빠진 독부터 막아야 한다. 일부 첨단 제조산업이 선전하고 있지만, 수출과 내수 간 괴리가 확대되면서 민생위기는 가중되고 있다. 민생경제의 기본 토대는 고용의 80% 이상을 점하는 중소기업 생태계다.

수출주도 경제가 전환기를 맞아 대기업의 낙수효과가 줄어드는 것만이 문제가 아니다. 비교우위를 잃은 수출(최종재 수출의 국내 부가가치율 저하)을 유지(FTA 확장, 수출 품목 다양화, 수출 시장 다변화 등 수출 드라이브 정책)하려고 하면 할수록 수출 경쟁력을 떠받치기 위한 원가 압박이 국내 산업 밸류체인 하부(하청 중소업체, 외주업체)로 전이되어 경제 전반의 생산성 저하(저성장), 노동 시장 이중구조 및 양극화, 민생위기(궁핍화 성장으로 인한 내수 침체) 등 착취형 경제 구조를 심화시키기 있다. 지난 십수 년간 구조개혁을 외쳐도 진전이 없는 것은 국내에는 과잉 생산력을 받아줄 출구가 없기 때문이다. 경제 전반의 생산성을 제고하려면 자원의 효율적 재배치를 위한 물꼬가 반드시 필요하다.

소수 대기업 중심의 경제 구조가 탄생하고 대기업-중소기업 간 수직적 관계가 고착화된 배경에는 정부의 산업정책에 의해 의도적으로 이루어진 면이 있다. 대기업 위주의 빠른 경제성장을 위해 1975년에 제정된 '중소기업의 수직계열화 촉진법'에 따라 대기업 납품에 의존하는 하도급 관행이 굳어진 탓이다. 2023년 기준 중소 제조업체의 86.8%가 대기업과의 가치 사슬에 엮여 있다. 대기업이 협력 중소기업의 2차 도약에 대한 책무도 함께 있다는 뜻이다.

[대안] 우리 사회는 지난 십수 년간 동반성장을 추진해왔지만, 대안을 찾지 못해 중소기업의 형편이 나아지기는커녕 점점 더 국가 경제의 밑 빠진 독이 되고 있다. 저출산, 고령화로 수축되는 내수 시장에서 과밀구조의 중소기업이 새로운 성장 기회를 찾는 것은 한계가 있다. 국내 건설 경기가 침체되면서 건설사들이 해외 시장을 두드리고 있지만 해외 건설사업 수주 97%(2024년)가 대형 상위 10개사 중심이다. 중견기업 중소기업에게 돌아오는 해외 수주는 2.8% 수준으로 거의 없다는 뜻이다. 키는 중소기업의 일감 확보인데 수출 판로 개척도 성과가 제한적이고 특정 기업 선별식 소규모 지원금 배분 방식의 정책자금 지원도 한시적 연명에 그치고 있다. 납품단가 연동제도 얼마나 실효가 있을지 의문이다.

수출 대기업을 중소기업의 해외 진출용 국가 플랫폼으로 활용한다. 대중소기업이 한 팀을 이루어 함께하는 해외 개발사업은 대형마트 영업 제한, 특수 고용직 노동자 고용보험, 대중소기업 납품단가 조정협의체 등 기존 공정 성장정책보다 더욱 세련되고 실행 가능성 높은 상생과 협력 방안이다. 대중소기업이 납품 관계(영세 중소기업의 최대 리스크인 판매와 재고 책임을 진출 초기 최소 3년간 대기업이 보장)를 기반으로 해외 시장에 동반 진출하는 플랫폼을 기획한다. 대기업 종합상사는 국내 중소기업 해외 진출의 최적 플랫폼(낙수효과 2.0)이다. 5대, 10대, 30대 그룹의 국가 대표급 대기업들의 대규모 해외 투자를 레버리지로 활용해 세계 곳곳에 대중소기업 간 동반 진출형 융복합 국제 사업(국가 아젠다 맞춤형 개발사업)을 기획할 수 있다. 중소기업은 한 곳에 클러스터로 집적해야 개별 진출 리스크도 줄이고 경쟁력을 갖추기에 유리하므로 동반 진출은 K-국제 산단 조성이 최적 포맷이다.

전경련(전국경제인연합회)이 이름을 바꿔 한경협(한국경제인협회)으로 재탄생했다. 대기업 그룹을 대표하는 한경협의 시대적 역할은 바로 대·중소기업 동반 진출—동반성장 융복합형 국제사업을 주도해 국가 경제 전체의 성장 기회를 만들어내는 데 있다. 사회 양극화의 온상인 수직적 갑을관계 기업구조도 동반 파트너로 참여할 수 있는 융합사업 기회가 있을 때 수평적 협업 관계로 바뀐다. 경제와 안보가 하나인 시대에 국가 전략은 곧 '통상외교 기반의 세계 전략'이다. 통상외교의 주체는 민관 단일팀이어야 레버리지를 극대화할 수 있고 국제 관계에 지속 가능한 신용을 가진 그룹 총수가 한 축을 담당할 수밖에 없다.

경제 성장기의 중소기업 수직계열화 촉진법이 압축성장을 가져왔다면 경제가 성숙한 오늘날은 '국제 사업 동반 진출 촉진법'이 요구된다. 동반 진출형 융합사업을 유도하기 위해 대기업에게는 협력업체 동반 숫자에 따라 산업단지 조성 비용 세액공제 및 주변 기본 인프라 건설비용 정부 보조 등, 1차 협력사인 중견기업에게도 2차, 3차 협력사와 함께 나가도록 현지 셋업에 필요한 정책자금 지원정책, 동반 진출하는 협력 중소기업에게는 채무조정 등 동반 진출(초기 3년간 판매재고는 원청사가 책임지는 등)을 유도하기 위한 인센티브를 법제화한다. 대기업은 국가 자산으로 잘 활용하면 중소기업을 살려내는 플랫폼이 되고 제대로 활용하지 못하면 격차 확대의 주범이 된다. 대기업을 단순히 상생 유도 차원을 넘어 국가 재도약 플랫폼(통상외교, FDI 유치, 중소기업 글로벌화, 청장년 일자리 창출)으로 적극적으로 활용한다.

[양극화 해법 2.0] 용강부약 플랫폼

『성장기에 선택과 집중으로 키워낸 경제 주체의 하나인 강자(대기업)의 파워를 잘 활용하지 못하고 방치하면 사회 전체 '빨대 효과'를 일으켜 양극화를 확대하고 압축성장으로 과밀구조를 이룬 중소기업을 잘 활용하지 못하면 국가 경제의 '밑빠진 독'이 된다.』

세상에 영원히 팽창하는 것은 없다. 자연계에 모든 생명이 수명주기가 있듯이 기업도 국가도 창업이념 건국이념으로 잉태된 1단계에서 출발해 양적으로 팽창하는 2단계의 성장기를 거쳐 질적으로 성숙해 3단계의 완성에 이르는 수명주기를 따른다.

우리나라도 '홍익인간(弘益人間) 재세이화(在世理化)'의 건국이념으로 출발해 2단계인 성장기를 거쳐 3단계 완성으로 진보할 전환기다. 건국 → 성장의 발전국가 → 완성의 포용국가다. 꽉 찬 완성의 의미가 있는 100이란 숫자로 본다면 70년을 달려 왔고 마지막 30년을 남겨두고 있다. 남은 30년을 관통하는 시대정신은 분명하다. 무엇을 위한 성장이냐에 대한 답을 찾는 시기다. 홍익인간 재세이화가 실현되어 함께 잘 사는 세상의 현대 버전이 '포용국가, 포용 사회'이다. 100년에 걸친 우리 선대와 후대의 팀워크 노력이 성공이냐, 실패냐로 판가름 나는 시기다.

우리나라는 어떤 역할 비전으로 포용국가를 실현할 것인가? 국가도 기업도 개인도 마지막 한 단계 위로 옮겨가지 못하고 있다. 한국이 국력(경제력)에 걸맞는 국제 영향력을 발휘하지 못하는 것은 국제 사회가 공유하는 보편적 가치를 뒷받침하는 한국만의 국제 역할이 없기 때문이다. 재벌기업은 사세를 글로벌 대기업으로 키웠어도 반기업 정서는 극복하지 못하고 있다. 국가나 기업이나 성장 후 궁극적 열매는 존경이다. 국가는 국력에 상응하는 국제 신용을 얻지 못하고 있고 재벌기업은 돈은 잘 벌어도 반기업 정서는 극복하지 못하고 있다. 아직 이류이고, 성장기인 2단계에 머물러 있기 때문이다.

2050에 GDP 1위국이면 성공 국가인가? 삼성이 300조 원에서 500조 원, 매출 1,000조 원 매출기업이 되면 성공한 것인가. 국가는 국제 사회 신용을 얻고, 기업은 사회(시장)에 환원해 모두가 잘 사는 복지사회(포용사회)를 만들 때 존경받는다. 시장 주체인 기업 스스로 사회책무를 이행함으로써 사회로부터 존경받는 기업(Most Admired Company)으로 인정받는다. 기업의 궁극적 성공, 창업 미션의 완성은 영리기업에서 '사회적 기업'으로의 진화에 있다.

1. 왜 포용인가? 포용국가 비전을 구현하기 위한 혁신 패러다임

세상의 모든 국가는 같은 목표 곧 모두가 함께 잘사는 복지국가 구현에 있다. 복지국가 구현을 위해서는 힘(재원)이 필요하고 그 힘을 길러내기 위해 가장 효율적인 선택과 집중방식의 성장을 추구한다. 선택과 집중은 필연적으로 양극화와 불평등을 낳는다.

성장한 후에는 그 힘으로, 즉 새로운 수단(새로운 성장동력)을 찾아서가 아니라 성장기에 축적한 자산과 역량을 잘 운용해 양극화를 해소하는 것이 순리다. 경제성장기는 양적 성장을 우선하고 경제 성숙기는 격차를 해소하는 질적 성장으로 옮겨가야 하는 이유다.

양적 성장은 경쟁우위 혁신에서 나오고 한 단계 위 질적 성장으로의 도약은 운용 혁신에서 나온다. 도약은 허공에서 하는 것이 아니라 현재 것을 딛고 한 단계 위로 올라가는 것이다. 한국 경제는 성장기에 소수 산업과 기업을 선택해 제한된 자원을 집중함으로써 압축성장을 이뤄냈지만, 소수 대기업이 지배하는 과두체제로 양극화가 필연적인 산업 구조를 갖게 되었다. 그 결과로 잉태된 격차를 해소하는 것이야말로 경제가 성숙기에 접어든 지금 시대적 으뜸 과제임은 자명하다. 문제는 1단계 성장 후 양극화 해결 비전을 찾지 못해 지난 십수 년간 2단계 성숙 과정으로 옮겨가지 못하고 있다는 점이다.

2. 진정한 복지사회? 진정한 포용?

양극화는 국제 사회 모든 선진국이 직면한 풀리지 않는 문제다. 시장 밖에서 정부에 의한 사후 재분배만으로는 양극화를 완화시키기 어렵다. 기존 대기업과 중소기업 간 공정규제와 상생 유도 인센티브(협력 이익, 자율적 분배 등) 만으로도 한계다. 경제적 자유를 제약하면서 경제 평등을 추구해온 좌파 정책은 저성장과 양극화 추세를 고착화시켰고 경제적 자유를 외치며 시장에 맡겨온 민간 주도 우파 정책은 오히려 격차를 확대시켰다. 우리나라도 역대 정부가 이런 시대정신을 반영해 경제민주화(재벌개혁), 동반성장, 공정 경제, 소득주도성장, 기본소득까지 다양한 정책을 내놓았고 용어는 달라도 모두 지향점은 양극화 해소(=모두가 잘사는 복지사회 구현)이다. 이들 정책이 실질적인 성과를 내 격차는 줄어들고 있는가? 대기업 중소기업 자영업자 서민층 모두에게 포용적인가? 정책의 당위성이야 시대적 요구에 부응하지만, 이를 현실에 구현할 실효성 있는 정책 모델을 찾지 못하고 있다. 그 대안으로 '포용과 혁신'에 기반한 신정책 개발에 주목하는 이유다.

빈부갈등을 초래하는 양극화 해소는 분배가 아니라 '약자층의 성장 기회'를 통해 해결될 가능성이 더 크다. 경제성장기는 복지정책이 성장에 뒤처진 약자층을 관리(격차관리가 아닌 절대빈곤층을 복지수급자로 관리하는 분배)하는 차원에 머물렀다면 경제 성숙기는 약자층도 성장 기회를 얻어 사회발전에 참여함으로써 보람도 얻고 복지수급자에서 벗어나는 것이 진정한 복지사회(누구나 자기 역할을 찾아주는 생산적 복지, 예로 시니어노믹스)가 아닐까? 분배정책(먹여 살리는 '복지주의 함정' 경계)이 복지정책으로 진화하는 것이다. 진정한 복지를 구현하기 위한 포용의 방향성이 여기에 있다. 선택과 집중으로 소수에 축적된 부는 현금으로 나눠줄 분배용이 아니라 약자에게도 기회를 만들어주는 재원으로 쓰는 것이 진정한 격차 해소가 아닐까. 일회성 현금 지원이 아니라 기회 제공으로, 불평등 관리보다 불평등이 생겨나는 경제·산업 구조를 바꿔야 하지 않나.

포용과 혁신의 지향점은 '복지와 성장'이 함께 가는 사회일 것이다. 포용(복지)과 혁신(성장)은 대립적인가? 일례로 포용 성장(양극화 해소)과 혁신성장(저성장 극복)을 유도하기 위한 정책들이 상충하지는 않는가? 특정 경제 주체에 배타적이라면 포용 정책이 될 수 있나? 진정한 상생은 강자가 약자에게 베푸는 생색내기나 시혜적 차원을 넘어 약자도 함께 참여하는 성장 기회를 만드는 데 있다. 곧 강자의 혁신이 약자의 성장을 돕도록 넛지 하는 것이 진정한 포용이 아닐까? 중국은 3,500만 중소기업을 살리기 위해 대기업 프로젝트에 중소기업을 끼워주는 '융통 발전'을 지원하고 있다. 무역의존도가 80%대를 넘는 통상경제는 분배를 확대(내수 소비를 키워)해 성장을 이끈다는 것은 그 효과가 제한적일 수밖에 없다. 인위적 포용 정책(억강부약의 배타적 포용)은 시장경제를 왜곡하고 비효율성을 키운다. 어떻게 성장과 분배의 선순환 경제체제를 구축할 것인가? 포용과 혁신은 분배와

성장의 이분법(포용과 혁신을 따로따로 보는)적 접근이 실패하자 대안으로 용어만 바꿔나온 것이 아니라 성장과 분배가 따로가 아닌 하나가 되는, 곧 '격차를 해소하는 성장(포용 성장)'을 만들어내는 포용적 혁신모델을 찾으려는 것이다. 양극화 해소는 공적 재분배가 아닌 기업과 국가의 포용적 혁신으로 이루어낼 수 있다. '포용적 혁신'의 결과가 포용 성장(혁신성과)을 낳는다. 즉 혁신의 과실이 소수에게만 가는 것이 아니라 다수가 함께 누리는 성장이다. 이는 대기업과 중소기업이 함께, 청년세대와 기성세대가 함께, 수도권과 지방이 함께, 노사가 함께 성장 기회를 개발하는 혁신(진정한 동반성장)이다.

3. 용강부약 기반 양극화 해소 3대 이니셔티브(Initiatives)

포용적 혁신을 위해서는 Q1. 어떻게 나라 전체(국민 전체)의 기회 총량을 늘일까? Q2. 어떻게 경제 약자층(중소기업, 서민층)의 기술과 경험을 활용할 수 있는 기회를 만들까? Q3. 앞의 둘을 이루기 위해 우리 사회 무엇이 가장 강력한 레버리지가 될 수 있을까? 3가지 질문에 대한 해답을 찾는 일이다.

[밑 빠진 독] 갑을관계 피라미드형 산업 구조 전환

양극화는 불평등 관리보다 불평등이 생겨나는 경제·산업 구조부터 먼저 바꿔야 한다. 양극화 해법을 두고 전통적으로 우파의 (대기업 성장에 따른) 낙수효과와 좌파의 사회복지 확대가 대립해 왔지만, 격차 확대를 실효적으로 줄이지는 못하고 있다. 제3의 길을 찾아야 한다. 그 길은 용강부약에 있다. 원하청의 갑을관계 산업 구조가 양극화를 확대시키는 근본이다. 밑 빠진 독을 먼저 막지 않고서는 격차 확대를 막을 수 없다. 제품생산을 위해 완성품 앵커 기업과 납품업체 중소기업 간 수직계열화된 '종속적 산업 구조'를 대중소기업의 업종과 기술을 융합해 문제를 해결하는 국가 아젠다 솔루션 서비스형 '융합적 산업 구조'로 바꿔야 한다. 한국 대기업이 단품 제조기업에서 문제 해결형 솔루션 기업(업의 본질로 사업 진화)으로 바꿔야 협력 중소기업들도 일감을 얻는다.

[기회 제공] 서민층의 숙련 기술·경험 노하우를 활용하는 성장 공간

양극화 해소(불평등 해소)는 약자 현금지원이 아니라 기회 제공으로 가야 지속 가능하다. 격차 해소(빈부격차 해소)는 어떻게 약자층(복지수급대상자)을 지원할 것인가에서 어떻게 중산층을 늘일 것인가? 곧 복지수급 대상자 축소로 패러다임을 전환해야 한다.

압축 성장기에 형성된 과밀기업구조가 경제 수축기를 맞아 국가 전체 기회 총량[6]이 줄어들면서 과당경쟁을 일으키고 있다. 성장이 소수 첨단산업 및 글로벌 대기업에 국한되고 다수 경제주체가 성장에서 소외되면서 격차가 확대되고 대외적 국가 경제와 내수 국민경제 간 괴리도 증폭되고 있다. 특히 내수에 의존하는 중소기업들이 출구가 없어 국내에 갇혀 고사 위기에 처해 있다.

양산제조업이 경쟁우위를 잃으면서 중국 및 후발국에 일감을 빼앗기고 있는데 국제 사회 국가 포지셔닝(탈경쟁 구도)을 바꿔 우리 기업과 국민의 베이스캠프 자체를 올려주어야 일감과 일자리 기회 총량을 다시 늘일 수 있다.

---

[6] 2023년 기준 인당 구직자 일자리 수('신규 구인 배수')를 비교해 보면 일본 2.28 vs 한국 0.58개다 (대한상공회의소 자료).

세계적인 스타 기업 없이도 국가 경쟁력 1위 평가를 받는 싱가포르처럼 국가 전체가 국제 사회의 플랫폼이 될 때 모든 국민이 더 잘 살 수 있는 환경에 놓인다. 글로벌 기업의 아시아 RHQ 플랫폼 역할을 하는 싱가포르의 물류 경쟁력은 개별 물류기업이 아니라 도시 허브 경쟁력에서 나온다. 마찬가지로 우리나라도 삼성전자나 BTS 같은 소수 스타 플레이어가 국가 성장을 이끌던 시대에서 이들을 레버리지 플랫폼으로 삼아 국민 누구나 더 많은 기회를 얻을 수 있는 기회의 나라로 변신해야 한다.

양극화는 파이 분배로 해결하기보다 기회 공간의 제공이 지속 가능한 해법이다. 우리 사회 약자에게 새로운 기회의 공간을 제공하는 것은 격차 해소의 전제조건이다. 내수 시장에서 기회를 잃은 중소기업은 어디에서 기회를 얻나? 젊은 외국인 노동자에게 일자리를 빼앗기는 고령층 서민층은 어디에서 일자리를 얻나? 중소기업의 업종과 기술, 국민의 지식과 경험 노하우는 이를 필요로 하는 시장을 찾을 때 부가가치로 변한다. 세계 필요한 곳에 저비용 경제 공간이 조성되면 계층 간 이동 사다리도 만들어진다.

이를 테면 19세기 유럽 사회 하층민들은 북아메리카 신대륙으로 옮겨가 아메리칸 드림을 이루고 미국을 만들어내고 유럽의 전통 부호를 능가하는 부를 축적했다. 미국 내부에서도 비싼 동부에서 기회를 얻지 못한 사람들이 저렴한 서부지역으로 옮겨가 실리콘밸리라는 새로운 성장 공간을 만들지 않았던가. 오늘날 MZ세대가 메타버스로 몰리는 현상도 그

들만의 새로운 공간으로 보기 때문이다.

• 본업 운용 기반 혁신 패러다임

혁신의 키(방향성)를 어디에 두느냐에 따라 과실 분배는 달라진다. '타다'는 포용적 혁신인가? 경쟁우위 혁신(초격차)이나 파괴적 혁신(주로 벤처창업형식)도 필요하지만, 경제주체 모두를 배타하지 않고 포용(탈 경쟁의 융합)하는 혁신은 본업기반의 운용(잘 쓰는) 혁신이다. 즉 새로 돈 되는 아이템이나 신기술을 찾는 것이 아니라 이미 본업이 보유하고 있는 자산(기술, 업종, 핵심역량, 경험 노하우 등)을 잘 활용해 새로운 사회문제를 해결(업의 본질)함으로써 역할 차별화를 이루어 내는 상생형 혁신이다.

기존 사업을 더 키우고 유지하려는 '경쟁우위 혁신'을 넘어 기존 사업으로 축적한 기술과 경험을 기반으로 이를 활용하는 기회 발굴(새로운 시장, 새로운 가치)에 혁신의 키를 두는 것이다. 이는 보유역량 기반 혁신성장이기도 하다. 혁신의 관점을 운용으로 바꾸면 '스타트업보다는 기존 기업, 곧 전통기업이 더 유리한 시대다.' 사실 디지털 전환의 파괴적 산업재편 앞에 기존 기업들이 살아남는 길도 운용에 있다.

본업을 운용하는 혁신이라면 기존 종사자도 협력사도 소외되지 않고 혁신에 동참할 수 있다. '포용과 혁신' 정신을 모두 담아내는 혁신 모델이 운용 혁신이다.

① 기존 산업 업종과 기술 포트폴리오를 활용해 경제주체 다수가 참여하는 상대국의 국가 아젠다 맞춤형 개발사업(중소기업 일감확대 국제 산단 등)이

나 ② 기존 산업의 해외 투자를 마중물로 신도시 사업(신·구기술 융합사업장), 경제특구 사업(서민층 경제영토 확보)과 같은 국가단위 융복합사업 등이 요구되고 이를 통해 국제 사회와의 연결성이 확장되면, ③ 국내는 AI 등 첨단 기술을 기존 산업에 접목해 국제 사회 코치형 지식산업 중심으로 고도화함으로써 내수는 글로벌 집적효과(국제 허브형 경제체제, 기회총량 확대, 국제 허브형 지식서비스 일감 확대)를 누리는 경제체제로 전환된다. 경제 산업 외교 통상 사회 제반 분야에서 포용 혁신에 기반한 정책을 설계한다.

[긴급대책] 대기업 활용 서민 일자리 창출 민생 구제 사업

과거 같으면 국책사업 수준의 초대형 해외 사업을 오늘날은 재벌총수들이 추진하고 있다. 대한민국은 이미 삼성, SK, 현대, LG, 롯데와 같은 소수 재벌에 의해 운명이 좌지우지되는 '재벌 과두제(寡頭制)' 국가나 다름없다.

양극화 해법의 본질은 부자 제재(억강부약)가 아니라 가난 구제, 곧 용강부약에 있다. 양극화는 대기업을 국가 플랫폼으로 활용하여 해소한다. 대·중소기업이 함께 할 수 있는 일감을 개발하는 동반성장 기회 발굴(성장사다리)이 궁극적인 해법이다.

임계점을 맞고 있는 내수경제에 고통받고 있는 소상공인·자영업·은퇴자·청년 등 서민층을 구제하기 위한 민생대책으로 '민생위기 극복 긴급 구제 사업'을 즉시 기획 시행한다(《한국 경제의 킹핀을 찾아서》 참고).

PART 2

관세전쟁 시대,
FTA 2.0 통상 모델

[통상 모델 2.0] 상품 수출 시장에서 '국가 아젠다 맞춤형 개발 시장'으로 전환

『혁신성과는 혁신의 키를 무엇으로 잡느냐에 달려 있다. 지난 20여 년간 신산업 육성, 창업벤처 육성, 초격차 기술우위, 수출드라이브 등이 우리 성장전략의 핵심 키였다. 그 성과는 어떠한가? 제로성장에 근접하는 성장률 하락이다. 피크코리아는 중의적이다. 성장의 피크점이기도 하지만 주력산업의 축적된 기술역량이 최고 정점에 도달해 있다는 뜻이기도 하다. 세계가 한국을 필요로 하는 것은 상품수출이 아니라 협업이다. 자국의 '국가 아젠다를 해결하는 파트너십'을 원한다. 경쟁기반의 수출주도형 성장경로를 고집하면 피크아웃 경로이지만 우리만의 비대칭성에 기반해 'K-산업의 업종과 기술 포트폴리오를 융합해 맞춤형 솔루션 서비스를 제공'하면 새로운 성장경로를 열 수 있다.』

미국 발 관세 전쟁과 중국 물량 저가공세 등 통상환경의 판이 바뀌고 있다. 국가 주력산업의 비교우위가 근본적으로 바뀌고 있는 상황에서 수출과 무역흑자에 집착하는 수출 강국 전략을 고집(중상주의 방식)하면서 여전히 30년 전 통상 관행을 답습한다면 우리 경제의 규모와 산업의 국제적 위상을 지탱할 수 없다. 더 늦기 전에 '신통상' 모델로 진화해 포스트 수출 강국 국제 역할을 새롭게 자리매김해야 새로운 성장을 도모할 수 있다.

민생위기의 근본은 결국 '일감과 일자리 부족'으로 귀결된다. 철강 석유화학 반도체 등 주력 산업들이 중국 저가공세에 밀리면서 일감과 일자리가 줄고 있다. 특히 실업자 중 고학력 비중이 압도적으로 높다. 이들이 할 만한 일감이 국내에는 없기 때문이다. 일부 특정 산업과 특정 기업만의 문제가 아니다. 국가 경제 전반의 경쟁력 저하 문제이므로 국가단위의 대책이 요구된다.

중국에 일감과 일자리를 빼앗기고 있다는 것은, 곧 세계 '상품 수출 시장'에서 우리 기업들이 입지를 잃고 있다는 뜻이다. 선진경제인 미국이 고성장을 구가하는 것은 새로운 시장인 '세계 플랫폼 시장'을 선점했기 때문이다. 새로운 시장을 찾아 '사업현장'을 만들어야 일감과 일자리도 창출하고 성장도 일구어낼 수 있다. 지금 금리, 물가, 부채, 환율을 탓할 게 아니라 우리 기업이 가장 잘할 수 있는 일감을 찾아야 한다. 미국 경제는 우리보다 2%나 높은 고금리에도 기업들이 강한 성장세를 유지하지 않나.

개방형 통상 국가인 우리나라의 GDP는 수출에서 내수로 흐른다. 문제는 수출 낙수효과의 내수 흐름이 끊어지고 있다는 점이다. 당연히 경제문제의 해법은 통상 모델을 혁신하는 것이 출발점이다. 어떻게 수출과 내수 경제 간 연결성을 다시 회복시킬 것인가? 우리는 세계가 부러워하는 강력한 제조업을 갖고도, 산업별 숙련된 기술 인력 풀(은퇴 인력)을 보유하고도 활용하지 못하고 있다. 글로벌 공급망 재편 흐름에 따라 국제 사회에 급증하고 있는 제조업 수요에 부응하면 새로운 성장 활로를 열 수 있다.

통상 모델을 수출중심(상품 시장에만 의존)에서 '제조 업종과 기술을 활용' 한 현지 문제 해결(국가 아젠다 시장) 솔루션서비스업으로 전환하면 양쪽 시장 모두에서 입지를 넓힐 수 있다. 또한 대기업만이 아니라 다수의 중소기업과 우리 국민이 참여해 일감과 일자리를 얻을 수 있다.

수출 강국, 곧 상품 제조수출형 성장 모델의 산업구조는 개별제품 단가 경쟁, 단위기술 경쟁, 양산규모 경쟁을 기반으로 한다. 규모의 경쟁에서 한국이 중국 대비 비교우위를 유지하기 어렵다. 상품제조·수출형 통상을 산업파트너십 통상 모델로 진화시키는 것이다. 상품수출 드라이브의 경쟁구도에서 벗어나 상대국의 국가 아젠다를 해결해주는 맞춤형 개발사업(솔루션 서비스, 산업한류)을 선도한다. 상품수출 중심의 통상(단품·개별기업 경쟁, 공장운영 수익, 일방향 수출)이 통상 1.0(FTA 시대)이라면 통상 2.0(보호무역 시대)은 현지 문제 해결 솔루션 서비스 중심 통상(다수 참여 융합형, 권리수익 확보, 쌍방향 편승성장)으로 단순 상품교역을 넘어 상대국과의 화학적 경제통합을 지향한다.

문제 해결 솔루션서비스 사업의 예시로 트럼프 정부의 관세 전쟁이 예상되는 미국의 개발 아젠다 시장을 보면 ① Buy American 700조 원 조달 시장 현지화 사업, ② 러스트벨트 전통제조업 및 도시재생 사업, ③ 반도체, 배터리 등 첨단제조업 공급망 현지화 사업, ④ 뉴시티 10개 이상(트럼프 인프라 공약) 건설 사업, ⑤ 불법이민 해결 사업 등 우리 기업이 해법을 제시할 수 있는 융복합사업 기회는 널려 있다.

정부가 아니라 다양한 업종의 관계사를 거느린 그룹 종합상사가 복합사업 기획에 필요한 모든 역량을 보유하고 있다. 대미 투자를 많이 한 5대 그룹, 10대 그룹 종합상사가 주도해 '개발 아젠다 맞춤형 융복합사업'을 기획해 연방정부·주정부에 제안할 수 있다.

정부의 역할은 그룹총수의 통상 외교 참여(기업외교 시대), 대중소기업 동반진출 인센티브 등을 넛지한다. 기업단위에만 필요한 게 아니라 '국가단위 기업가정신'을 발휘할 때다.

[신남방정책 2.0] 한·아세안 경제 협력 뉴 프레임워크

아세안은 가장 많은 우리 기업이 진출한 지역이지만 상대국에 한국만의 차별화된 역할(통상 비전)을 구축하지 못하고 있다. 120여 개 이상의 협력 프로그램이 아세안 국가들과 진행 중이지만 이를 하나로 꿰는 국가 단위 정체성을 보여주지 못하고 있다. 우리만의 본원적 경쟁력을 활용한 새로운 협력 파트너십이 요구된다. 국가마다 경제 개발 단계에 따라 필요한 적정 기술이 다를 수밖에 없다. 각국이 표면적으로 요구하는 첨단기술이나 인기 산업을 진출시키려 하기보다는 현지의 실질적 문제인 국가 아젠다를 찾아 한국의 역량을 매칭시키는 맞춤형 전략이 필요하다. 많은 경우 상대국이 원하는 산업과 기술 포트폴리오가 현지 수준을 감안할 시 실질적으로 필요한 것과는 괴리가 있다. 상대국의 구체적 문제에 대한 해결책이 우리나라 이익과 부합할 때 지속 가능한 원윈 통상이 될 수 있다.

2019년 한·아세안 특별정상회의가 부산에서 열렸다. 정부는 아세안 국가들과의 협력 수준을 미국, 중국, 일본, 러시아 등 주변 4강 수준으로 높이는 이른바 신(新)남방정책을 추진하고 있다. 미중 패권 경쟁에서 전략적 균형을 찾기 위한 노력의 일환이다. 사람. 상생 번영. 평화의 3대 원칙을 기치로 내걸고 경제교역 중심에서 문화예술. 기술. 인적교류로 영역을 확대한다는 전략이다. 하지만 이들 교류 확대는 어떤 경제협력 모델(통상 모델)을 택하느냐에 따라 부수적 결과로 일어난다.

한편 우리 기업에게 아세안은 국내의 고비용. 저부가 업종에 대한 탈한국 생산기지로서 최선호 목적지다. 중국 시장 의존도를 줄이고 중국 제조 굴기에 대응하는 협력 파트너도 아세안이 최우선이다. 미중, 한일 무역 갈등의 통상 돌파구로서도 아세안이 주목받고 있다. 탈한국 아세안 러시 바람이 불고 있다. 특히 베트남으로의 쏠림현상도 심화되고 있다.

한·아세안 경제협력이 진정한 상생관계(신남방정책 2.0)로 발전하고 우리 경제의 새로운 활로가 되게 하려면 기존 통상 패러다임으로는 한계가 있다. 중국 수출 비중이 줄어들고 아세안 등 신남방 지역 비중이 20% 대로 늘어난 것은 신남방정책 덕분이라기보다 중국에서 철수한 한국 기업들이 아세안으로 거점을 옮겨간 영향이 크다. 대중문화 한류에 편승한 대아세안 상품 제조수출 확대, 곧 시장 다변화, 상품 다변화, 저임 활용 수출 생산 기지화에 초점이 맞추어져 있는 전통적 통상 모델을 진화시켜야 한다.

신남방정책의 3P(People, Prosperity, Peace) 정신을 구현하려면 상생의 포용 성장 모델로 발전시켜야 한다. 포용 성장이 저소득층을 위한 복지 확대만으로는 지속 가능하지 않듯이 해외 투자도 상대 국가에 도움을 주면서 우리 국민에게도 일자리 창출과 중소기업 활로를 트는 윈윈형이 될 때 국내 투자 유출이 아니라 국내 경제를 포용하는 해외 투자 모델로 거듭날 수 있다. 상대국과의 상생형, 국내 경제포용형으로 통상 패러다임을 진화시키려면 우리 기업의 해외 진출 포맷을 바꿔야 한다.

① 일방적인 상품 제조수출이나 인프라 수주 경쟁게임을 어떻게 상대국 포용형 윈윈 통상으로 진화시킬 것인가?

② 중국 일본 대비 자본력에서 밀리는 한국이 어떻게 대아세안 경제협력 모델을 차별화시킬 것인가?

③ 우리 기업이 로컬기업에 밀려 철수한 중국진출 실패 사례를 반복하지 않으려면 어떤 포맷으로 진출해야 하나?

1. 로컬 유망기업 지분인수 간접 성장

선·후발국 샌드위치로 한계에 이른 상품 제조수출형 성장 모델을 상생형으로 진화시킬 통상 뉴패러다임은 아세안과 같은 성장 국가, 성장기업과의 '산업 파트너십'이다. 우리의 강점인 제조업과 자본수출 확대 흐름을 결합하면 경쟁력을 잃고 있는 우리 제조업을 한 단계 위로 업그레이드시킬 기회로 활용할 수 있다. 자본수출과 제조업을 융합한 '로컬 유망기업 지분인수 간접 성장' 방식의 해외 진출이다.

로컬기업과 경쟁하는 직접 투자보다 유망한 현지 기업을 발굴해 지분에 투자하고 합작 형태로 운영하고 기술을 전수하면서 우리 기업은 R&D와 디자인, 상품, 서비스 기획 중심으로 역할을 업그레이드시켜 같이 성장할 수 있다. 탈(脫)경쟁의 현지 포용형 간접 투자 기반 간접 성장 방식의 해외 진출이다. 지금 우리 기업이 100억 원을 투자해놓으면 10년 후 수천억 원이 될 수도 있는 잠재력이 바로 신흥국 시장에 있다. 일본이 잃어버린 20년을 버틸 수 있는 힘도 해외 시장에 투자해놓은 지분의 소득 수지 덕이 크다.

2. 경쟁국과 차별화 진출 포맷

우리나라는 현재 정부 차원의 원조형 ODA(2022년까지 아세안 무상원조 2배 증액) 개발 협력사업, 개별 기업 차원의 인프라 및 자원개발 사업에서 수주전을 펼치며 현지 진출을 확대하고 있다. 중국, 일본과 같은 경쟁국과 차별화하고 아세안 국가들에 신남방정책의 실체가 느껴지도록 하려면 아세안 국가별로 경제협력 비전과 주제를 정해 우리나라 민관이 융합하도록 국가 차원의 통합적인 접근이 필요하다.

각자도생 진출이 아닌 대중소기업 클러스터 진출로 집적효과를 확보하는 것이 중요하다. 제조기업은 한곳에 모여 있을 때 경쟁력 확보가 가장 용이하다. 산업별 앵커 기업인 대기업의 글로벌 네트워크와 중소기업의 업종을 융합시켜 동반성장형 사업 기회를 개발하는 전략이다. 일부 여력이 있는 중소기업들은 이미 독자적으로 해외로 나가고 있지만, 중소 제조기업 대부분은 국내에서 일감을 잃고 생존의 기로에 서 있다.

어차피 아세안 진출도 인프라와 같은 규모 있는 사업 기회는 모두 대기업만이 수주가 가능하다. 대기업의 해외 투자를 레버리지로 해서 중소기업들도 성장 시장으로 진출할 수 있는 포용 성장 플랫폼이 절대적으로 필요하다. 대기업은 현지에서 발주한 프로젝트 사업들을 토대로 중소기업과 우리 국민 참여를 연계시킬 수 있도록 상대국에 융·복합사업을 기획하고 제안할 수 있다. 아세안 상대국도 특정 산업을 육성하려면 개별

기업 유치로는 한계가 있다. 유관 기업을 함께 유치해 클러스터화된 분업 체계를 조성할 때 산업육성 시너지를 극대화할 수 있다.

"그렇지 않아도 경제력 집중 문제로 재벌개혁을 하고 있는데 또 대기업 중심인가?"라는 회의적 시각도 있을 수 있다. 하지만 대중소기업의 해외 동반진출은 수직계열화된 갑을 구조를 수평적 협업 관계로 발전시키는 포용적 혁신성장이다.

특히 우리나라 기업의 1기(期) 해외 진출이 자유무역하에 대기업 중심으로 수출 전진기지를 만들기 위한 것이었다면, 2기(期) 해외 진출은 보호무역하에서 현지 내수 시장을 개발하기 위한 중소기업 중심의 진출이다. 중소기업이 내수 시장 한계에서 벗어나 해외 시장으로 나갈 수 있도록 성장 사다리를 놓아주고, 신흥 시장에서 일감을 확보해 고부가가치로 사업 변신을 할 수 있도록 물꼬를 터주는 일이다. 이렇게 되면 현재 추진 중인 국내 스마트공장사업도 제조 효율 개선을 넘어 업종 자체를 업그레이드 시키는 데 기여할 수 있다.

제조 부문은 이전하더라도 반드시 국내에 엔지니어링 역량을 유지 발전시켜야 한다. 현지에서 지속적인 경쟁력을 유지하느냐는 국내 본사가 얼마나 엔지니어링 역량을 발전시켜 현지를 지원하느냐에 달려 있다. 생산 부문을 이전하는 것과 달리 R&D 역량을 현지에 구축하는 것은 인재 확보 문제로 쉽지 않다. 현지에서 일감을 확보하면 국내 본사는 상품기획, 핵심부품 공급, 생산 설비 업그레이드 등 고부가가치의 엔지니어링 서비스 업무가 새롭게 생겨난다. 제조를 담당하는 로컬기업과 엔지니어링 서비스를 제공하는 한국 기업 간에 한·아세안 윈윈형 분업체계가 정착된다. 지금과 같이 수주 경쟁을 벌이는 인프라 사업 진출이나 수출제조 거점 확보 중심의 해외 투자는 신남방정책의 3P 정신을 살릴 수도 없고 지속 가능하지도 않다. 이미 우리 기업들은 중국 사업 실패에 값비싼 수업료를 지불했다.

3. 지속 가능한 해외 사업 포맷

G2 무역 전쟁에 대응하고 베트남이 신남방정책의 롤모델이 되게 하려면 어떻게 해야 하나? 낮은 인건비를 찾아다니는 수출제조 거점 확보용 해외 진출은 현지에 뿌리내릴 수 없고 지속 가능하지 않다. 초기에는 저임 활용의 글로벌 수출 제조기지로 진출했다 할지라도 점차 현지 문제 해결에서 성장 기회를 찾는 내수기업으로 진화한다.

기존 제품을 들고 나가 단순히 제조·판매하는 사업 모델에서 현지가 필요로 하는 현지 문제 해결형 사업 포맷, 곧 '국가 아젠다 맞춤형 개발사업'으로 전환한다.

현지인을 개발하고 현지 기업으로 뿌리를 내릴 수 있어야 지속 가능하다. 중국 시장을 예로 들면 중국 정부가 매달리고 있는 환경 분야와 불량품 문제가 불거진 식품 및 위생 분야는 좋은 사업 기회. 환경과 식품은 현재 로컬기업의 기술로는 해결이 어려워 중국 정부가 그만큼 더 곤혹스러울 수밖에 없는 부분이다. 이는 우리 기업이 글로벌 세일즈에서 한 단계 위 글로벌 사업으로 진화하는 격이다. 이처럼 아세안 각국이 처한 고유한 시장 문제에 대해 단품 판매를 넘어 한국만의 경험 노하우 콘텐츠가 들어있는 한국형(K-) 솔루션 서비스를 개발해 차별화해야 지속 가능하다.

신남방정책 기조인 3P(Peace, Prosperity, People)도 상대국과의 공동체 의

식하에 상생관계를 구축하자는 것이다. 이를 구체적인 정책으로 구현한 것이 바로 현지 맞춤형 산업단지를 토대로 한 산업 파트너십 모델이다. G2 패권 구도 속에서 중국 의존도를 줄이고 수출·투자 시장의 다변화를 위한 대체 시장 개척에 가장 효율적인 실천 방안이 될 수 있다. 한국 경제 해법은 제2, 제3 베트남 건설에 있다. 한국은 아직 전성기가 오지 않았다.

국제 사회 '개발 아젠다 맞춤형 융복합사업' 예시
경제 대전환 구조개혁 트리거
– 저부가가치 산업 출구 및 중화학공업 글로벌 재배치

1. 현지 문제 해결 시장과 '운용 혁신'

어떤 국가를 위해 해외 사업을 기획하더라도 상대국은 물론 타 국가와도 경쟁하지 않는 '현지 문제 해결형 개발사업'을 기획한다. 해외 투자를 바라보는 우리 사회의 시각도 산업공동화로만 보지 말고 '어떻게 우리 기업의 해외 투자를 국내 경제 활성화와 국내 일자리 창출로 연결하느냐'로 관점을 전환한다. 해외 통상을 우리 국민에게 일감을 제공하고 국내 산업 구조개혁과 연계할 수 있도록 설계한다. 특히 포커스는 얼마나 많은 중소기업이 참여해 일감 기회를 얻느냐에 둔다. 대부분의 서민 일자리를 책임지고 있는 중소기업의 국내 공급과잉(유휴설비 및 과당경쟁)을 해소하지 않고서는 몇몇 첨단산업으로 벌어들이는 수익으로 세계 10위권으로 팽창한 국민경제를 지탱할 수가 없기 때문이다.

현지 문제 해결형 시장개발은 기업 간 서로 다른 사업 포트폴리오와 기술 융합이 요구되는 종합 솔루션 기획이 필수다. 운용 혁신은 타국과의 경쟁구도(초격차 경쟁 등)에서 탈피해 우리 사회가 경제 성장기에 축적한 산업 역량과 기술 자산을 잘 활용해 우리나라만이 가장 잘할 수 있는 일(국제 사회 문제 해결)을 찾아내는 혁신이다. 본업인 기존 산업을 잘 운용해 새로운 시장을 창출하는 혁신이다. 일례로 삼성전자와 한화는 '친환경 에너지 홈 시장'을 공동으로 개발한다. 삼성전자 스마트가전과 SmartThings 플랫폼을 한화큐셀의 태양광 에너지 솔루션과 결합하는 사업 모델이다. 한화큐셀이 일반 가정용 태양광 모듈과 에너지저장장치 ESS를 통해 전력을 생산하면 삼성전자가 'SmartThings 에너지 서비스'를 기반으로 난방용 히트펌프와 가전제품에 소모되는 에너지를 관리하는 방식이다. 또 다른 종합 솔루션 사례로, SK는 정부가 발주하는 새만금 태양광 사업에 '태양광발전 + 창업클러스터 구축 + 데이터센터 유치' 등 3가지 사업을 융합해 입찰을 따냈다. 창업클러스터를 통해 좋은 일자리를 만들고 태양광으로 생산한 전기를 활용하는 데이터센터를 설립해 국내외 정보기술 기업을 유치하겠다는 제안이 설득력을 높인 결과다. 상대국의 니즈를 면밀히 파악해 이를 반영한 융복합 솔루션을 기획할 때 사업 명분도 분명해지고 현지 사회의 지지도 얻을 수 있다.

- **인도네시아 조선산업 육성과 경남 중견 조선사 및 기자재 업체 부흥 전략**

인도네시아는 사면이 바다로 둘러싸여 있고 국민 대다수가 대형선박이 부족해 근해에서만 고기잡이를 하고 있다. 섬과 섬 사이의 여객과 화물 운송이 활발하지만 조선 시설이 낡았고 기술은 부족하다. 원양어선 3,000척 건조가 국가목표가 된 배경이다.

한편 한국은 조선 3사가 수주호황이라 하지만 중견 조선업체 30여 개 중 4곳만 남아 있다. 하도급 체제인 국내 조선업은 만성적 일손 부족에 중국과의 가격 갭이 15% 이상 벌어지고, 협력사 직원의 20%가 외국인 노동자다. 폐업 또는 수리업으로 전환하면서 고사 위기에 처해 있다. 조선업 생태계가 붕괴되는 단초다. 아직 10만여 명 종사자(2024년 기준)가 있다.

세계 조선 점유율은 한국이 25%(중국 64%, 일본 3%)이지만 중형 선박 건조 MS는 1% 정도에 그친다. 일감이 없어 활력을 회복하려고 애쓰는 한국 중견 조선사와 기자재 협력사 1,200여 곳(주로 과거 대우 조선해양 협력사)이 인도네시아 조선산업 파트너로 안성맞춤이다. 중견 조선사가 중심이 되어 인도네시아에 선박 건조 단지를 조성하고 중소 기자재업체의 유휴설비와 인력을 함께 진출시켜 일감과 일자리를 확보한다.

스마트 산단 공유플랫폼(Smart K-Factory, 24만 개 중소기업 등록)에 등록된 조선 관련 공장 데이터에 기반해, 현지 수요 맞춤형으로 제2의 거제 조선산업단지를 현지에 조성할 수 있다. 양국은 조선소 현대화, 기자재 산업 육성, 연구개발 인력 양성, 공동 제조 및 마케팅 방안을 협업한다. 우리나라의 조선산업과 관련 기자재 클러스터(Cluster, 유사 업종에서 다른 기능을 수행하는 기업과 기관들이 한곳에 모여 있는 산업 집적지)는 하루아침에 얻어진 게 아니다.

전통제조업이라도 필요로 하는 시장만 찾아낸다면 결코 사양 산업이라고 치부할 수 없다. 3~4개국에 거제 조선산업을 진출시키면 거제도는 글로벌 조선산업 수도로 2차 도약의 길을 열 수 있다.

• 인도네시아 현대자동차 진출과 아시아 '전기차 허브' 국제 도시 건설

인도네시아는 '메이킹 인도네시아 4.0' 전략의 최적 파트너로 한국을 지목한다. 한국의 첨단 제조 기술로 천연자원을 기반으로 한 제조업 육성 프로젝트를 지원해주기를 기대한다. 원광 수출을 제한하는 것은 광물을 수출하는 1차산업보다 제련 및 가공으로 부가가치를 높이는 2차 제조산업을 육성해 하방 산업을 발전시키려는 의도다.

원광 수출을 제한함으로써 광산이 제련소 보유기업에 흡수되거나 광산업체가 제련소를 건설하는 형태로 정·제련 가공 분야가 강화되고 있다. 국내 제련기업이 인도네시아로 진출해 하방 산업을 발전시키는 원원형 산업 파트너십이 필요하다. 세계 니켈 공급량의 38%를 담당하는 1위 생산국이자 부존(賦存)국으로 2020년부터 원광 수출을 금지하고 있다.

인도네시아는 매년 100만 대 이상 신차가 팔리고 있지만, 자동차 보급률은 아직 10명당 1대에 불과하다. 전기차 배터리 핵심 소재인 니켈 매장량이 세계에서 가장 많아 미래차 전략 지역이지만 전기차 부품 생태계가 전무하다.

현대자동차가 인도네시아에 진출해 중국에 과도하게 의존하고 있는 배터리 핵심 소재를 현지 자원 개발사업과 연계해 다변화시킬 수 있다. 현대자동차는 연간 15만 대 생산 설비를 인도네시아에 완료하고 2022년 초부터 현지 전략 모델인 소형 스포츠유틸리티차량 크레타를 양산한다. 한편 인도네시아는 현대자동차그룹과 협업해 신수도를 지속 가능한 스마트시티로 건설할 계획이다. 현대자동차그룹은 자동차 제조 투자를 마중물로 제조업에 그치지 않고 그룹 관계사와 협력사를 투입해 '자동차 산업도시 개발+스마트시티 사업(LG CNS와 협업 등)+니켈 광산 개발(공기업과 협업)이 융합된 종합개발사업을 펼칠 수 있다. 현대차그룹은 '자동차 산업도시' 조성을 시작으로 장기적으로는 '아시아 전기차 허브'의 국제 도시로 발전하도록 종합개발 청사진을 제시하고 국내 중소기업들과 현지 기업들을 끌어들인다.

- **베트남 부품산업과 국내 전자·자동차 부품 중소기업 성장 사다리**

베트남은 지난 20년간 자국 자동차산업을 육성하려 했지만, 아직도 경쟁력을 갖추지 못해 성과가 지지부진하다. 인건비는 낮으나 태국, 인도네시아 등 주변국보다 원가(수입산 고관세 포함)가 20%나 비싸다. 부품업계가 부실하기 때문이다. 부품의 국산화율이 낮아 수입 의존 비중(자동차 업계의 부품 수입액은 연간 약 50억 달러, 승용차 국산화율 25%)이 높고 이것이 생산 단가를 상승시키는 요인이 되고 있다.

베트남에는 소재·부품 분야에 1,800여 개 로컬업체가 있다. 이 중에서 글로벌 기업의 생산 네트워크에 참여하고 있는 업체는 300개 정도에 불과하다. 삼성전자가 2008년 하노이 박닌성에 휴대폰공장을 지은 지 15여 년 이상이 지났지만, 삼성에 납품하는 로컬업체는 포장지 제조업체 등 저 기술 부품 정도로 여전히 제한적이다. 베트남 국영기업이 후진적 경영시스템을 면하지 못하고 있기 때문이다. 민영화를 꾸준히 추진하고 있지만, 여전히 전체 시장의 절반 이상을 국영기업이 차지하고 있다. 베트남 정부는 2017년 135개, 2018년 181개 국영기업 민영화를 목표로 했지만, 실적은 각각 13개, 18개에 그치고 있다.

베트남 정부의 민영화는 기업을 민간에게 넘기는 것이 아니라 주식회사로 전환하는 것이다. 베트남 정부가 원하는 것(산업정책)은 저임금 토대의 단순 임가공이 아니라 한국 등 선진국의 글로벌 공급망에 편입되는 것, 곧 로컬기업의 글로벌 기업 납품이다. 한국 대기업의 참여로 자본금 확충은 물론이고 선진기술과 경영노하우 도입에 기대를 걸고 있다. 베트남 정부는 자동차 부품 현지화 비중을 현재 12%에서 2035년 60%까지 올리겠다는 목표를 세웠다.

창원 산단은 자동차, 조선, 기계 제조업 등 대기업과 1, 2차 하도급업체까지 2,600개 제조기업이 밀집해 있다. 제조업 메카로 1년 새 일자리 3,600개가 날아갔다. 현대자동차 생산직은 5만 명인데 1만 5,000명이 2025년까지 정년퇴직한다. 생산인력의 30%가 줄어든다. 현대자동차는 이를 메울 추가 고용 계획이 없다. 없어지는 이들 일자리를 어떻게 할 것인가?

베트남은 미국에 이어 우리나라의 무역흑자 2위국이다. 상대국과의 통상에서 일방적 무역흑자는 바람직하지 않다. 단기적 이익을 쫓는다는 이미지는 장기적인 경제협력 관계 구축을 저해하고 신남방정책의 'Prosperity' 원칙에도 부합되지 않는다. 현지에서 거둔 이익의 절반은 다시 현지에 투자한다는 대우 세계 경영의 50:50 원칙은 여전히 유효하다. 무역수지 균형을 맞추려면 현지 기업 지분인수 등 우리 기업의 간접 투자를 늘려 로컬기업의 경영에 참여(투자 운용사로 진화)해 품질·생산성을 끌어올려주고 현지 생산제품의 국내 소비를 위한 역수입도 늘려나간다.

중국의 일대일로 사업은 현지의 마음을 얻지 못하고 있다. 중국·일본과는 차별화된 신남방 협력 모델이 필요하다. 현지 내수기업으로 뿌리를 내리고 있는 태광이나 효성그룹이 베트남으로 진출을 원하는 국내 중소기업들을 위해 현지 산단사업을 추진할 수 있다. 구미나 반월·시화단지의 전자부품·기계 부품중소기업들이 현지에 진출할 수 있도록 교두보 역할을 해주면, 일감이 없어 30~40% 놀리고 있는 유휴설비와 잉여 인력을 현지로 이전시켜 베트남의 전자·기계 부품산업을 육성해줄 수 있다.

우리 중소기업들은 일감을 확보하고 핵심부품 개발과 설비 공급 등 고부가 제조 부문으로 옮겨갈 수 있는 숨통이 트인다. 베트남 정부의 로컬 부품산업 육성 정책과 현대자동차 노조 정년 연장 요구 및 협력업체 미래차 전환 과제를 매칭시켜 현대자동차가 1, 2, 3차 협력업체와 함께 베트남에 부품클러스터를 조성하고 은퇴자를 부품업체 기술 지도 요원으로 정년 연장만큼 출향제도를 운영해 파견할 수 있다.

• 브라질 내연기관차 지속과 한국 자동차 부품사 사업전환 기회

한국 자동차 부품중소기업들이 미래차 전환 딜레마를 극복하는 데 브라질에 기회가 있다. 브라질은 에탄올과 가솔린을 동시에 연료로 쓸 수 있는 혼합연료 차량이 2003년 개발된 이후 현지에서 생산되는 차량 대부분은 에탄올 가솔린 겸용이다. 이런 추세는 2040년 이후에도 지속될 전망이다.

브라질의 특수한 에탄올 연료 자동차 시장은 내수 기반 제조업 경제구조 때문이다. 에탄올 등 바이오 연료 자동차산업 육성이 전기차 도입보다 탄소배출 감축 친환경에 더 부합한다고 보고 있다. 메탄올 원료인 사탕수수의 세계적 생산국이 브라질이다. 브라질의 내수 기반 제조 경제구조는 전기차보다 바이오 연료와 하이브리드 차량 육성으로 갈 것이다.

현재 27개의 글로벌 자동차 기업이 진출해 있다. 현대자동차와 국내 부품 기업 다수가 진출해 있다. 브라질 내에 한국 자동차 부품클러스터를 조성해 미래차 전환에 따른 내연 기관 중소부품 기업들에 필요한 '전환 시간과 기회'를 제공할 수 있다. 미래차 전환 시대에 변화하고 적응할 수 있는 시간과 기회다. 현대자동차는 브라질 자동차 시장 맞춤형으로 에탄올과 휘발유를 혼합해 사용하는 FEV(혼합연료 차량) 차량을 개발한다.

브라질은 무역의존도가 낮고 식량 등 핵심 자원 대부분을 자급자족한다. 철광석 니켈 등 주요 광물 생산, 수출국이다. 철광석은 호주와 함께 전 세계 수출 물량의 3분의 1을 차지하고 희토류 매장량은 세계 3위다.

공급망 분야는 한국이 브라질과 협력해야 할 가장 중요한 분야다. 공급망 협업을 기본 토대로 신도시 건설과 같은 개발사업을 제안하고 타 부문으로 파트너십을 확장한다. 의료, 교육, 정보통신기술은 브라질이 한국을 가장 높게 평가하는 분야다. 브라질은 저소득층과 낙후 지역을 중심으로 원격의료 원격 교육사업이 공공사업으로 떠오르고 있고 한국이 최적 파트너다. 원격의료 원격 교육사업을 규제에 막힌 한국에서보다 빠르게 성장시킬 수 있다.

- **튀르키예 자동차 부품 현지화 사업과 한국 차 부품 중소기업 클러스터 진출 기회**

인도네시아, 베트남에 이어 튀르키예도 국산 차 육성 사업을 추진하고 있다. 현재 부품 자급률이 절반(51%) 정도이지만 65%까지 끌어올린다는 목표다. 2030년까지 세단, 왜건, 컨버터블, 쿠페 등을 차례로 출시해 연간 100만 대를 생산할 계획이다. 튀르키예 자동차산업은 외국에서 중간재를 수입해 완성차를 조립하는 주문자상표부착생산(OEM) 방식이 주를 이룬다. 자동차 수출액 가운데 OEM 비중이 63%로, '조립 공장' 역할에 머문다고도 할 수 있다. 자동차 생산 규모로 보면 유럽 내 4위지만 내세울 만한 자국 자동차 브랜드가 없다는 점이 약점이다.

세연이화는 현대자동차에 납품하기 위해 튀르키예에 현지 법인을 세웠다가 포드, 토그로 고객사를 늘렸다. 현대자동차의 1차 협력사인 세연이화와 현대모비스가 국내 2, 3차 부품 협력사를 융합해 '자동차 부품 현지화 플랫폼 기업'으로 진화할 수 있고 그 1차 타깃 시장이 튀르키예가 될 수 있다.

• 인도 조선산업과 베이비부머 은퇴 조선 기술자 일자리 창출 기회

인도는 전체 무역 물량의 약 95%를 해운에 의존하고 있지만, 자국 조선업이 취약해 해외 선박을 빌리는 데만 연간 약 110조 원을 쓰고 있다. 조선사 28곳이 있지만 연안 여객선 등 중소형 선박만 주로 건조한다. 대형 컨테이너선 초대형 원유 운반선 자동차 운반선 등은 직접 만들지 못한다.

주변 바다를 지키기 위해 2027년까지 200척의 함대를 구성한다는 국책사업 목표를 갖고 있다. 2047년까지 상선도 2,500여 척으로 늘리고 세계 최대 규모로 조선소를 짓고 배후에 신도시를 조성하고 조선업 인재를 양성할 대학도 세운다는 계획이다. 인도는 HD현대 중공업과의 파트너십도 모색하고 있다. 한국과의 협력을 통해 자국에 조선 클러스터 육성을 희망하고 있다.

인도는 한국 조선사의 도움을 받아서 자국에서 인프라가 가장 우수한 조선사를 이용해 시범 프로젝트를 진행하고 이후 여기서 쌓은 기술력을 다른 현지 조선소에 전수한다는 계획이다. 조선산업에서 높은 경쟁력을 보이고 있는 한국과 장기적인 파트너십을 원하고 있다. 중국이 반도체 부문에서 한국의 기술 인력을 스카우트하듯이 인도는 지금 조선 관련 부문에서 한국 기술자를 수혈하고 있다.

주한 인도 대사(비크람 도래스와미)는 "한국 조선업이 어려워지면서 오랫동안 쌓아온 글로벌 경쟁력을 잃고 있고 우수한 조선업 기술자도 구조조정되는 것으로 알고 있다. 인도는 한국 조선업이 경쟁력을 회복할 수 있는 시장이며 관련 인력들이 일자리를 찾을 수 있는 기회의 땅이다"라고 주장한다.

울산 산업단지와 현대중공업이 협업해 인도 조선산업을 육성해주면 우리 조선 기자재 기업들(중견·소형 조선사)과 은퇴 기술 인력들이 함께 2차 성장을 위한 일감과 일자리 기회를 얻을 수 있다. 인도 조선산업도시 건설을 우리가 설계하면 현지 생산이 어려운 기자재도 수출할 수 있고 한국의 조선산업도시(거제, 울산 등) 인프라 전체를 수출할 수 있다. 인도에서 필요한 선박 일부를 한국에 발주할 수도 있다. 인도 조선업 육성을 지원할 수 있는 나라는 한국밖에 없다. 쌍용차 최대 주주인 인도기업 마힌드라는 수도권에 산업부지(마힌드라 월드)를 가지고 있는데 한국 중견 조선사와 기자재업체들을 클러스터로 유치하고 싶어 한다.

• **우즈베키스탄 섬유산업 육성과 서대구 섬유 산단 구조개혁 출구**

중앙아시아 3국은 한국을 모델로 산업육성 정책을 펼치고 있다. 특히 우즈베키스탄은 중앙아시아의 거점 국가이자 제2의 베트남이다. 세계 5대 면화 생산국으로 섬유산업을 성장동력으로 육성하고 있다.

한국은 직물. 염색. 봉제 등 모든 생산공정에서 축적된 섬유산업 기술을 갖고 있는 만큼 신흥 섬유산업 국가와 연계해 동반성장을 꾀할 수 있다. 우즈베키스탄은 국내 농기계 및 섬유 관련 기업들이 러시아와 중앙아시아를 대상으로 수출 길을 확대할 수 있는 전초기지다. 현재 1,000여 개의 한국 기업들이 진출해 있다. 면화 수확을 위한 농기계 수요가 급성장 중이고 미국에 이어 한국 농기계 수출 2위국이다. 국내 농기계 부품업계는 기술이전 및 농기계 핵심부품을 수출하고 우즈베키스탄은 이를 기반으로 인접국에 농기계를 수출한다.

서대구 산단은 가장 노후화된 산업단지로 입주업체 2,232개 중 섬유업체가 851곳으로 전체 38%를 차지하고 있다. 산단 재생을 위해 현재 연구개발 시설을 구축하고 있다. 전통산업 연구개발과 테스트베드 기능 등을 갖춘 기술 창조 발전소도 설립한다. 섬유와 농기계 중견, 중소기업이 집적해 있는 대구시가 중앙아시아 3국과 자매결연을 맺고 대구 전통제조산업의 구조개혁 출구로 활용할 수 있다.

한편 중앙아시아 3국 중 하나인 투르크메니스탄에는 한국 대기업과 124개 중소기업이 함께 참여해 가스 화학 플랜트를 구축한다. 이 플랜트는 마치 산업단지처럼 역내 수송 허브화 전략이 필요해 철도, 도로 등 다수의 인프라건설도 병행해 추진한다. 헬스케어, ICT, 제조업 등 협력 분야를 다변화할 기회가 많아 우리나라 관련 기업들의 현지 진출 교두보가 필요하다. 우리나라 석유화학 관련 기업들이 국내 유휴설비를 현지로 재배치해 석유화학산업 기반 'K-산업도시'를 건설할 수 있다.

• **인도차이나 소비재 산업육성과 한국 내수기업 활로**

산업기반이 취약한 인도차이나는 수입을 대체할 생필품 소비재 산업 육성이 가장 시급하다. 인도차이나 지역에 중소기업 제품을 한류 브랜드로 수출하는 GS홈쇼핑이 앵커 기업이 되어 자사에 납품하는 수천 개 소비재 중소 제조기업을 모아 인도차이나 국경 지역에 제2의 개성공단을 조성할 수 있다. 전통업종과 기술로는 국내 시장 포화로 일감이 줄어들고 있는 내수 기업들이 일감을 다시 얻고 2차 도약을 준비할 수 있는 레버리지다. 인근 국가들과 공동 수출 파트너십도 추진한다. 한국이 기술과 핵심부품을 대고 현지는 인력과 원자재를 현지화시켜 서로 원윈한다. 한·캄보디아 FTA가 발효되면 캄보디아에 경공업 제조 거점을 조성해 우리 기업의 하노이 쏠림을 해소할 수 있다.

• **사우디아라비아 등 중동 국가 탈석유 산업정책과 한국 저성장 극복 레버리지**

현대자동차가 아람코와 수소차 파트너십을 맺어 자금을 확보하면 우리보다 자금력이 우세한 중국기업, 일본기업과도 경쟁할 수 있다. 아람코와의 미래차 우선 파트너십을 확보하는 대가로 사우디아라비아가 필요로 하는 원전 등 산업화를 지원하는 윈윈형 파트너십이 가능하다. 사우디아라비아는 탈석유 국가전략으로 10~20년 후 석유 소비가 피크에 이를 것에 대비해 석유 자원의 달러화를 서두르고 있다. 석유 의존 경제에서 벗어나 첨단기술과 투자 허브로 변신하기 위해 21세기 최대의 단일 프로젝트인 비전 2030을 추진하는 배경이다.

중동판 실리콘밸리라 꼽히는 미래 신도시 네옴(NEOM)은 사막 한가운데에 엔터테인먼트 수도를 건설하는 복합단지 개발사업이다. 삼성그룹은 삼성물산을 필두로 삼성중공업, 삼성엔지니어링 등 설계. 조달. 시공(EPC) 능력을 보유한 삼성건설 부문 핵심 계열사들과 대규모 협력사업을 펼친다.

5G, 인공지능 등 첨단 ICT가 필수적인 스마트시티로 건설되는 만큼 삼성전자도 뛰어든다. 삼성SDS는 블록체인 기술을 접목한 보안시스템 등 무형의 인프라에 집중한다. 에버랜드는 테마파크. 호텔 등 유형 인프라를 구축한다.

탈석유 시대에 대비해 중동 산유국들은 모두 신도시 건설을 추진하고 있다. 단순한 소비도시가 아니라 석유 대신 도시 자체가 경제적 부가가치를 창출하는 플랫폼 도시로 탈바꿈시켜 내는 사업이다. 이번 프로젝트에 삼성은 수주를 받아 합류하지만, 이와 같은 국가 프로젝트는 한국의 몇 개 대기업이 융합하면 가장 잘 설계할 수 있다.

국내에서 내수 시장을 두고 중소기업과 경쟁하는 재벌그룹 관계사는 물론, 국내 중소기업까지 모두 해외 시장으로 진출시키는 플랫폼 역할을 하게 된다. 현대자동차는 사우디아라비아에 중동지역 최초로 자동차 반제품 조립 CKD(부품 수출해 현지 조립 후 판매) 공장을 설립한다. 사우디아라비아 자동차산업 공동 육성에 관한 MOU를 체결했다. 곧 자동차를 파는 것이 아니라 '자동차산업 육성 비전(국가산업 전략목표, 탈석유 경제, 30만 대 생산 2030년)'을 파는 일로 우리 부품업계를 진출시켜 '사우디아라비아 자동차 부품산업 생태계'를 육성해야만 가능한 일이다.

• 인도 철강산업 육성과 국내 탄소중립 전략

우리나라는 탄소중립을 위한 국가 차원의 재산업화(Reindustrialization)을 위해서도 고탄소 의존형 산업 수출설비의 글로벌 재배치(산업생태계의 글로벌화)가 불가피한데 어떻게 국민 일자리를 잃지 않고 구조조정을 해내느냐가 관건이다. 급성장하고 있는 인도에는 글로벌 자동차 톱 15개 업체가 진출해 있고 모두 자동차 강판을 수입하고 있다.

한국의 고성장을 이끈 철강산업 경험과 해외 네트워크라는 강점이 있는 철강사들은 개도국 철강사 합리화에 참여할 수 있다. 인도의 풍부한 자원과 저렴한 노동력이 한국의 기술과 자본, 경험과 연계될 경우 쌍방 간 철강산업 시너지를 도모할 수 있고 동반성장을 거둘 수 있다.

인도 정부는 자동차 강판 등 고부가가치 철강 제품의 수입 의존도를 낮추기 위해 포스코와 현대제철에 국영 철강 기업인 인도 철강 공사 SAIL과 RINL 등과의 합작회사 설립을 요청하고 있다. 원자재인 철광석과 공장 부지 등은 인도 정부가 제공하고 설비와 기술(기술 인력 파견)은 한국 업체가 맞는 방식이다.

세계 철강 시황과 경기를 감안하면 미래는 자체 설비 투자보다 현지 로컬기업의 지분인수 투자가 유리하다. 글로벌 시장에서 이제 한국 기업의 포지션은 선·후발국 경계위치에서 상대국과 시장을 두고 경쟁할 게 아니라 우리의 축적된 자본+기술을 결합한 투자사(사업 투자형)로서의 편승

성장 방식을 취하는 것이 지속 가능한 성장 해법이다.

• EU 탄소국경세 도입과 국내 화석의존형 전통산업의 고도화 기회

노후화된 전통산업으로 어려움을 겪고 있는 나라는 미국 러스트벨트 뿐만이 아니다. 독일, 프랑스, 체코, 러시아 등 유럽권 철강, 기계, 중화학 등 전통제조업 재생에 필요한 산업 파트너십을 요구하는 나라는 널려 있다. 세계 최고의 생산성 노하우를 가진 포스코, 두산, SK 등이 이들 로컬 기업의 일부 지분을 인수해 생산성을 올려주고 수출 물량을 현지화시키면 우리 기업은 EU 탄소국경세 부담을 피하면서 엔지니어링 서비스 중심으로 제조업을 고도화시킬 수 있다.

현지 경쟁력의 원천인 부품생태계를 현지화하는 과정에서 국내 중소 협력업체도 동반 진출 기회가 생겨난다.

• 반도체 투자 리스크 분산과 반도체 산업 파트너십

유럽연합은 글로벌 반도체의 10%밖에 생산을 하지 못하고 있어 첨단 반도체 생산을 세계 생산의 최소 20%까지 끌어올린다는 목표를 가지고 있다. 유럽은 반도체 생산능력이 부족하고 특히 반도체 생산의 최종단계인 패키징과 조립에 있어서 높은 해외 의존도를 가지고 있다.

투자 규모가 큰 반도체 생산 설비 투자는 선진국들과 협업해 투자 리스크를 분산할 수 있다. 첨단 반도체 생산 규모를 확대하려는 EU의 지원 정책에 부응해 현지 투자를 검토할 수 있다.

한국 기업은 첨단기술, 재료 및 장비에 강점이 있는 EU와 반도체 산업 협력을 강화할 필요가 있다. 유럽은 반도체 소형화 기술 연구의 중심지다.

• **폴란드 K-방산 진출과 유럽교두보 확보**

20조 원대 한국산 무기를 수입하기로 한 폴란드는 유럽 내 한국의 최적 교두보다. EU를 겨냥해 폴란드를 동구권의 핵심 제조 거점으로 육성할 수 있다. 우크라이나 재건 사업의 전진기지로, 중국 의존도를 줄이려는 EU에도 중국 제조를 대체할 역내 거점이 필요하다. K-방산 폴란드 진출은 현지 생산(현지 공장 설립), 기술이전, 공동개발 등이 수주의 핵심 성공 요인이다. 한국 방산업체들이 클러스터를 이루고 있는 제2 창원 산단을 폴란드에 조성하면 유사시 대한국 무기 보급기지로도 활용할 수 있다. 체코 원전, 폴란드 방산 등 대형 수주사업은 현지 건설기자재 조달, 부품 공급망을 조성하는 등 수주를 뒷받침하는 산단을 현지에 조성해 로컬업체와의 협력, 로컬기업의 참여도를 높이고 기술 전수에 앞장서는 것이 핵심 차별화 요소다.

• **K-원전, K-발전 등 개도국 인프라 수출과 K-제조업 레버리지**

석탄 발전을 대체하는 LNG 가스 발전, 도시로 몰려드는 인구 증가에 대비한 신도시 건설 등 글로벌 저성장 추세와는 달리 개도국 개발사업 수요는 급증하고 있다. 미·중이 개도국 인프라 사업을 두고 '일대일로 vs

B3W(더 나은 세계 재건)' 정책으로 경쟁하고 있다. 특히 원전, 고속철 등 대형 인프라 사업은 국가 대항전이다. 국산 원전 수출 1호기인 아랍에미리트 (UAE) 바라카 원전 이후 이집트, 체코, 폴란드, 사우디아라비아 등 원전 수주전에서 원전 강국인 중국, 러시아에 맞서 수출 경쟁력을 제고하려면 미국과 동맹을 맺어 공동 진출하고, 상대국이 육성하고 싶어 하는 제조산업을 수주 제안에 포함해 차별화할 수 있다.

예컨대 이집트는 원전 사업에서 설계 조달 시공의 EPC 방식으로 발주하는 데 전제 조건으로 현지화 비율 20%~35%를 요구한다. 한수원은 국내 원전 기자재 기업들과 함께 참여해야 하고 현지화 조건을 맞추려면 현지 기업들과 협업(기술자 양성지원, 장기적 협력관계 구축 등)이 필요하다. 미국은 반도체, 배터리, 바이오 등 첨단산업뿐만 아니라 중국의 일대일로 경제영토 확장 전략에 맞서 개도국 인프라 사업 등 한국 제조산업과의 파트너십을 필요로 하는 분야가 많다. 대규모 일자리를 창출하는 K-제조업과 결합 된 인프라 수주 전략은 종합개발을 원하는 개도국에는 가장 강력한 레버리지다.

• 선진국 신도시 건설 수요와 한국 기업의 동반성장 기회

낙후된 도시를 대체할 미래형 첨단 신도시를 건설하려는 수요는 국제사회에 확산되고 있다. 뉴욕, 파리, 런던 등 선진국의 대표적인 도시들은 겉모습과는 달리 도시를 떠받치는 기본 인프라가 노후화되어 365일 보수공사가 이어지고 있으나 근본적 해결은 어렵다.

우리나라가 낙후된 원도심을 두고 혁신도시 등을 새로 만들고 있는데 세계가 지금 미래 신도시를 원하고 있다. 미국만 해도 초고속 인터넷망 구축, 도로, 항구, 수질 개선 등 인프라에 엄청난 투자를 하고 있다. 반도체, 에너지 시설투자 및 사회 간접 자본 확충 및 개선 사업이 대대적으로 일어나고 있다. 노후화된 인프라를 보수해서 일자리를 창출하자는 계획은 오바마 정부 때부터 트럼프 정부까지 좌우를 가리지 않고 두루두루 사용하던 정책이다. 그만큼 미국 인프라를 보수해야 한다는 전 국민적인 공감을 샀기 때문이다. 완전히 새로운 미래도시를 건설해야 구도시 문제를 근본적으로 해결할 수 있다. 신도시 건설은 침체된 선진국 경제의 활력을 다시 회복시키는 기제로 작용하고 이를 통해 미래 사회를 만들어가는 기반이 된다.

신도시 1, 2기에 이어 최근까지도 신도시 3기를 설계하고 있는 한국이 가장 잘할 수 있는 국제 사업이다. 신도시 사업은 스마트기술은 물론 다양한 전통산업 업종과 현장기술이 요구되는 융복합사업이다. 대기업 중견 중소기업 모두에게 일감을 제공한다.

• 중·저위급 기술(적정기술) 보유와 중산층·서민층 성장 기회

한국은 '비임금근로자'가 25%나 되는데 이들 대부분이 자영업자다. 자영업 사업체에서 일하는 임금 근로자를 합치면 전체 근로자의 약 40%다. 10인 이하 사업체 근로자 비중은 44%로 미국 10%, 일본 24%에 비해 너무 높다. 이들 업종이나 종사자들은 대부분 낮은 단계의 기술이라 국내에는 업종 수요와 노동 수요가 줄어들어 소득이 줄고 빈곤층으로 떨어지고 있다. 생계형 자영업자는 사실상 실업자나 마찬가지다. 이들의 소득수준을 개선하기 위해 정부는 기초생활 보장제도. 기초연금제도. 최저임금제. 근로장려세제 등을 시행 중이지만 한시적인 대책이다.

영세한 소상공인 업종과 종사자를 조직화해 저위 기술이 필요한 저개발국에 투입하면 현지인과 우리 국민의 멘토링 일자리를 동시에 창출할 수 있다.

사례로 세아상역을 들 수 있다. 세아상역은 2011년부터 미국 국무부, 아이티 정부, 미주개발은행(IDB)과 협업해 대지진으로 폐허가 된 아이티에 의류공장을 지어 일자리를 창출하고 자립을 돕는 재건 사업을 벌이고 있다. 미국 정부가 기본 계획을, 아이티 정부가 땅을 제공하고 미주개발은행이 공장 건설 투자를 맡았다. 이 공장을 활용해 현지인을 채용하고 교육시켜 생산하는 역할은 세아상역이 맡았다. 중남미권 교포는 물론 국내 인력을 대거 파견해서 초기 공장 셋업을 지원했다.

당시 클린턴 국무장관이 직접 김웅기 세아상역 회장에게 협력을 요청했다. 미국 정부는 공장이 있어야 일자리가 생기고, 자립이 가능하다고 판단했다. 미국 내는 물론 다른 국가에도 적당한 기업이 없기 때문에 한국 기업에 요청한 것이다. 의류산업단지 인근에 현지인 교육을 위해 세아학교도 설립했다.

• 국내 건설업 한계 봉착과 개도국 산업도시·신도시 사업 기회

LG는 하이퐁에 축구장 112개 크기의 산단에 디스플레이·이노텍·화학 계열사가 공장을 운영 중이다. 롯데는 신도시 복합쇼핑몰, 현대자동차는 자동차·조선, 포스코는 철강·냉연강판, 두산은 중공업·발전, GS는 유통, 경남건설은 부동산 개발, 기타 CJ 한식 등 국내 기업 3,234개가 진출해 있다.

한편 대우건설은 주거, 상업, 문화, 교육 등 전 분야를 아우르는 스타레이크 K-신도시에 이어 한국식 커뮤니티 시설과 녹지 공간 제공, 지문인식 출입, 에너지 효율 기술 등을 접목한 끼엔장 신도시(주거, 상업, 교육, 녹지, 문화 등이 통합된 균형적인 신도시, 10년간 약 3억 9,000만 달러 투자 소요)를 건설할 계획이다.

GS 건설은 냐베 신도시, 롱빈 신도시 개발 등 건설사들이 하노이, 동나이성 등 다양한 지역에서 신규 도시개발사업에 참여하고 있다. 베트남은 경제개발의 원동력이 될 신도시 개발사업으로 한국형 신도시를 주목하고 있다. 현재 제조기업과 건설기업이 따로 따로 벌이고 있는 제조 투자와 신도시 사업을 결합하면 차원이 다른 개발 일감과 국부를 창출할 수 있다. 제조 투자를 몇 개 특정 지역으로 모아 집중시키면 베트남에 수개의 산업도시 수요를 창출하고 K-거점도시로 발전시킬 수 있다.

국내 부동산 시장은 성장 한계에 봉착했다. 인구구조 변화에 초저금리 시대가 저물면서 국내 건설기업들이 존폐 기로에 놓여 있다. 일부 건설사에 대한 유동성 위기설까지 나오고 있다. 결국 해외 시장에서 또 다른 성장동력을 찾고 사업 확대의 기회를 찾아야 하는데 대기업 몇 개를 제외하고는 국내 중견·중소 건설기업 혼자만의 노력으로는 쉽지 않다. 미국이나 유럽 등 선진 시장은 이미 포화 상태다. 시장 형성 초기 단계인 신흥국도 이미 중국, 터키, 인도기업들이 수주를 공격적으로 따내고 있다. 이들과 어떻게 차별화할 것인가? 키는 우리나라의 강점인 제조업과 인프라 사업 간 결합이다. 대기업의 제조 투자를 마중물로 현지 인프라 사업을 발굴해 복합사업을 기획한다. 제조 투자 거점을 중심으로 산업도시, 신도시를 건설하는 종합개발사업으로 차별화할 수 있다.

• 우크라이나 전후 재건 사업(1조 달러 추산)

2022년 우크라이나 의회 대표단은 한국을 방문해 그들이 원하는 것은 '동유럽의 제2의 대한민국 건설'이라고 희망 사항을 전달했다. 한국이 한 지역을 맡아 재건을 책임져달라는 것이다. 먼저 마스터플랜(제조산업+배후도시=산업도시)을 수립한다. 현지 수요 맞춤형 제조산단을 중심에 놓고 건설기업을 투입해 배후 지역 인프라를 개발함으로써 산업도시를 조성하는 종합개발사업을 기획한다. 건축 자재 공장을 지어 재건 사업에 납품할 수도 있다. 인프라 건설에 투입되는 원부자재, 건설장비를 수입에 의존하지 않고 현지 생산할 수 있는 제조 산단을 함께 조성할 수도 있다.

문제는 재원을 어떻게 조달하느냐인데 우크라이나가 국유 농경지를 사유화시켜 매각하거나 EU 가입 조건이기도 한 3,000여 개 공기업 민영화를 통해서도 재원확보가 가능하다. 굳이 우리 돈을 쓸 필요 없이 국제

기구 재원(WB, EBRD)을 적극적으로 활용할 수 있다. 현지 기업과 컨소시엄을 구성해 들어가는 것이 유리하다.

• K-방산 차별화, 단품 무기 수출이 아닌 '솔루션 패키지'

2023년 전 세계 국방비 지출액은 2조 달러로, 자동차 시장 규모다. 세계 무기 수출 시장은 2021년 기준(국제평화연구소 SIPRI 스톡홀름) 미국 41.4%, 프랑스 15.4%, 러시아 10.7%, 이탈리아 6.7%, 한국 2.2%다. 국내 방산업체들은 가성비 외에 무기 제조 현지화와 기술이전에 적극적인 것이 무기 수입국에 최대 매력 포인트다. 일회성 무기 판매에 그치지 않고 수준 높은 사후 관리 서비스를 제공한다. 한국은 무기 수출이 아니라 사후 서비스, 자국 무기 현지화 솔루션 서비스(부품생태계·인재 육성·기술 개발 등)를 지원(서비스 수출)하는 나라로 차별화한다. 곧 단위 제품 수출에서 솔루션 서비스(여러 HW·SW·중소업체·멘토 인력 참여형 통상)로 옮겨간다.

2. 한미 경제동맹 확장과 국제 신용 제고 기회

미국은 자국 공급망 구축을 위해 신북미 자유무역협정 USMCA(차량 부품 북미 생산 부품 75% 이상 사용조건)+IRA(인플레이션 감축법)+바이 아메리칸(미국산 부품으로 조립한 충전기만 사용 등) 정책을 펴고 보조금을 지급하고 있다. 하지만 Buy American같이 중산층을 위한 보호주의적 경제외교 정책이 대외적으로 자신들이 주장하는 공정하고 자유로운 무역 질서에 맞지 않아 자기모순으로 비치고 있다.

• 한미 원전산업 동맹

바이든 대통령은 2021년 한미 정상회담에서 원전 수출 공동 협력을 제안한 바 있다. 미국 원전산업은 국제 경쟁력을 1980년대 초부터 잃고 쇠퇴기에 들어섰는데 핵심 설계 기술은 보유하고 있지만, 업계가 사업경쟁력이 없어 생태계가 무너졌다. 2030년까지 150기 이상의 원전 발주가 예상되나 중국, 러시아가 거의 싹쓸이하고 있다.

한국은 5대 원전 강국이다. 미국의 핵심기술. 금융제공. 국제 영향력과 한국의 우수한 장비. 건설 및 운영 능력의 결합이 가능하고 1기 건설비용이 5조 원 이상이고 운영. 정비. 연료. 수송 등 부대 효과도 크다. 미국과는 이미 90년대 북한 경수로 파트너십 경험이 있다.

한국은 미국, 프랑스의 절반 비용으로 원전을 건설할 수 있는 능력을 보유하고 있다. 한국의 세계 최고 수준의 원전 제작, 조달, 시공 능력과 미국의 원천기술 및 금융 조달 능력을 결합하면 해외 원전 수출 시장에서 강력한 시너지를 발휘할 수 있다. SMR 등 차세대 원전도 미국과의 R&D 협업으로 한국이 상용화를 선도하면서 글로벌 시장 개척에 함께 나선다.

• 한미 전통제조산업 재건 파트너십

미국은 2045년까지 최대 80척의 핵잠수함을 포함해 500척의 함대를 꾸리겠다는 '2045년 전력 계획(Battle Force 2045)'을 2020년 발표했다. 미국 조선소는 설비도 낡고 생산력도 떨어진다. 생산 인력도 많이 떠났다. 미국 정부와 산업계가 조선산업을 되살리려 안간힘을 쏟고 있지만, 가장 중요한 숙련 노동력과 자원을 복구하는 데 시간이 걸린다.

현재 미국에서 건조된 유조선은 글로벌 가격보다 약 4배, 컨테이너선은 약 5배에 이른다. 상업용 선박을 건조하려면 비용이 2배 더 들고 기간도 해외보다 약 2년이 더 걸린다. 건조 비용이 외국 조선사의 3배에 이른다. 미국은 한국 기업이 미국 조선소를 인수해 미국 조선업의 생산성을 끌어올려주기를 기대하고 있다. 세계 최고 효율 등급의 제조 기술과 생산성 노하우를 보유한 한국 조선산업이 최적 파트너다. 한국은 미국 조선산업 재건 수요에 맞춤형 파트너십으로 부응하되 미래 조선 기술 공동 개발 방안을 담아 기술 선점기지로 활용한다. 미국 조선 시장도 얻고 조선 관련 미래형 첨단기술도 흡수하는 전략이다. 조선산업뿐만이 아니라 철강, 석유화학, 전력, 기계 등 전통산업 전 분야에서 산업 파트너십을 맺고 낙후된 로컬 제조산업을 재건해 미국 시장 점유율을 올리고 각 산업별 앞선 미국 기술도 선점하는 기회로 활용한다. 사실 트럼프 발 관세전쟁은 중국 공세에 밀려 고사 중인 한국 주력산업에 대한 마지막 경고이자 중국에 대항할 카드로 한미 산업동맹이라는 절호의 기회를 제공하고 있다.

• 미국 불법 이민 해법과 국내 중소기업 및 은퇴기술자 주도 경제성장 기회

미국은 현재 불법 이민을 막고 국경 질서를 회복하는 것이 당면과제다. 한미 정상회담(문재인-바이든, 2021년 5월)에서 미국은 난민 문제 해결에 한국의 지원을 요청하고 한국 정부는 난민 문제로 골치를 앓는 중미 3개국에 4년간 2.2억 달러를 지원하기로 했다. 과테말라, 엘살바도르, 온두라스 등 북부 삼각지대(Northern Triangle) 3국의 문제를 최대한 완화시킴으로써 미국행을 택하는 이민자를 줄여보겠다는 목표다. 불법 이민의 뿌리는 일자리고 현지에 일자리를 만드는 것만이 근본 해법이다. 그 나라에 일자리가 생기면 그 나라에 남는다. 조 바이든 정부도 3개국 이민 해소를 위해 향후 4년간 40억 달러를 지출하겠다고 공약한 바 있다.

이탈리아는 동유럽 알바니아에 수용소를 세우는 방안을 추진 중이고 약 8조 원(55억 유로)을 아프리카에 투자해 에너지 개발을 지원하고 유럽으로 들어오는 불법 이주민을 줄이면서 동시에 이탈리아를 유럽의 에너지 허브(중심국)로 만드는 것이 목표다. 이탈리아 총리는 "고향인 아프리카를 떠나게 하는 원인을 해결하지 않으면 지중해를 건너 이탈리아로 몰려오는 대량 불법 이민은 절대 멈추지 않는다"라며 이 같은 구상을 발표했다.

영국은 불법 이민자를 아프리카 르완다의 안 쓰는 땅에 수용소를 만들어 보내고 대신 1억 4,000만 파운드 약 2,300억 원을 지급하기로 합의했다. 선진국으로 몰려오는 난민 문제를 해결할 수 없어 원조가 시급한 저개발국 활용이 대안으로 등장하고 있다. EU는 중동·아프리카의 난민 발생을 막으려면 저개발 국가의 경제개발을 지원해야 한다는 취지로 '지속 가능한 발전을 위한 유럽 펀드(EFSD)'로 51억 달러 규모의 기금을 조성한다.

한국 중소기업이 가진 다양한 제조 업종과 기술 포트폴리오를 활용하면 대규모 일자리를 창출할 수 있는 노동집약적 산업단지를 조성할 수 있다. 중미 북삼각 지대나 불법 이민의 입국 통로가 되고 있는 텍사스 등 미국 본토 내에 산단을 조성하고 산단을 중심으로 신도시를 건설하면 불법 이민을 원천적으로 막을 수 있다. 경공업 국제 산단과 신도시 건설사업의 결합이다.

예컨대 미국 일본 유럽 3대 시장에서 한 해 수입하는 의류만 330조 원에 달한다. 한세실업은 인건비가 싸고 수출 관세가 없는 사이판에 진출했다. 인근 주민 반대를 무마하려고 농구 코트, 하수도까지 놓아주었다. 한국, 중국, 필리핀에서 기술자를 데려다 공장을 가동한다. 노동집약적인 섬유 OEM(갭, H&M, 아메리칸이글 등 의류 브랜드와 월마트, 타깃 등의 자체상표 PB 브랜드에 연 4억 장 수출) 사업은 저개발국 엔트리 시장 개발에 최적 산업이다.

불법 이민 일자리 사업은 미국 정부의 구매 우선권 보장, 북미 개발은행 자금조달로 구현할 수 있다. 미국 시장 수요에 맞추되 저위·중위기술로 생산이 가능한 노동집약적 섬유 산단, 저가 생활용품 소비재 산단 등이 적합하다. 마침 정부는 과테말라와의 FTA를 추진하고 있고 중남미 시장의 교두보로 만들 수 있다. 위그르족 강제노동 금지법으로 중국 신장지역 섬유, 의류 제품 수출이 막히자, 미국 내 중국산 비율이 20.9%로 감소하고 있다. 저가 상품인 가구, 장난감 대미수출도 급감하고 있다. 전체 대미수출의 40% 이상을 차지하는 기계와 전자부품도 수입이 줄고 있다. 이들 제품들은 북미 국경 산단에서 공급할 수 있다.

미국은 중국 내 생산비용이 올라가므로 중앙아메리카 대륙을 미국과의 근접성, 노동력 비교우위로 봐서 중국을 대신하는 생산기지로 활용할 수 있다고 보고 있다. 더욱이 탈중국 글로벌 공급망을 재설계하고 있는 미국 입장에서는 국경 위기를 기회로 바꿀 수 있는 기회다. 특히 미국 제조업체를 위한 부품클러스터가 기회다. 미국과 온두라스. 과테말라. 엘살바도르 3개 국가가 결성한 HUGE 산업협회는 북삼각 지대에 생산기지를 구축하고 100만 개 일자리를 창출해 불법 이민도 막고 중국을 대신해 미국에 납품하는 생산기지로 키우려 했지만, 부품단지를 구성할 업종구성과 부품기업 유치에 어려움을 겪고 있다.

협회 회원사들은 노동과 환경, 기업 지배구조 등 기준을 충족시키는 기업과 공동 투자 용의가 있다. 도로와 항만. 공항 등을 건설하거나 미국의 천연가스를 북삼각 지대로 운송하는 데 필요한 자본도 유치하고 있다. 한국의 중소기업 클러스터가 이 문제를 해결할 수 있다.

이탈리아나 영국 사례와 같이 선진국이 이민을 막기 위해 개발도상국에 돈을 주고 책임을 전가하고 있다는 비판을 인권 단체들이 제기하고 있다. 난민으로 어려움을 겪고 있는 EU와도 유사한 개발사업을 기획할 수 있다.

> "2021년 5월 한미 정상(바이든—문재인) 회담 결과는 특이한 점이 있다. 미국은 한국더러 중남미에 진출해 이들의 경제발전에 적극 참여해달라는 내용이다. 중남미는 전통적으로 미국의 뒤뜰이다. 중남미 국가들이 원하더라도 미국이 동의하지 않으면 어떤 나라도 넘볼 수 없는 미국의 세력권이다. 최근 들어 중국이 풍부한 자금과 무역을 고리로 야금야금 잠식해 들어가면서 미국이 굉장히 예민하게 반응하는 곳이다. 바이든 대통령은 문 대통령에게 중남미 특히 중미 국가들에 한국의 과거 농촌개발 전략이었던 새마을 운동과 같은 전략을 이들 국가들과 공동으로 추진해줄 것을 특별히 요청했던 것으로 알려지고 있다. 미국 대통령의 뜬금없는 요청은 엄청난 규모의 중남미 사람들이 미국 국경까지 걸어가 이민을 요구하는 사태가 계속됐기 때문임은 분명하다. 하지만 미국이 중남미 문제로 외국 정상에게 도와 달라 부탁한 것은 미국 외교 사상 전례를 찾기 힘든 대단히 이례적인 사건이다. 종합하면 문 대통령과 바이든 대통령의 정상회담은 한미동맹이 안보동맹이면서 경제동맹이자 기술동맹이고 가치동맹까지 아우르는 포괄적 글로벌 동맹임을 웅변하고 있다고 평가를 받고 있다."
>
> (한미 군사동맹을 넘어 경제동맹으로, 문일현 기자)

• 미국 B3W 파트너십과 지구촌 균형발전 –
저개발국 엔트리 시장 개발

중국이 미국의 뒷마당인 중남미를 접수하고 있다. 2021년 멕시코를 제외한 중남미 국가와 중국 간 수출입 규모는 2,470억 달러로 미국의 1,740억 달러를 추월했다. 미국은 멕시코를 제외한 중남미 지역에서 최대 교역국 지위를 중국에 빼앗긴 것이다. 미국이 중국의 일대일로에 대응해 B3W(Build Back Better World)를 추진하는 배경이다.

미국은 미주개발은행 IDB을 통해 중남미 투자를 활성화하고자 한다. 미국이 중남미 국가들과 경제동맹을 구상하고 있지만, 중국과 차별화할 마땅한 대안이 없다. 다양한 제조업종과 인프라 건설기업을 보유한 한국이 최적 파트너다. 미국을 시발점으로 세계 이민 문제 해결, 저개발국 잠재 시장 개발에 한미가 앞장서면 미국의 국제 영향력을 지렛대로 국제 금융을 일으켜 글로벌 개발사업을 펼치고 우리 중소기업과 국민에게 일감과 일자리를 창출할 수 있다.

코로나19 팬데믹으로 타격이 더 큰 개도국을 중심으로 개발 협력(ODA) 요구가 높아지고 있다. 국제 사회는 '제로 헝거(Zero Hunger)'를 2030년까지 달성할 '지속가능 발전 목표(SDGs)'의 하나로 채택했다. WFP(유엔세계식량계획)는 식량 생산 및 공급망 중심으로 헝거와 싸우고 있다. 근본적인 대책이 아니다.

WFP 데이비드 비즐리(David Beasley) 사무총장이 일론 머스크(Elon Musk)에게 빈곤퇴치를 위해 7조 원 기부를 요청한 바 있다. 일론 머스크는 "60

억 달러로 전 세계 기아 문제를 해결할 수 있다는 걸 보여준다면 당장이라도 테슬라 주식을 팔겠다"라고 했다. WFP의 기존 해법을 신뢰할 수 없다는 뜻이다. 빈곤 해결, 기후 위기 등 국제 사회 문제를 해결하기 위해 미국과 힘을 합쳐 협력하는 것은 미중 패권전쟁에서 미국의 전략적 의도에 동참하는 것과는 다르다. 한국만의 차별화된 국제 사회 명분으로 한국이 글로벌 이니셔티브를 주도하는 일이다. 한미일 캠프 데이비드 회담도 미국이 한국을 기후변화 등 글로벌 문제 해결의 파트너로 삼았다는 데 의의가 있다. 곧 글로벌 이슈 공동 파트너다.

국제 기구와의 협업 기회도 많다. 2021년 G7 정상들은 아프리카에 친환경 인프라 개발을 위해 국제통화기금에서 1,000억 달러를 지원하기로 합의한 바 있다. 글로벌 투자자들도 기후변화 대응, 빈곤 해결 등 미래세대에, 국제 사회에 긍정적 영향을 주는 기업에, 사업에 자금을 투자하는 ESG 경영 추세로 바뀌고 있다.

빌 게이츠(Bill Gates)가 아프리카 화장실 혁신에 수조 원을 투자하고 지자체 경북이 새마을 운동을 전파하고 정부 부처별로 개도국에 다양한 ODA 사업을 펼치고 있지만, 일자리가 없으면 지속 가능하지 않다. 엔트리 시장 개발사업은 '일거리+교육'의 결합이다. 현지인에게 지속 가능한 일거리가 주어지고 지역이 활성화되면서 일에 필요한 스킬 훈련과 교육 수요가 따라오고 화장실 문화 등 주변 환경은 그에 따라 변한다.

대규모 일자리를 제공할 수 있는 사업 모델은 수입에 의존하고 있는 생필품을 자급자족하도록 현지 공급망을 구축하는 일이다. 저개발 국가들이 필사적으로 달러 유출을 막고 있지만, 언제까지 수입을 막을 수는 없다. 이들 나라 대부분이 스스로 생산할 수 있는 게 별로 없다. 운동화부터 중고차까지 모두 수입해야만 한다. 그럴수록 물가는 더 치솟는다. 자국 내에서 뭔가를 생산하려고 해도 수입 원자재 가격이 너무 올라 생산을 포기한다. 수입 의존도가 더 높아지고 물가가 더 오른다. 마땅히 수출할 게 없다 보니 환율이 주는 시장 조절 기능의 혜택을 못 가져가고, 고환율이 불러오는 인플레이션의 고통만 가져간다.

노동집약적 경공업 중심의 국제 산단을 조성해 초저가 제품을 생산한다. 저개발국 엔트리 시장 개발사업은 초저가 원가경쟁력 확보가 성패를 좌우한다. 초저가를 실현하기 위해서는 세 가지 조건을 충족시키는 생산 품목을 선정해야 한다. 자재 현지화가 70% 가능한 품목(부품조달, 공급망 현지화), 내수 및 주변국 수출로 70% 물량을 소화할 수 있는 품목, 현지인의 초급기술로 70% 이상의 양품이 생산 가능한 품목이다. 수출 물량 확보, 자재 현지화, 물류 코스트에 융통성을 극대화하려면 2~3개 이상의 국가가 인접해 있는 삼각지대나 국경지대에 산단을 조성하는 것이 유리하다. 저개발국의 자재 현지화는 BBC 등 우리나라 첨단 제조기업의 핵심 광물 등 자원 개발사업과 연계할 수 있다.

일례로 친환경 자동차에 들어가는 리튬이온 배터리에 쓰이는 코발트는 현재 50% 이상 콩고에서 수출된다. 채광뿐 아니라 배터리 제조까지 아프리카에서 이루어진다면, 지금은 아프리카가 그린 광물을 캐서 수출하는 데 그치지만, 앞으로 그린 광물을 배터리로 만들어 팔면 한국 기업과 아프리카 모두 훨씬 큰 부가가치로 인한 수익을 거둘 수 있다.

기존 석탄 화력 발전소를 그린 수소 발전소로 바꾸는 아프리카 친환경 사업 기회도 많다. 자금은 아프리카개발은행 AfDB를 활용한다. 정부가 아프리카와 FTA를 추진한다. 아프리카는 성장 잠재력이 높고 풍부한 자원을 보유한 신흥 유망 시장으로 '수출 시장 다변화 및 핵심 광물 공급망 확보' 측면에서 FTA가 필요하다. 현지 자원개발 사업과 수입대체 생활필수품 자급자족형 제조산단을 결합함으로써 현지 니즈와 우리 니즈를 매칭시켜 윈윈할 수 있다.

중국은 일대일로 부작용이 국제 사회 비난에 직면하자 2030 지속 가능한 발전을 지원하기 위한 의제로 2021년 유엔 총회에서 저개발국을 대상으로 한 글로벌 발전 이니셔티브(GDI)를 새로운 대외정책으로 제시하고 있다. 국제 사회 빈곤 감소를 위한 글로벌 협력으로 빈곤 개도국에 긴급 대출을 해주거나 식량 생산 및 공급 능력 구축, 청정에너지, 교육을 지원하는 데 중점을 둔 정책이다.

국제 사회는 GDI가 비판이 커진 일대일로를 새롭게 브랜딩하려는 중국의 속임수라고 비판했다. 일대일로는 경제적 타당성 부족, 곧 수요가 없는 인프라에 투자해 상대국으로 하여금 부채상환이 불가하게 하고 있다. 엔트리 시장 개발 산단(수입대체 생필품 자급자족 산단)으로 저개발국 문제를 해결할 수 있다. 초저가 시장 개발사업은 지역경제 활성화 토대이자 산업화 초석이다.

• 바이 아메리칸(Buy American) 정책과 한국 부품중소기업의 유휴설비 활용

미국 제조업은 GDP 10% 아래로 떨어져 있는데 자국 제조업을 부활시키고 전통제조업 중심지인 러스트벨트 지역을 회생시키는 것이 필수 국가과제다. 미국 정부는 '바이 아메리칸' 정책으로 약 6,000억 달러 규모의 연방정부 공공 조달에 대해 미국산 부품 현지화 기준을 60%로 바꾸고 2029년까지는 75%까지 올리기로 했다. 미국에 생산기지를 두고 현지에서 부품을 조달하는 기업 위주로 혜택을 준다는 뜻이다. 사실상 비관세 장벽이다.

전기차 보조금을 받으려면 2023년부터 미국, 캐나다, 멕시코 등 북미에서 최종 조립을 해야 하고 배터리에 들어가는 핵심 광물도 40% 이상 북미나 미국과 FTA 체결국에서 채굴·제련한 것이어야 하고, 북미에서 제조된 배터리 부품을 50% 이상 써야 한다. 미국의 보호주의 통상정책에 힘입어 해외의 생산기지를 미국으로 재이전한 유턴기업이 2021년 하반기에만 773개로 전분기 대비 두 배 이상 급증했다. 이들에게 누가 중간재 부품을 공급할 것인가? 바이 아메리칸 현지화 조건을 충족시키려면 대기업 투자에 발맞추어 중소기업 부품기업도 함께 진출(국내 투자 감소)해야 한국산 수출감소를 피할 수 있다.

미국 제조업체를 위한 부품클러스터를, 미국 정부가 현지화 조건을 인정하는 영토 내(불법 이민 차단을 위한 북 삼각지대 포함)에 조성하면 리쇼어링 정책도 더욱 힘을 받을 수 있다. 문제는 미국에 현지 공장을 운영해 수익을 내기에는 리스크가 너무 크다는 점이다. 예상치 못한 환경 규제가 복병이 될 수도 있다.

고임금뿐만 아니라 노동력 부족으로 로컬기업도 구인난을 겪고 있어 경력 엔지니어를 확보하는 데 어려움이 많다. 현지 생산 운영의 안전성과 품질을 확보하려면 유능한 생산 엔지니어 확보가 필수적이다. 현지 인력 조기 육성이 관건인데 국내에서 대규모 멘토 인력을 파견해야 가능하다. 비자 문제가 빈번한 입출국의 장애물로 작용할 수 있다. 규제와 비자 문제 등은 개별 기업이 요구하기에는 한계가 있다. 더욱이 현지에 진출한 제조기업의 경쟁력은 얼마나 조기에 규모의 경제를 실현할 산업 클러스터를 형성하느냐가 경쟁력을 결정한다. 각자도생으로 흩어져 진출하면 경쟁력이 없다.

당면 과제를 예로 들면 현대자동차는 미국 판매량의 약 65% 기아차는 약 49%를 울산공장에서 생산해 미국 로컬 기업에 비해 수입 비중이 높다. 트럼프 고관세에 대응해 현지 생산능력을 빠르게 키워야 한다. 현지에 1차 협력사 공장 30여 개가 동반 진출에 있어 현대자동차 기아의 미국 부품 현지화율은 90%가 넘는다. 문제는 1차 협력사에 납품하는 2, 3차 협력사의 현지화율이 낮은 점이다. 한국, 중국, 멕시코 공장에서 만든 부품을 공급받아 1차 협력사가 미국에서 조립하는 식이다.

주요 원부자재도 수입한다. 현대모비스는 고율 관세에 대응하기 위해 미국에 생산거점을 둔 2, 3차 협력사를 찾고 있다. 다른 1차 협력사도 "2, 3차 협력사에 자금 지원을 내걸고 미국에 공장을 짓는 방안을 제안 중이다. 특히 미국 완성차 업체들은 한국이나 일본과 달리 부품사를 자회사로 소유하지 않고 있어 현지에 K-부품 국제 산단을 만들면 미국 완성차 고객을 유치할 수 있다. 이미 현대자동차 협력사 150곳(디아이씨. 서연이화. 에스엘. 아진산업. 세원 등 1차 협력사 300개 중 절반)이 미국 투자 채비를 하고 있다. 부품 현지화 조건을 맞추기 위해서다. 땅값이 싼 텍사스 등 남부 지역 한 곳을 정해 한국 경제특구를 조성하고 특구 안에 한국 중소기업 전용 부품 산업단지를 만든다. 우리 중소기업 모두가 특구 혜택을 받을 수 있도록 주 정부, 연방정부와의 쌍무협정이 필요하다.

• 미국 제조업 부흥정책과 한국 전통산업의 돌파구

미국이 자국 산업을 보호하기 위해 취한 철강, 알루미늄 등 수입 제품에 대한 대중 관세 폭탄은 미국 내 제조기업의 원가경쟁력을 저해하고 있다. 일례로 미국은 전체 철강 수요 중 3분의 1 정도만 수입으로 충당하고 있는데 자국 철강산업을 보호하기 위해 수입제한 조치를 취하고 있으나 오히려 국내 가격을 올려 경쟁력을 약화시키는 역작용을 초래하고 있다. 수입 규제가 아니라 연구개발(제조 기술 업그레이드), **교육훈련**(기술 전수. 노동 생산성), **인프라**(제조설비 및 SOC 경쟁력) 투자, 부품생태계 현지화 등 자국 철강 기업과 노동자들이 미래환경에 적응할 수 있도록 구조개혁을 하는 것이 궁극적 해법이다.

한편 세계 철강 기업 1위였던 포스코는 5위로 떨어졌고, 국내 2위 현대제철은 영업이익이 2014년을 정점으로 하강 곡선을 그리고 있다. 대형 철강사조차도 중국, 인도 등 신흥 철강 강국의 맹추격에 미국의 관세 전쟁까지 더해지면서 악전고투를 벌이고 있다.

중견, 중소철강사는 죽을힘을 다해 세계 수준의 기술력을 만들어놓았지만, 미국 통상 압박에 생존을 위협받고 있다. 앞으로 탄소국경세 등으로 수출 장벽은 더욱 높아질 전망이다. 미국기업의 지분에 투자해 공동소유구조를 구축하고 시설 및 자본재의 현대화, 숙련 기술인력 파견으로 현지 기술인력 육성 등을 통해 생산성 노하우를 이식한다.

제조 효율 등급 세계 1위의 우리 철강산업 시스템과 기술 인력을 투입해 현지 철강산업을 재건한다. 한화 오션은 미국의 로컬 기업 필리 조선수를 인수한다. 현대자동차는 러시아에 신규공장을 짓지 않고 경쟁력을 잃은 GM 공장을 인수한다. LG화학은 GM과 합작해 오하이오주의 폐쇄된 조립 공장을 배터리 공장으로 바꾼다. 이처럼 우리 기업이 현지에 신규 공장을 투자하지 않고도 로컬기업을 인수하거나 지분투자를 통해 경영에 참여하게 되면 우리 제조기업은 로컬기업을 지원하는 제조 지식서비스업(B2B)으로 진화하고 우리나라는 지식서비스 산업 중심으로 경제 체질을 업그레이드하는 기회가 생긴다.

[내수 시장 확장, FTA 2.0] 경제공동체형 K-경제특구 사업

『K-경제특구는 수출 낙수효과 감소로 내수 시장이 수축되고 기회 총량이 줄면서 네거티브섬 게임으로 치닫고 있는 우리 사회에 새로운 성장 공간을 제공함으로써 포지티브섬 게임으로 바꿔내는 레버리지다. 압축성장으로 형성된 국내 과밀구조 과당경쟁을 해소하고 중소기업 자영업 등 다수 서민층에게도 성장 기회를 제공한다. 우리 대기업의 대규모 해외 투자나 국가 아젠다 맞춤형 개발사업을 기반으로 '기회의 땅'을 세계 곳곳에 마련하는 '내수 시장 확장사업'이다. 상대국의 인구·자원과 한국의 자본·기술이 화학적으로 결합된 경제공동체를 지향한다.』

출처 : 저자 작성

1. 상품 제조·수출형과 도급공사 마진형 통상·산업 모델의 국부 창출 한계

우리나라는 매년 각자도생으로 2,000~3,000개 대·중견·중소기업이 해외 투자에 나서고 있다. 이들이 2022년 한 해에만 800억 달러를 해외에 투자하고 있다. 미국, 인도네시아, 폴란드, 헝가리 등은 최근 수년간 직접투자 ODI를 가장 많이 한 나라가 한국이지만 이들 국가를 어떻게 활용해 국가 단위의 투자 시너지를 낼지 국가 차원의 전략이 없다. 예를 들면 사우디아라비아(300여 개 국내 기업 진출)에는 현대자동차, 롯데 석유화학 공장, 두산 단조 공장, 삼성 컨소시엄 수소단지, 인도네시아는 현대자동차, LG 배터리, 롯데 석유화학, 미국은 삼성·SK 반도체 공장, 삼성·LG·SK 배터리 공장, 한화 태양광 등에 투자하고 있다. 미국 조지아주는 SK이노베이션, 금호타이어, LG하우시스 등 140여 개 한국 기업 공장들이 각자도생으로 진출해 코리아 제조 벨트를 형성하고 있으나 개별기업 단위 리스크를 최소화하면서 국가 단위 시너지 국부(국내 일감 연계 및 지역개발 이익)를 창출할 기회를 놓치고 있다. 국내 긴축재정에도 불구하고 ODA는 매년 대폭 늘리고 있지만 국제 사회에서 존재감은 미미하다.

[해외 사업 관행] 그동안 우리 기업들의 해외공장은 제품 제조-판매 수익에만 매여 있다가 임금이 올라가고 원가경쟁력이 떨어지면 옮겨가는 철새형 해외 투자를 반복해왔다. 공장 투자가 이루어진 지역의 장기적인 개발이익을 놓쳐버렸다.

일례로 현대자동차는 사우디아라비아에 공장을 짓는데 합작회사 지분 70%를 사우디아라비아 국부 펀드가, 현대자동차가 30%를 나눠 갖는다. 그러면 공장 짓는 돈은 누가 댈까? 사우디아라비아 국부 펀드가 한국 돈을 빌려서 댄다. 사우디아라비아 투자 제안은 대체로 이런 식이다. 알아서 돈 들고 와서 공장 짓고 이익을 내라는 것이다. 현지는 돈 벌 시장과 기회만 제공하겠다는 뜻이다. 투입되는 자금까지 대부분 우리가 댄다면 공장 건설 공사해주고 돈 받고 끝내는 방식으로, 공장을 돌려 판매 수익을 올리는 것만으로는 시장성, 사업성 모두 떨어지고 장기성 지속성도 보장할 수 없다.

2024년까지 해외 건설 누적 수주액이 1조 달러에 육박한다. 그만큼 우리 기술로 국제 사회에 인프라가 건설되었지만, 인프라가 불러올 해당 지역 경제 활성화에 따른 개발이익은 공유하지 못하고 있다. 대부분 해외 사업이 공사해 주고 돈 받고 빠져버리는 일회성 도급 사업이기 때문이다.

2023년 해외 건설 수주액 333억 달러 중 도급형은 95.6%(투자 개발형 4.4%)다. 수주형 도급 사업은 당연히 경쟁도 치열하고 그만큼 수익성도 낮을 수밖에 없다. 어떻게 개별기업의 투자 리스크는 줄이면서 투자 그랜트는 극대화할까? 어떻게 이들 ODI들이 개발이익과 같은 국가 차원의 장기적 시너지를 내게 하고 국내 경제와 연계시킬까?

[해외 투자 2.0, 자본유출 우려] 지자체마다 지역 특구를 조성해 기업 유치에 전력투구하고 있다. 기업이 들어와야 일자리가 생겨 인구가 유입되고 지역경제가 활성화되기 때문이다. 국내에서 경쟁력을 잃고 있는 국내 기업들이 해외 시장으로 대거 나가고 있다. 지역에 특구를 조성해도 기업을 유치하는 것은 쉽지 않다. 그런데 우리 기업이 해외에 진출하면 똑같은 투자 유치 효과가 상대국에도 일어난다. 우리 기업 투자가 불러올 지역경제 활성화와 이에 따른 개발이익을 활용할 생각은 하지 못하고 해외 투자를 자본유출로만 본다. 지자체 단위로 기업가 정신을 발휘해 지역 내 기업의 해외 진출을 활용해 해외 사업과 국내 경제를 연계시키는 방안을 찾아야 할 때다.

2. 국가 단위 기업가 정신 발휘, 팀코리아 투자 조직화

장기적 개발이익(+미래 세대 경제영토+SOC 투자 기회) 공유형 해외 사업

우리 대기업 하나가 현지에 공장을 투자하면 몇몇 협력사도 함께 나가 클러스터를 형성하게 되고 단기간에 인구 유입 효과를 일으켜 지가 상승은 물론 교통, 주거, 전력, 교육 등 인프라 및 서비스 수요가 급증해 지역경제가 활성화된다. 새로운 사업 기회를 찾는 관련 기업의 투자가 산단이 위치한 지역 중심으로 몰리게 된다. 이는 배후도시 개발로 연결되면서 지속적인 개발수요를 일으킨다.

산단 지역에 인구 밀도가 높아지면 지가도 상승하고 더 많은 사업 기회가 생겨나면서 더 많은 기업 투자를 불러들인다. 산단 지역의 집적효과를 높이는 선순환 구조가 만들어지는 것이다. 아르헨티나 대륙 도시 살타는 포스코그룹의 투자로 일자리가 늘면서 2010년 60만 명 수준이던 인구가 최근 100만 명에 육박할 만큼 성장 효과를 보고 있다. 인구집적(集積)의 경제성에 비례해 각종 사회 인프라와 편의 서비스 수요가 늘어나 우리나라의 인프라 기업들과 다양한 자영업도 진출할 수 있는 시장이 생긴다.

K-경제특구, '제조 거점 투자와 신도시 개발사업'의 결합형 종합개발

현재 우리 기업들의 해외 사업은 제조사의 생산 거점 투자, 건설사의 신도시 사업(인프라 건설 수주)이 따로따로 추진되고 있다. 정부도 산자부와 국토부로 관장 부처가 나뉘어져 있다. 예컨대 베트남에는 대우건설이 하노이 '스타레이크시티', 타이빈성 '끼엔장 신도시', LH가 박닌성 '동남 신도시' 등 도시 개발 사업을 추진하고 있다. 삼성전자, 현대자동차, LG전자 등 대기업 다수가 베트남에 제조 거점을 두고 있다. 삼성전자는 지난 17여 년간 베트남에만 30조 원 이상을 투자해왔고 협력사만 해도 309곳에 이른다. 각자도생식 제조 투자와 도시개발사업을 국가 단위로 융합 연계시키면 막대한 국가 차원의 시너지 국부를 창출할 수 있다.

산단 사업은 단기간에 제조 기반 구축, 수입대체 또는 수출 증가, 기술 전수, 대규모 일자리 창출 등을 누릴 수 있는 통합 솔루션이라 상대국에는 가장 매력적 오퍼이지만 현지에 진출하는 기업 입장에서는 ① 제조 판매로만 이익을 내기 어렵고 ② 산단을 조성해도 기업 유치, 곧 분양이 쉽지 않아 ③ 산단 조성 사업 자체만 놓고 보면 돈이 안 되므로 파이낸싱 하기 어렵다. 게다가 후발국들은 자기들 돈은 안 대고 ODA 등에 의존만 하려 하는 경향이 있다. 사우디아라비아, 인도네시아 등 신도시 건설사업도 총사업비 80% 이상을 해외 민간 투자 유치로 조달하려고 한다.

하지만 산단은 ① 단기간에 인구 유입을 불러일으켜 배후도시 개발수요를 창출하는 가장 강력한 레버리지다. 그래서 ② 대중소기업이 납품 관계 기반으로 동반 진출하는 것이 단기간에 기업 유치를 성공시키는 툴이다. ③ 돈 되는 권리(자원개발, 다른 복합사업 수주 등)를 찾아 종합기획을 해야 하는 이유이고 그 대안이 신도시 사업이다.

개도국, 저개발국 인프라 사업의 리스크(투자금 회수)를 안고 성공시키려면 ① 자금력, ② 브랜드 신용, ③ 복합사업 포트폴리오를 보유한 대기업이 기획하고 주도해야 한다. 대기업이 중소기업(납품 협력사) 현지 진출 리스크(판매, 행정) 대부분을 안아주고 대신에 개발이익을 확보하는 구조다.

산단(중소기업 일감 확보)과 신도시(대기업 신용으로 국제 개발 금융과 개발이익 확보) 사업을 연계시키는 이유다. 궁극적으로 상대국에도 신도시가 경제발전의 초석이 된다. 배후 신도시는 상대국의 경제 허브 도시이자 국제 도시로 조성된다. 일단 도시가 형성되면 기회를 찾는 세계 기업 자금들이 몰려든다.

공장 진출은 현지에 진출하는 수단일 뿐 본질은 지역경제 활성화다. 현지 공장의 제품 판매 마진 이익은 유지비용 수준일 뿐 실제 공장이 진출해 지역경제가 활성화됨으로써 생겨나는 장기적인 개발이익에 비할 바가 아니다. 토지사용권, 자원개발권, 운영 권리 등 현지 자원을 연계 유동화시켜 리스크를 분산(현지와 합작)하고 시행사의 수익을 장기간 지속해서 얻을 수 있도록 설계해야 한다.

지역 경제 활성화 사례를 들면 독일 서북부의 러스트벨트인 광산 도시 뒤스부르크(Duisburg)는 인구가 60만 명에서 반토막 이하로 줄었다. 죽어 있던 도시를 중국의 일대일로 철도 연결 사업이 살려냈다. 하루에 십여 차례 연간 6,300편의 화물차가 들어오는 중국 물류거점으로 변신한 것이다. 그 결과, 유럽의 가장 외진 도시에서 가장 활발한 도시로 변모했다. 중국은 이외에도 남태평양의 툴라기(Tulagi) 섬의 75년 독점 개발권, 스리랑카 항구 1999년 조차 등과 같이 국가 차원의 장기적인 사업을 추진하고 있다.

• 저개발국 토지 자본의 산업 자본화

설비 투자는, 곧 땅값을 올리는 것이다. 땅값을 회수할 수 없다면 투자에 대한 인센티브가 적어진다. 공장 지어 땅값이 올라가면 모두 상대국 자산인데 누가 내수 시장도 크지 않은 저개발국에 공장을 지으려 하겠나? 한국 특구로, 투자 사업(=금융산업)으로 장기적으로 수익을 회수할 수 있어야 현지 투자에 나선다. 먼저 특구 지정을 받아내고 → 토지 개발 → 공장 투자 유치 순이다.

제조기업은 부동산을 직접 매입·임차(중국은 50년 토지 임차권)할 때 발생할 수 있는 자금 운용 리스크를 최소화하기 위해서는 현지 파트너의 토지 현물 출자를 유도하거나, 토지 수용비용은 10~15년 장기 국제 자금을 유치해야 한다. 공장 투자 지역을 중심으로 주변 유휴 용지에 대한 '미래 개발권'을 폭넓게 확보한다. 국제 도시(국제 역할 지정개발)로 개발하는 청사진을 보여줘야 상대국 기존 도시와 차별화해 토지 이용권 설득이 되고 국제 투자자에게도 같이 투자하자고 설득할 수 있다. 개도국에 돈이 없으니 삼성, 현대자동차 등 글로벌 대기업의 신용으로 시행 사업 PF를 일으켜 국제 금융기관으로부터 개발 자금을 유치할 수 있다. 단기 운전 자금은 자체적으로 조달하지만 인프라 개발, 자원개발 등은 PF프로젝트 파이낸싱으로 종합개발 청사진을 제시하고 장기 저리 국제 금융을 조달한다.

통상 국가 한국의 팀코리아 실체는 무엇인가? 융합에서 경쟁력이 나오는 시대에 우리 기업이 각자도생으로 해외로 나가기보다는 팀코리아로 조직화해 개별기업 진출 리스크도 헤징하고 국가 단위 시너지도 극대화한다. 민관이 보유한 자산을 국가 단위, 곧 팀코리아 단위로 융복합시켜 새로운 기회를 개발해내는 것이다.

예컨대 제조 투자와 도로, 발전 등 다양한 인프라 업종을 융합하면 경쟁력을 높이기에 유리하고 이자, 원료 거래 차익, 운영수익 등 투자 회수도 다양화할 수 있다. 정부간 협력을 통해 상대 국가가 무엇을 원하는지 먼저 파악하고 'K-패키지 제안형 수주'로 가야 현지 리스크를 줄이고 정부 간 협력으로 패키지 수주를 해야 입찰 경쟁을 피해갈 수 있다.

대기업 공장 2~3개 정도면 도시 건설이 가능하다. 대기업 2~3곳의 진출국별 설비 투자와 대형수주를 결합한다. 우리 기업의 해외 투자를 팀코리아 투자로 조직화하는 것이 출발점이다. 국제통화기금(IMF)에 따르면 2021년 미국에 공장을 짓겠다고 세계 각국이 직접 투자한 금액은 4조 9,770억 달러(약 6,129조 원)다. 이중 한국은 725억 달러로 우리 입장에서는 엄청난 규모이지만 미국 전체로 보면 1.4%에 불과하다.

싱가포르는 인도네시아 투자 1위(중국 2위, 한국 7위, 2022년 상반기), 베트남도 646개 프로젝트에 107억 1,000만 달러를 투자해 1위(2021년 기준)다. 이 작은 나라(GDP 3,300억 달러)가 해외 투자는 6배 경제 규모인 한국을 앞설 정도로 전형적인 투자국이자 개발사업기획 선도국이다. 이렇게 주변국 투자를 통해 동남아 허브 역할을 하고 있는 것이다.

싱가포르는 공산품을 내다 파는 산업 국가가 아니다. 운영체계(OS)를 공급하고 정책을 수출하는 브레인 국가다. 싱가포르 같은 스마트 거버넌스 도시를 세계에 100개, 1,000개를 만들겠다는 목표다. 중국 일대일로 사업도 152개국에서 2,000여 개의 프로젝트를 추진하고 있다. 특구 조성은 십수 년간이 걸리고 장기 투자가 필요한 만큼 저리 장기(20~30년) 국제개발 자금을 조달하고 지가 상승 등 개발이익을 환수해 상환하는 구조가 적합하다. 국민연금 운용 등 미래 한국의 국부는 투자 역량에 따라 결정된다.

미국 조지아주는 단일국가로는 한국이 최대 투자국이다. 남부 목화밭 지대가 한국 기업 덕분에 첨단산업 허브로 변모하고 있다. 미국은 삼성이 대규모로 투자하는 곳은 100년간 1달러로 땅을 빌려주고 거기에 법인세를 10년간 유예해준다. 공장 투자 시점에 토지를 빌릴 것이 아니라 디벨

로퍼(시행사)가 되어 공장 택지를 중심으로 확장된 지역을 현지 파트너와 함께 개발하고 토지 지분에도 투자해 자산가치 상승, 임대수익 등 100년 간의 장기적인 개발이익을 토지주(주정부 또는 토지 주인)와 시행사가 지분대로 나눠 갖는 구조로 설계할 수 있다. 글로벌 금융기관 및 펀드 등을 지분 투자로 끌어들여 국제 자금을 조달할 수도 있다.

경제특구 조성의 기본 토대는 팀코리아 투자다. 대기업의 조 단위 대규모 투자를 기반으로 해서 진출국별(2024년, 베트남에만 300여 개 기업 투자) K-투자를 '원팀 코리아 패키지'로 조직화해 특정 지역에 집중하면 개별기업의 투자 리스크도 줄이면서 민관협업 차원의 국부를 장기적으로 창출할 수 있다.

특정 지역 중심으로 제조업 투자가 집중될수록 당연히 인구 유입 효과도 커진다. 투자 집중으로 인한 인구 유입 효과는 배후도시 건설 등 지속적인 인프라 사업 기회 창출과 지가 상승으로 인한 개발수익 회수의 토대가 된다. 배후도시는 K-경제특구로 발전한다. 하노이가 유사한 사례다. UAE '마스다르' 시티(기업 1,500개, 인구 5만 명 유치 목표) 개발사업은 한국이 원전 수주와 함께 '한국 클린 기술 클러스터(산단)' 조성을 약속했지만, 기업 유치에 실패했다. 신도시 사업은 일자리를 제공하는 K-제조업과 현지 자체 운영역량을 올려주는 교육사업이 같이 가야하고 '지역 산업구상'이 없는 지역개발은 유령 도시, 유령 인프라를 낳는다. K-제조산업 수출(국제 산단 포맷)+신도시 수출을 연계시킨 복합개발 사업형 특구 조성이 해법이다.

경제특구 사업은 산단(K-제조업 생태계)과 신도시(○○산업 특화 도시)를 결합한 사업이다. ① 특구 지정 요구 → ② K-국제 산단 조성 → ③ 배후 산업도시 개발 → ④ 미래 첨단도시화 → ⑤ 국제 도시화(상대국 경제 허브 및 경제공동체) 순으로 발전한다.

• 국제 산단과 신도시를 결합해 국제 사회 권역별 K-경제특구 조성

국별 개발 아젠다 융합 사업을 기반으로 세계 권역별 핵심지역[7]에 한국 경제특구를 조성한다.

경제특구를 '한국 내수 시장처럼 발전시킨다'는 청사진을 제시하고 국가 차원의 특혜를 확보한다. 예를 들어 앞서 사우디아라비아 K-산단의 배후 지역을 개발해 조선 특화 산업도시를 만들고 중동의 한국 경제특구 거점도시로 키운다. K-방산과 K-원전이 진출하는 폴란드에는 원전 및 방산 부품 중견·중소기업도 현지 합작으로 함께 진출해 창원과 같은 방산 도시를 조성하고 중부유럽의 한국 교두보로 만든다.

베트남이 우리나라 2024년 무역흑자 1위국으로 식품, 패션, 뷰티 등 서비스를 포함해 모든 분야에서 교역 규모가 급성장하고 있는 것은 하노이가 우리 제조기업이 몰려 있는 한국 경제특구로 거점도시화 되었기 때

---

[7] K-경제특구 조성 후보지역 : ① 중동 사우디아라비아, ② 중부유럽 교두보 폴란드 – 헝가리, ③ 북미 미국 러스트벨트, ④ 중앙아시아 우즈베키스탄, ⑤ 동남아 베트남 – 인도네시아 – 캄보디아, ⑥ 남미 브라질(마나우스)- 콜롬비아, ⑦ 중미 북부 삼각지대, ⑧ 서남아 인도 동북부, ⑨ 아프리카 이집트-에티오피아 ⑩ 동유럽 러시아-우크라이나 전후 재건 지역 등

문이다. 현대차와 LG에너지솔루션은 인도네시아에 합작으로 배터리 공장을 투자했다. 전기차와 배터리 산업이 결합된 전기차 생태계가 인도네시아에 조성된 것이다. 인도네시아 내수와 아세안 시장에 전기차를 공급하는 제조 거점이다. 대기업 2곳이 투자한 지역을 중심으로 제2 울산 산업도시를 건설할 수 있다. 아세안의 전기차 제조 허브 역할을 하는 국제도시가 탄생하는 것이다. 중국은 홍해 일대 항구에 인접한 지역에 '이집트 안 작은 중국' 공업단지를 조성하고 있다. 이집트와 중국 '텐진 경제 기술 개발구 TEDA'가 공동으로 조성한 '테다 중국 산업 구역'은 약 200만 평(730만 제곱미터)이 넘는 황무지에 산단을 만들고 140개 중국 기업 및 중·이집트 협력업체 위주로 입주하고 있다. 특히 미국(1위), 인도네시아(1위), 폴란드(1위), 헝가리(1위), 캄보디아(2위) 등 최근 몇 년간 한국이 직접 투자를 가장 많이 해 투자국 1~2위 지위에 있는 국가들은 K-특구 지정을 우선 검토하고 개별기업 혜택을 상회하는 더 파격적인 혜택을 정부 차원에서 요구할 수 있다.

• 상대국 경제와 화학적으로 결합된 '경제공동체형 K-경제특구' 특혜 확보

① [시장 접근권] 특구 내에서 생산된 제품은 상대국 시장에 쉽게 접근(특히 정부 조달시장 등)할 수 있도록 로컬기업과 동등한 기회를 제공, ② [관세 및 비관세 장벽] 특구 내로 수입되는 한국 제품에 대한 관세를 인하하거나 면제하고 비관세 장벽을 낮춰 상품과 서비스의 원활한 교류를 촉

진, ③ [규제] 기본적으로 특구 내는 규제 프리존으로 설정해 진출 기업의 자유로운 활동을 보장하되 특히 현지 인허가 및 수출입 절차를 간소화해 중소기업 소상공인 자영업 등 우리 국민의 진출이 용이하도록 환경 조성, ④ [세제] 한국 기업, 외국인 직접투자 모두 특구내 진출 기업의 투자에 대해 세금 감면 또는 세제 혜택을 제공하여 투자 유인을 높이고 ⑤ [공동 인프라 개발] 특구 내외 물류와 유통의 효율성을 높이도록 인프라 개발에 대한 공동 투자 및 지원, ⑥ [비자] 양국 간 밸류체인이 통합(상대국 인구·자원+한국 자본·기술)된 산업이 경쟁력을 강화하려면 기술 및 자원의 상호 교류가 극대화되게 양국 간 무비자 환경 조성, ⑦ [상호 투자 촉진] 한국 기업이 상대국의 경제특구에 집중 투자하고, 상대국 기업도 한국에 투자(적정 기술소싱 연구소 중심)할 수 있도록 장려해 양국 간 경제적 연계를 강화하는 등 ⑧ 양국간 협약으로 특혜 조건을 확보한다. EU와 같이 경제공동체형 단일 시장으로 개발한다.

성장은 일감과 일자리 기회가 좌우하고 이는 시장 확대, 곧 경제영토 확장에 달려 있다. 특구는 상대국 경제와 화학적[8]으로 통합된 경제공동체(세계 속의 한국)로 발전해 우리 중소기업과 국민의 경제영토가 확장된다. 대기업의 해외 설비 투자 지역중심으로 국가 아젠다 맞춤형 개발사업을

---

[8] ① K-산업생태계의 글로벌 확장(다수국과 연결된 산업의 총생산량 확대로 규모의 경제 실현), ② 상대국 인구·자원+우리의 기술·자본간 결합(산업 파트너십, 로컬기업과 합작) ③ K-경제특구 조성 (국제 도시화, 장기적 개발이익 공유형 편승 성장, 양국 간 쌍무협정 조약체결)

기획해 경제특구형 배후도시를 조성하면 벤처기업들이 진출 교두보를 얻게 되고 중소기업계의 몸통 격인 영세한 전통 중·소 제조기업(전국 산단 입주기업 10만 개 중 50인 미만 93%)도 주도적인 역할로 동반성장 기회를 얻을 수 있다.

자원공유, 운영 노하우 및 기술 공유, 인력문화교류 등 비교우위 교역을 10배 이상 확대시키는 상생형 경제특구는 원화를 국제화하는 기본 토대다. K-산업도시 전체를 수출하는 것과 같다. K-교통, K-위생관리, K-주택, K-건물관리, K-물관리 등 디지털 기술(AI 기반의 디지털 트윈 기술 등)로 도시 문제를 해결하는 K-도시 운영 시스템 OS 전체를 수출해 신도시를 개발하는 일이다.

경제공동체형 K-경제특구는 생산기지(한시적으로 저임 활용형), 수출 시장(상품 수출 시장화)도 아닌 개발 투자 지역으로 장기적인 개발이익을 누리는 통상이다. FTA로 지리적 경제영토(전 세계 GDP 85%)를 넓혔다면 FTA 2.0은 상대국 경제와 화학적으로 통합해 우리도 편승 성장하는 경제공동체로 진화하는 것이다. FTA 국가 수를 늘리는 데 그치지 않고, 다수 국내 기업과 국민이 진출할 수 있는 플랫폼을 제공하는 것이 외교 통상 정책의 키가 되어야 한다.

K-국제 산단을 기반으로 우리 기업의 해외 투자를 집중(팀코리아 투자)시

켜 배후도시를 개발하면 상대국의 경제발전을 이끌면서 우리도 함께 성장하는 K-경제특구가 조성된다. 베트남은 수교 이후 누적 투자액 808억 달러(100조 원대, 1위 투자국, ~2022년)인 데 이런 100조 원대 투자국을 10여 개국 만들 수 있다.

한국은 최근까지도 1기, 2기 신도시 등 도시개발 경험이 있다. 한 지역, 도시 전체를 개발하는 것은 분명 우리나라의 강점이다. 신뢰도가 떨어지는 중국이나 성장이 정체된 일본에 비해 상대적으로 산업생태계가 살아있는 한국이 개도국 선진국 모두에게 최적 파트너다. 기술력만 본다면 독일이나 일본이 앞선 제조 강국이지만 산업화 경험과 신시장 개척 능력, 성장에 대한 열망 등은 한국 기업을 따라올 곳이 없다.

K-해외 투자를 배후도시 개발과 연결해 상대국의 대표적인 국제 신도시로 개발한다. 상대국의 여타 도시와 차별화는 물론 국제적 집적효과를 도모하기 위함이다. K-국제 산단 업종을 중심으로 '○○산업도시'로 성장한 국제 도시다. 베트남 다낭은 '경기도 다낭시'라 불릴 만큼 한국인 발길이 잦다. 베트남은 2022년 342억 달러의 흑자를 기록하고 9,000여 개 한국 기업에 20만 명의 한국인이 활동 중이다.

경제특구 사업은 지속적인 현지 경제개발을 지원하면서 우리도 함께 ⁽편승⁾ 성장하고 장기적인 개발이익을 추구하는 윈윈형 통상이다. 국가 단위 기업가 정신을 발휘해 팀코리아 차원의 '투자 개발형' 통상 모델의 대표 사례가 신도시 개발사업이다. 특히 미국의 경우 'Made in America'

는 기업의 비용상승을 초래할 수밖에 없고 수익률 악화와 투자금 회수가 불투명하고 회수 지연 리스크가 크다. 공장 운영만으로 투자를 회수하기 쉽지 않은 환경이다. 투자 회수 방안을 다변화시켜야 하는 이유다.

신도시는 상대국의 경제 허브 도시이자 대표 국제 도시, 세계 권역별 경제공동체를 향한 교두보다. 우리 국민과 기업의 물리적 경제영토를 확장시킨 상생형 한국 경제특구다. 우리 경제를 국제 사회와 화학적으로 결합시켜 글로벌 집적효과를 불러온다.

- 건국이념에 담긴 '경제·문화의 포용적 K-제국화'의 비전 구현 – 세계 포용 제국(사단법인 '포용과 혁신' PIIS의 국가 비전)

국제 사회 후발국들이 자발적으로 한국의 경제발전을 롤모델로 하고 배우고 싶어 하는 나라로 보고 있다. 글로벌 중추국가(Pivotal State)는 정치, 경제, 사회, 문화, 전 영역에 걸쳐 국제 표준을 선도하는 국제 사회 리더로서 역량과 자질을 갖춘 국가를 의미한다. 이는 제국의 속성과 같고 지경학적 리더십이 기본 토대다. 지구촌에 상생형 경제공동체를 건설해 경제영토를 확장한다.

세계 권역별 K-경제특구 기반 산업도시를 연결하면 '경제의 포용적 K-제국화'다. 이는 국제 사회와 연결성을 극대화시키는 레버리지다. 국제 사회 경제공동체를 매개로 한국은 다자연대의 국제 허브로, 작아도 세계의 중심 국가로 거듭난다. 미·중에 낀 경제 안보 위기를 지경학적으로 헤징하는 것이다. 자국민이 해외로 진출해 세계를 무대로 활약하는 국가들의 수도에는 항상 외국인이 넘쳐난다. 로마, 런던, 오늘날의 뉴욕에 이르기까지 모든 세계 제국에 글로벌 인재들과 돈이 모여드는 이치다.

한국은 무력을 통한 정복이 아니라 무역 강국 특히 대중문화를 통해 세계인을 끌어들이고 있다. 이미 한국은 경제력 등 종합국력으로 볼 때 과거 제국이었던 영국, 프랑스, 독일과 맞먹는 수준이고 오늘날 한류가 세계 시민에 미치는 영향력으로 볼 때 '준제국' 위상에 올라와 있다. 국호인 '대한'과 건국이념인 '인류 공영(홍익인간 재세이화)'도 숙명적 '포용적 제국'을 암시하고 있다. 중추 국가 비전도 국제 사회에 실질적인 중추적 역할이 있을 때 달성된다.

경제특구는 첨단산업 수요를 확장시키는 미래 시장으로, 국민 다수가 세계화의 혜택을 누리는 경제영토. 예컨대 제2차 중동 붐도 '산단+배후도시'가 결합된 K-경제특구 포맷으로 가야 인구 유입도 되고 수요가 먼저 끄는 인프라 개발 사업과 연계되는 식으로 '유기적 작동'이 가능해 신도시 개발에 성공할 수 있다.

• [국제수지 선진화] 개도국형 국부 창출 1.0
  → 선진형 국부 창출 2.0

부채 공화국에 나라 곳간은 비어가고 초고령화로 눈덩이처럼 늘어나는 복지비용을 국민과 기업으로부터 거둬들인 세금에만 의존할 수는 없다. G5, G3로 가려면 탈 수출 강국의 국부 창출 2.0이 나와야 한다. 기존 아웃바운드 상품 제조·수출만으로는 국부 창출 한계점(비교우위 상실로 부가가치 창출 비중이 축소)에 와 있다. 미래 한국의 국부 창출(외화 획득)은 공산품 제조수출에서 선진국형 개발 투자수익으로 전환되고 수출 강국에서 국제 개발 협력 플랫폼 국가로 변신한다. 상인 국가형 부국에서 개발 투자국형 부국으로의 진화다.

한국의 순 대외자산 규모는 7,799억 달러(2023년 말, GDP 대비 44%)로 일본 3.2조 달러(GDP 대비 65%), 독일 2.9조 달러(GDP 대비 70%) 등 선진국에 비해 경제 규모 대비 현저하게 작다. 현재 소득이 선진국 수준일 뿐 축적된 국부는 상대적으로 적다는 뜻이다. 2022년 싱가포르의 1인당 GDP는 6만 7,200달러로 한국의 두 배가 넘는다. 싱가포르 GDP 규모는 우리나라의 1/6에 불과하지만, 해외 투자 규모는 1.5배나 많다. 싱가포르는 국민 세금에 의존하기보다 글로벌 투자로 국부를 창출하고 복지를 늘려가는 나라다. 상품제조·수출 중심의 개도국형 산업 구조가 선진형으로 바뀌면서 국부 창출 원천도 바뀐다.

① 가장 먼저 무역수지 흑자 중심의 국부 창출이 서비스수지, 소득수지 흑자 비중 확대로 국제수지 선진화가 일어난다. 더욱 거세질 통상환경 변화의 격량을 헤쳐나가기 위해서는 수출과 무역흑자 규모에 집착하는 중상주의 방식에서 탈피해 중장기적 시각에서 우리 경제 규모와 국부를 지탱할 '신통상'의 새로운 성장경로를 열어야 국가의 위상과 산업의 발전을 도모할 수 있다.

② 개별기업 차원의 영업이익만이 아니라 국가 단위 시너지 차원의 국

부 창출(집적효과 간접수익) 기여도가 확장된다.

③ 제품제조 판매보다 공장 운영으로 인한 인구 집적효과가 공장 주변의 인프라 개발 기회 및 부동산 가치 상승 기회를 가져오고 장기적으로 개발 수익이 제품매출이익보다 더 크다. 투자 회수가 상품 제조판매마진 중심에서 개발 수익, 투자 수익, 간접 수익(집적효과), 자원개발권, 인프라 운영권 등 권리획득, 종합상사 사업 모델을 통한 구상무역 등 수익 원천이 다원화된다. K-원전 K-방산 등 글로벌 수주 경쟁에서 한국의 핵심 경쟁력은 가성비다. 가성비는 역으로 그만큼 수익 압박을 받는다. 본업 수주를 마중물로 새로운 수익원을 확보해야 하는 이유다. 맥도날드 사업의 핵심은 햄버거 판매가 아니라 부동산 임대업이다. 햄버거 매출보다 매장 임대료가 수익성에서 더 유리하다.

국가재정을 세수에만 의존하지 말고 국가자산을 적극적으로 투자해 국부 창출 재원으로 활용한다. 일례로 삼성전자가 오스틴에 이어 파운드리 공장을 새로 투자한 테일러시를 중심으로 텍사스주에는 한국 소부장 기업들이 대거 진출하고 있다. 이들 협력업체가 각자 대규모 용지(10~30만 평대)를 매입해 공장을 짓고 있다. 민관이 컨소시엄(KIC+대기업 등)을 구성해 대기업 공장 투자를 협상 레버리지로 활용해 주정부 지원하에 개발되지 않은 땅을 싸게 매입해 디벨로퍼 사업을 벌일 수 있다. 현지에 진출하는 한국 기업을 대상으로 저렴하게 분양할 수도 있고 장기적으로 지가를 올려 배후도시 개발수익을 얻을 수 있다.

- **[정부역할 2.0] 국내 공정경쟁 심판에서 국가단위 기업가정신을 발휘하는 플레이어로**

경제 안보와 보호무역이 강화되는 시대(국가 산업정책의 부활, 국가 대항전 성격의 산업경쟁 시대)에는 정부가 단순히 내수 시장에서 공정경쟁을 감독하는 심판 역할에 머물러서는 안 된다. 정부는 대외통상 관점에서 국가 단위 시너지를 극대화하는 플레이어의 역할을 수행해야 한다. 융합에서 경쟁력이 나오는 시대는 국부를 직접 창출하는 국가 단위 융합의 주체로서 정부의 기능은 필수적이다. 국가, 지자체, 그룹 단위에서 기업가 정신을 발휘해야 하며, 이를 통해 새로운 국부 창출 비전을 제시해야 한다. 전통산업, 첨단산업 가릴 것 없이 한국의 주력산업들이 중국의 '규모의 경제' 앞에 잇따라 무너지는 총체적 산업위기 앞에서 국가 전체를 아우르는 국가 단위 경쟁전략과 경제 비전의 부재는 심각한 문제다. 초연결 사회에서는 각각의 문제를 개별적으로 해결할 수 없으며, 종합적인 접근이 필요하다.

국가 차원의 주요 과제를 해결하면 사회 부문별 작은 문제들은 자연스럽게 해결의 실마리를 찾게 된다. 이를 위해 국가적 전환기에 범국가적 융합과 상생, 협력을 바탕으로 한 경제·안보·산업·통상·문화 통합형 구조개혁 전략(Grand Strategy)이 요구된다. 하수는 문제를 해결하고 고수는 문제를 예방한다고 했다. 나라가 어려운 것은 정치 탓으로 돌리기 쉽지만, 국가라는 공동체가 나아갈 방향을 찾지 못한 것이 본질이다. 지난 십수 년간 반복된 경로 의존형 정책들이 실효를 내지 못하는 이유는 무엇인가? 같은 궤도에서 경쟁하는 것을 전략이라 할 수 없고, 모든 국가가 추구하는 당위적 과제(과학기술 강국, 일류 국가, 복지국가 등)를 비전이라 할 수 없다.

10대 경제대국에 전통산업부터 첨단산업까지 세계에서 가장 다양한 산업과 기술 포트폴리오를 보유하고 있지만 이를 활용해 무엇을 어떻게 할 것인가에 대한 '국가 단위 경쟁전략'이 없다. 특히 경제 안보가 강화된 시대에 개별기업의 노력만으로는 한계가 명확하다. 개별기업 차원을 넘어 우리 국민 전체의 기회 총량을 결정하는 베이스캠프를 올리는 국가 포지셔닝 전략, 곧 국가 단위 경쟁전략은 어디까지나 국가의 역할이고 국가 단위 기업가 정신 발휘(팀코리아)가 기본 토대다.

정부는 경제, 산업, 통상 정책을 삼위일체로 통합해 팀코리아를 운영하고, 자원 민족주의, 탄소중립 등 국가적 과제를 해결해야 한다. 이를 위해 정부는 CSO(Chief Strategy Officer) 역할을 수행할 수 있어야 한다. 중국 '규모의 경제' 우위에 쫓기는 한국 기업들이 생존할 수 있는 길은 국가 단위로 융합하고 조직화해 기업가 정신을 발휘하는 길밖에 없다.

요즘 지구촌 한류 바람과 더불어 원팀 코리아가 새로운 시대정신이 되고 있다. 원팀 코리아 패키지의 실체적 비전은 무엇인가? 새로운 통상 모델인 개발 아젠다 맞춤형 사업을 펼치려면 국가 차원의 융복합, 곧 팀코리아가 필수다. 미·중 갈등 지정학적 경제위기, 글로벌공급망 재편, 자원 민족주의, 탄소중립 등 통상환경 변화는 개별기업이 상대국 정부를 상대해 대응하기는 쉽지 않다.

예를 들어 미국은 대기업과 협력업체를 포함 수백 개 우리 기업이 설비 투자를 하고 있고 현지 생산성 제고를 위해 국내 기술 인력의 파견이 필수지만, 비자 쿼터 제한으로 경쟁력 확보가 불투명하다. 이를 해결하려면 '팀코리아 대미 투자 비전'을 통해 미국 정부를 설득하는 국가 단위 접근이 필요하다. 국가적 과제는 국가 단위 기업가 정신을 발휘할 때만, 해결이 가능하다. 국가 외교의 최대 레버리지는 대기업이다. 국가 단위 기업가 정신 발휘도 대기업 활용이 키다. 정경유착이 아닌 진정한 정경협업 시대다. 이러한 체계적인 접근은 각자도생의 시대를 끝내고, 국가 단위 기업가 정신을 발휘할 리더십의 등장을 요구한다.

한국은 아직 본격적인 '통상 외교'를 펼치지 못하고 있다. 개별기업은 현지의 싼 인건비와 자원, 시장을 어떻게 이용할 것인지 주로 비용 절감과 효율 극대화 차원에서 해외 사업을 펼치기 마련이다. 진출 상대국의 산업 발전에 어떻게 기여할 것인지에 관한 관심은 기대하기 어렵다. 민간기업이 국가 단위 쌍방 외교를 하는 정부에 비하면 시야가 좁을 수밖에 없다. 개별기업의 투자가 상대국의 산업 발전에 기여(통상 외교정책)하도록 국가 단위로 투자 방향성을 설정해 유도하고 이를 토대로 상대국에 우리 기업에 대한 투자 관련 특혜와 자산 보호를 보다 크고 장기적으로 요구할 수 있다. 국가 차원의 통상 시너지다.

정부가 외치는 팀코리아가 수주 경쟁용 컨소시엄 수준에서 벗어나 '국가 단위 기업가 정신을 발휘하는 통상외교'로 진화해야 한다. 정부는 팀코리아의 국가 단위 융합 주체로 상대국 정부와 쌍무협정(G2G 협약)을 맺는 방식으로 현지에 진출하는 개별기업들의 현지 사업 리스크를 완화하고 투자 환경을 개선해야 한다.

새로운 사업 현장인 국제 사회 '신도시(업종융합·기술 융합의 場) 플랫폼' 선점

신도시 사업은 세계 오프라인 플랫폼을 선점하는 사업이다. 미국이 빅테크로 세계 온라인 플랫폼 시장을 장악한다면 한국은 대기업을 활용해 '세계 오프라인 현장 플랫폼'을 선점할 수 있다.

신도시는 ① 투자 레버리지 금융 플랫폼(제품 제조·판매 마진성, 도급 수주형 국부를 대체할 국부 창출 2.0)이다.

한국은 압축성장으로 신흥선진국이 되었지만, 대외순자산 규모는 GDP의 50% 미만으로 선진국(평균 70%대) 대비 축적된 자본이 일천하다. K-경제특구 조성은 장기간이 소요되는 사업이다. 국내 자금을 동원하는 데 한계가 있으므로 투자 레버리지가 필요하다. 상대국의 국제 도시·경제 허브 도시 개발 청사진을 토대로 국제 금융[9]을 일으킨다. 국내 금융사와의 동반 진출은 물론이고 SDGs 명분에 맞춘 개발 협력사업을 기획해 20~30년 장기 저리 국제 공적자금, 글로벌 금융사 자금도 유치한다.

우리나라 글로벌 대기업의 신용과 국가 보증을 활용하면 국제 금융을 일으킬 수 있다. 신흥국에서 투자 기회를 찾는 국제 자금은 K-경제특구를 투자 플랫폼으로 활용하는 것이다. 선진국 기업들은 사업 확장을 위해서는 후발국(젊은 인구) 투자를 늘릴 수밖에 없다. 한국이 후발국에 오프라인 시장(도시개발)을 먼저 조성해 놓으면 선진국 투자가 몰려들 수밖에 없다. 전통시장이 플랫폼으로 옮겨가면서 빅테크가 성장을 주도하고 있는데 플랫폼 서비스를 구현하기 위한 빅테크의 물리적 투자(데이터센터 등)를 '신도시 오프라인 플랫폼'으로 끌어들인다. K-경제특구 사업은 한국이 개발 금융허브로서 차별화된 금융산업을 일으키는 토대가 되는 것이다.

상품 제조수출업이나 도급형 건설사업은 투자 레버리지가 제한적이다. 부자(자산가)가 남의 돈으로, 곧 금융을 일으켜 돈을 벌어들이듯이 국가도 마찬가지다. 금융산업 육성은 국가가 글로벌 투자 레버리지로 국부를 창출한다는 투자자 마인드 세트로 먼저 바꿔야 가능하다.

신도시 사업은 미래기술 모두를 끌어들여 상용화를 선점하는 ② 국제기술 융합 플랫폼이다.

도시는 모든 미래기술의 상용화와 혁신이 이루어지는 종합플랫폼이자 리빙 랩(Living Lab)이다. 미래도시 플랫폼을 선도하는 자가 미래기술을 선점한다.

---

[9] OECD 지속가능개발 보고서(2022년)에 따르면 '글로벌 개발 재원'은 연간 수요 대비 부족분이 4.2조 달러에 달하지만, 세계 ODA 규모는 1,790억 달러에 불과(4.2%)

선진경제 미국이 고성장을 구가하는 배경에는 오프라인 시장이 디지털 플랫폼으로 옮겨가면서 새로운 융합의 장(場)인 세계 플랫폼 시장을 장악한 빅테크들[10]이 있다. 미래 기술은 융합에서 나오고 융합은 사업 현장을 선점한 자가 선도한다. 신도시 자체가 새로운 사업 현장이자 오프라인 기술 플랫폼이다. 시스템화된 첨단미래 신도시는 다양한 분야 첨단기술의 집합체로 미래 기술의 총합으로 구현된다. 스마트시티로 건설된 신도시는 빅데이터, AI, IoT, 블록체인 등 다양한 분야 첨단기술을 적재적소에 활용할 수 있는 첨단기술의 상용화 사업장이다. 도심항공교통(UAM), 스마트 폐기물 관리, 드론 배송, 로봇 카트 등 인류의 지속 가능한 미래를 위한 혁신 플랫폼이다('과학기술정책 2.0' 참고).

한국이 패스트 팔로워에서 첨단기술의 선도국으로 도약하는 효과적인 전략은 무엇인가? 첨단제품을 생산(=상용화)하고 미래 첨단 시장을 선점(=기술 확보)하기 위해 한국이 독자적으로 모든 기술을 확보해나가기에는 너무 오랜 시간(업력)과 많은 비용(=절대 규모)이 들어가는 만큼 선진국과 우리의 강점(=상용화 생산)을 토대로 분업체계를 만드는 기술 파트너십이 더 효과적이다. 즉 내부 기초 연구를 배가하거나 정부가 주도해 육성(예산집중)하려는 것보다 기존 주력산업으로 국제 사회에 다양한 사업 현장을 만들어낸다. 우리의 현장기술력과 상용화 능력을 십분 활용해 사업현장을 만들어내면 숙성기술도 확산시키고 신기술과 신산업을 끌어들일 수 있다.

---

[10] 세계 100대 플랫폼 기업의 국가별 비중은 미국 80.3%, EU 2.2%, 중국 한국 등 아시아 15.8%

융합 시대에 맞는 차별화된 기술 전략을 추구하는 것이다.

한국이 선·후발국 간 경계위치에서 기술 브릿징 역할을 하는 것은 산업 파트너십 플랫폼을 주도하는 일이다. AI가 촉발한 기술 변화가 급격한 시대를 맞아 요란한 미래 기술 담론의 쓰나미 가운데 혹자는 기존 주력인 전통산업으로 신성장을 도모하자는 게 실효성이 있는지 의문을 가질 것이다. 우리 사회가 일부 첨단산업에 쏠려 기존 주력산업을 활용할 잠재 기회를 보지 못하고 있다. 산업은 시장(성장 공간)과 기술의 매트릭스 함수로 성장 규모가 결정되고 기술은 목적인 성장을 위한 수단이다. 새로운 기술로 새로운 시장을 만들 수도 있지만, 현재 기술이 더 많은 활용 기회(규모의 경제+범위의 경제)를 찾을 때 기술 발전도 가속화되고 신기술 습득 기회도 확장된다. 시장이 부족해서, 기술이 부족해서 성장하지 못하는 것이 아니다. 시장은 상품 시장만 보고 있고 기술혁신은 그 상품 시장에서의 경쟁우위 확보에만 방점을 두는 것이 문제다. 우리가 상품 시장에 매여 있는 사이 빅테크는 거대한 플랫폼 시장을 새로 창출해냈다.

신도시 사업은 ③ 미래 일감창출 플랫폼(경제영토)이다. K-산단과 연계해 주변 인프라 개발, 자재 현지화 자원개발, K-스마트시티 OS를 투입해 배후도시(K-거점도시, 세계 속의 한국 실현)를 건설한다. 우리 기술과 제품, 시스템이 접목된 신도시는 시간이 흘러 보수가 필요하거나 교체, 업그레이드할 때는 다시 한국을 찾을 수밖에 없다. 지속적인 경제적 일감 기회가 발생한다. 거점도시의 발전단계에 따라 우리나라와의 개발 협력사업이 끝

없이 확대된다. 우리 세대뿐만 아니라 후손들에게까지 물려줄 수 있는 원원 시장이 되는 것이다.

3. [사례] 미국 러스트벨트 전통산업 재건과 도시 재생사업

미국은 '바이 아메리칸, 하이어 아메리칸(Buy American, Hire American)' 정책을 더욱 강화하고 있다. 미국 시장에 팔고 싶으면 미국인을 고용해 현지에서 생산하라는 요구다. 미국은 90년대부터 가장 먼저 GE, IBM, GM과 같은 제조기업 중심의 경제체질을 FAANG 중심의 디지털경제, 플랫폼 경제로 전환함으로써 유럽에 비해 고성장을 구가하고 있다. 하지만 경제 구조 전환기에 피츠버그 필라델피아 볼티모어 디트로이트 멤피스 등 과거 제조 거점도시들이 러스트벨트화되어 소외지역과 소외계층이 발생하고 빈부격차가 확대되는 것이 미국의 최대 사회문제다. 이에 편승해 트럼프 같은 포퓰리즘 리더가 나타나고 자국 우선주의를 내세워 한국과 같은 동맹국도 외교적으로 압박하고 있다. SK, 한화, 삼성, LG 등 대기업들이 앞다투어 미국에 투자하고 있는 배경이다.

러스트벨트(공업 쇠락 지역 : 위스콘신, 미시간, 펜실베이니아, 오하이오, 일리노이, 인디애나 등 자동차, 정유산업 밀집 지역의 백인 계층 중심 인구, 1870년~100년간 세계 최대 제조업 지대로 1950년대에는 미국 고용의 43%, 총생산량의 45%를 차지했으나 1970년대 이후 자유무역 확대로 쇠락 시작) 문제를 해결할 역량이 미국 내부에는 없다. 미국식 보호주의는 자국의 제조업 살리기와 일자리 창출을 위해 미국 내에서 제품을 생산하지 않는 기업들에 대해서는 정부 조달계획에 포함하지 않겠다고 선언하고 해외에서 생산한 제품을 국내로 들어올 시 추가 관세도 검토하고 있다. 미국과의 관계 재정립이 필요하다. 전통적인 종속관계에서 상호 존중 관계의 새로운 차원으로 변화해야 한다.

현재 한국 기업의 대미 투자는 배터리, 반도체, 태양광 등 미래산업 재편에 발 빠르게 올라타는 데 집중되고 있다. 그러나 미국에 적지 않은 투자가 되고 있음에도 미국 국무부에서는 "한국이 미국에 해주는 게 없다"는 불만이 나오고 있다. 각자도생의 기업 단위 투자를 넘어 한·미 통상관계를 경제산업동맹으로까지 발전시킬 수 있는 국가 차원의 투자 모델은 무엇인가?

미국이 관세폭탄으로 현지 투자를 압박하고 있지만 현지 제조업 비효율 코스트(강성노조, 환경규제, 고임금, 취약한 부품생태계, 저숙련 노동자 등)가 너무 크기 때문에 우리 기업들이 이러지도 저러지도 못하고 있다. 삼성, 현대, SK 등 우리 대기업들이 울며 겨자먹기식 수조에서 수십조원대 공장 투자에 나서고 있지만, 공장 운영만으로 수익을 담보하기는 어렵다. 게다가 우리 기업들의 투자가 여러 주에 분산되다보니 미국 입장에서는 별로 표도 나지 않고 한국의 역할이 크게 느껴지지 않을 것이다.

한국에서는 대기업이라 할지라도 삼성전자, 현대자동차 정도를 빼면 미국에서 보면 규모가 아주 작다. 우리 정부가 대미 협상 지렛대로 쓰기에도 약하다. 이제는 외교 전략에서도 우리가 가진 경제 역량을 적극적으로 활용할 필요가 있다. 우리의 일방적 투자가 아니라 한·미가 서로 원윈

할 수 있는 경제협력 포맷을 찾아야 한다.

미국 제조업은 아직도 GDP의 11.6%나 된다. 전통제조업이 여전히 막대한 내수 수요를 가지고 있지만, 경쟁력 저하로 중국산 등 수입 물량으로 대체되고 있다. 가격경쟁력을 회복시키면 수입 대체가 가능해지고 일자리 창출도 가능하다. 노후화된 기존 공장의 지분을 인수해서 우리의 기술과 시스템을 투입해 생산성을 올려 공장 운영을 정상화한다. 이는 우리 은퇴기술자들을 활용할 수 있는 길이기도 하다.

우리는 전통적으로 미국을 상품 시장으로만 바라봤지, 세계 경제 수도인 미국을 우리 경제의 지렛대로 활용할 생각은 못 하고 있다. 대미 투자가 관세로 보호받는 시장에 접근권을 확보하기 위해 불가피한 투자라면 세계 경제수도 미국에 '한국 거점도시'를 만들어내는 마중물로 활용한다. 러스트벨트의 낙후된 제조 거점도시 하나를 선정해 우리 기업의 대미 투자 계획을 한 데 모아 집중시키고 우리가 가진 산업역량과 기술로 첨단산업도시로 탈바꿈시켜 '한국 거점도시(세계 속의 한국)'로 재건한다. 자동차 산업중심지 디트로이트(요즘 투자 유입으로 활력 회복 중), 철강산업 중심지 피츠버그, 기계, 석탄, 섬유산업 중심지 필라델피아 등이 후보도시가 될 수 있다. 낡은 도시 인프라를 개조하고 지역 내 낙후된 철강 석유화학 기계 조선 등 전통산업 공장을 개보수해 현대화하면 성장 여력이 크다.

특정 지역에 투자를 집중시키는 대가로 미국 정부와 네고해 관세 법인세 소득세 등 세금 면제, 비자 특별 쿼터, 인허가 등 규제 프리존의 '경제특구' 혜택을 요구할 수 있다. 기업별로 사업 특성에 따라 유리한 투자 지역을 선정하는 것이 일반적이지만 우리 기업이 특정 도시로 모일 때 집적 효과의 시너지가 있고 양국 간 협정으로 더 큰 혜택을 끌어내면 입지 조건의 유불리를 상쇄할 수 있다.

미국 제조공장의 경쟁력을 올리는 데 결정적인 요소가 부품업체 클러스터 조성이다. 우리 중소기업과 기술 인력이 자유롭게 입출국할 수 있도록 주 정부나 연방정부로부터 특구 혜택을 받아내야 한다. 우리 기업과 국민의 진출에 최대한 유리한 쌍무협정을 맺고 한국 기업 특화 도시로 지역경제를 활성화한다.

디트로이트나 멤피스 같은 도시에는 공실화된 빌딩과 부지들이 널려 있다. 이들을 저렴하게 인수하고 기업과 인력을 유치하면 부동산 가격 상승만으로도 투자 회수가 가능하다. 제조 투자 리스크를 헤징하는 길이기도 하다.

'경제특구화'된 재생 도시는 한국 '내수시장의 확장'이다. 우리 국민과 중소기업의 미국 시장 진출 교두보다. 국내에서 일감 부족으로 고사하고 있는 중견 중소 건설사들이 대규모로 도시 재생 인프라 사업에 참여해 일감을 얻을 수 있고 인구 유입으로 인한 개발이익을 장기적으로 회수할 수 있다.

미국은 러스트벨트 지역에 스마트시티 투자를 집중하고 있다. 러스트벨트 지역 고용률을 회복하고 인구감소를 멈추게 하려고 전통산업의 부흥은 물론 러스트벨트를 혁신 벨트로 변신시키려는 시도가 뜨겁다. 특히 천문학적인 인프라 투자(8년간 1.2조 달러)는 실행 주체가 지방정부이므로 지역 네트워크가 강한 현지 중소업체와의 전략적 제휴가 유리하고 한국 ICT 중소기업에 기회다. 전통제조산업의 재생과 더불어 한국의 앞선 ICT 기술과 스마트시티 요소기술을 접목해 쇠락한 도시의 낙후된 통신 등 도시 인프라 전체를 업그레이드시켜 기업 투자와 인구 유입이 늘어나도록 한다.

한 예로 포스코와 삼성이 컨소시엄을 구성해 포스코는 지역 내 노후화된 제철산업을 재생시키고, 삼성전자는 통신인프라를 업그레이드하는 식이다. 미국 '채터누가(18만 명 소도시, 테네시주 남부)'는 도시 재생으로 기업 유치 및 일자리 창출에 성공한 도시다. 도시 재건의 핵심은 기업을 다시 불러오는 일이다. 시 당국은 세금혜택과 무상 토지라는 당근을 제공하고 폭스바겐, 현대자동차, 도요타, 볼보 등 공장을 유치했다. 미국 평균 인터넷 속도보다 수십 배 빠른 광케이블을 깔고 저렴한 가격에 공급했다. 도시를 외면했던 기업과 근로자들이 빠르게 유입되기 시작했다. 빠른 인터넷 덕분에 원격 근무자 천국으로 재탄생했다. 세금 감면, 인프라 제공, 직원 복지까지 시가 챙겼다.

미국 기업들도 세금과 규제 장벽이 낮은 지역으로 본사를 옮기고 있다. 텍사스는 집값이 실리콘밸리 대비 8분의 1 수준밖에 안 된다. 한국 거점도시는 반도체, 배터리, 바이오, 수소 산업 등 첨단산업 분야의 현지 공급망 구축에 참여하면서 미국의 신기술(4차 산업혁명) 흡수를 선점하고 규모 우위를 확보하는 산업동맹의 전진기지로 활용한다. 배터리만 해도 중국의 스케일 매릿과 경쟁하려면 미국 완성차 업체들과의 동맹이 불가피하다. 사실 반도체 배터리 원전 조선 등 전략산업의 미국 내 생산 생태계를 구축하는 데 최적 파트너가 한국이다. ① 한미는 FTA를 발전시켜 단일 시장이 될 수 있다. 미국을 한국 내수 시장의 확장으로 보고 ② 국내 산업 생태계를 미국으로 확장시켜 화학적으로 통합된 공급망을 구축할 수 있다. 한미 공급망 내 수출입은 내수로 간주(무관세)하고 대미 상품무역 불균형(무역 흑자) 해소는 대미 투자로 균형점을 찾을 수 있다. 각국이 미국과의 관세 타결로 대미 수입이 증가할 것이므로 한국 기업은 미국 내수 중소기업들과 합작해 미국산의 해외 수출을 확대하고 신기술이 장착된 미국산의 국내 수입도 늘릴 수 있다. ③ 대미 통상정책도 단기적인 관세 협상에만 매여있을 게 아니라 세계 경제 체제의 근본 변화(WTO·FTA·한중 기술 역전 등)에 대응해 장기적 국가단위 전략(새로운 비교우위)을 새로 짜는 관점에서 미국을 봐야 한다. 중국 규모의 경제에 밀려 경쟁력을 잃고 있는 우리나라 산업경쟁력 열위를 극복하기 위해 미국과의 기술동맹 산업동맹 경제동맹을 확장하는 한국의 용미(用美) 기반 통상전략이다. 거점도시는 세계 IP 수도 미국에 한국 벤처창업의 글로벌 거점이 된다. 인구 900만 명 이스라엘이 미국과 중국에 이어 나스닥 상장 세계 3위의 기술 창업 대국이 된 것은 이스라엘과 실리콘밸리와의 밀접한 관계가 배경에 있다.

초기에는 한국 기업과 한국인 중심이지만 점차 미국에 진출하려는 신흥국 기업과 인력들도 한국이 저렴하게 개발해 놓은 거점도시로 몰려온다.

초기는 우리나라 제조기업 진출(삼성, LG 등 미국 내수용 가전공장, 배터리 공장 등)이 교두보 역할을 하겠지만 궁극적으로는 전통산업 재생에 그치지 않고 실리콘밸리와 경쟁할 만한 '제2의 판교 테크노밸리'를 미국에 조성한다. 한국 혁신 창업의 글로벌 밸리다. 실리콘밸리는 임대료가 높아 젠트리피케이션(Gentrification)이 일어나고 있다. 한국이 제2의 판교 테크노밸리를 미국에 조성함으로써 기존 실리콘밸리에 이어 제2의 글로벌 창업 메카를 만드는 격이다. 현재 한국 대기업들은 실리콘밸리 내 삼성 거점인 SRA(Samsung Research America)와 같이 미국의 신기술 인수 및 R&D 협업 목적으로 현지 랩(LAB) 구축에 경쟁적으로 나서고 있다. 국내에서는 벤처 창업 인큐베이터(삼성의 C-lab 등) 기능도 수행하고 있다.

세계의 IP 수도인 미국에 국내에서 운영 중인 창업센터 자매 거점을 만들면 '한국 자율주행차 미국 Lab(현대 지원)', 배터리 Lab(LG 지원), 한류 콘텐츠 Lab(CJ 지원)' 등으로 국내 청년 인재들이 세계를 무대로 꿈을 펼칠 수 있도록, 중소벤처기업들이 세계 시장으로 진출할 수 있는 교두보가 국가 차원의 플랫폼으로 제공된다. 한국 스타트업이 좁은 내수가 아니라 처음부터 세계를 무대로 설계할 수 있는 환경이 조성된다. 미국 시장에서 자금을 조달해 신사업 확장에 수혈하고 글로벌 시장으로 영토를 확장하는 것이 용이해진다. 사업이 확장되면 국내 일감도 늘어난다.

이스라엘이 보스턴에 설립한 IT·바이오기업만 해도 216개(2016년 기준)나 된다. 특히 네이버, 카카오 등 내수 중심의 테크기업 미래 주자들이 삼성, 현대, LG 같은 글로벌 기업으로 성장하려면 세계 경제수도 미국에 한국 창업벤처 거점도시가 있어 세계 시장 진출 교두보로 활용해야 한다.

스타트업 강국인 이스라엘은 우리나라와 달리 미국 내 유대인 커뮤니티가 큰 힘이 되고 있다. 자국 우선주의를 표방하는 미국의 신외교 노선에 발맞춰 우리나라는 미국에 무슨 이익이 되게 포지셔닝할 것인가? 미국은 세계 벤처창업의 허브다. 글로벌 시장으로 나가는 관문이 미국이다. 국내에서 규제에 막힌 스타트업도 세계 벤처 수도인 미국에서 시작하면 초기부터 글로벌 시장을 겨냥할 수 있다.

우리 기업의 대미 진출은 1단계 산업별 앵커 기업 선투자 및 부품중소기업 클러스터 진출 → 2단계 인프라 업종의 그룹계열사 및 협력사 → 3단계 스타트업 및 국내 서비스 중소기업 진출 순이다. 연간 500여 명의 대미 투자 이민도 한 곳으로 집중해 커뮤니티가 형성되도록 유도한다.

미중 패권전쟁으로 갈등을 겪고 있는 한미동맹 관계도 변환기를 맞고 있다. 현재 한국의 경제 규모와 통상의존도를 보면 이미 미중 어느 한 편에 설 수 없다는 점은 냉정한 현실이다. 양국 모두를 포용할 수 있어야만 한다.

방위비 분담금 인상 요구, 전시작전통제권 조기 전환, 주한미군 기지 조기 반환 등 한·미 관계 갈등을 해소하고 수평적 외교관계로 발전하려면 우리의 어떤 역량을 활용할 수 있을까? 우리 기업들이 먼저 전통산업 재건에 성공하면 4차 산업혁명을 선도하는 미국의 신기술을 빠르게 흡수해 상용화를 선점하는 미래산업 기회도 자연스럽게 따라온다.

안보와 경제는 이제 하나다. 미국과 한국이 경제적 이익을 공유하는 것은 안보에도 매우 중요하다. 러스트벨트 도시 재생사업, 국경지역 산업단지(미국 내 완제품 생산을 위한 부품공급망) 구축, 한미 동반 글로벌 시장 진출 등 윈윈형 대미 맞춤형 사업을 확장한다. 한국 기업이 미국 현지에 투자하고 한미 합작기업이 해외에서 공동 수주전을 펼치는 등 양국 산업 협력의 질과 양을 모두 늘려야 뗄 수 없는 관계가 된다.

미국 정부의 최대 아킬레스건인 '러스트벨트 전통산업 재건과 도시 재생사업'을 한국이 기획해 제안한다. 한국 정부와 대기업이 민관협업으로 러스트 벨트 경제 활성화를 위한 '100조 원 투자 플랜 청사진'을 설계한다. 5년 내 50조 원, 10년 내 100조 원 등 한국 기업들의 투자를 모두 모아서 발표하는 것이 매우 중요하다. 최소 100조 원 단위 투자는 되어야 트럼프와의 협상에서 주도권을 쥘 수 있다.

프로젝트 명분을 잘 만들어 미국 정부와 국민에게 어필한다. 미국 러스트벨트 지역 전통제조업 재생과 사회 문제 해결이라는 사업 취지가 희석되지 않도록 철저하게 미국의 국익 관점에 집중해서 제안한다. 러스트벨트 지역 도시 전체의 재생을 돕는다면 미국 국민도 한국을 달리 볼 것이다. 우리는 미국의 도움을 받고 성장한 국가다. 이제 우리 경제도 미국의 어려운 점을 해결하는 데 도움을 줄 수 있어야 한다. 이는 세계 포용 국가를 지향하는 한국의 대미국 '포용적 운용 혁신' 사례가 될 수 있다.

대기업 하나가 혼자서 할 수 있는 사업이 아니다. 최소 3~5개 대기업이 융합해야만 성공시킬 수 있는 국가 단위 프로젝트다. 미국에서 같이 할 만한 프로젝트를 기획하지 못 하다보니 우리 대기업들이 따로 놀고 있다.

한경협(구, 전경련)은 한 때 대기업 대표들로 구성된 대미 사절단을 파견해 무역확장법 232조에 따른 한국산 제품에 대한 반덤핑, 상계관세 등 직접적인 수입규제 조치를 줄이도록 요구한 바 있다. 사실 한경협은 대기업의 대변 역할만 할 것이 아니라 글로벌 기업을 보유한 10대 그룹, 30대 그룹들이 국제 사회에서 어떻게 융합해 국가 차원의 힘을 키울 수 있을지를 기획하고 정경협업을 주도할 때 실추된 국민 신뢰도 회복할 수 있다. 미국과의 협상은 국가 단위 접근이 필수이고 대기업 간 융합사업 기획을 넛지하는 역할은 결국 정부 몫일 수밖에 없다.

PART 3

지식서비스 기반
5대 선진형 산업 플랫폼

선진국은 모두 제조업을 주 성장동력으로 하는 개도국형 경제에서 경제가 성숙단계에 이르면 서비스업이 주도하는 경제로 진화한다. 제조업 성장으로 무역흑자를 쌓는 개발도상국형 경제에서 무역흑자로 축적한 부를 해외에 투자함으로써 자산이 벌어들이는 이자와 배당 소득으로 먹고사는 선진국형 경제로의 전환이다. 선진국은 공통적으로 개도국형 산업사회를 거쳐 지식사회로 진화(선진화)하면서 오랜 업력에서 오는 축적된 기술과 경험이 연구 기반 ① 지식산업(IP)의 토대가 되고, 특히 기초연구로 누적된 지식 역량이 바탕이 되어 ② 첨단산업을 선도하고 경제성장기에 제조업으로 축적한 자본(누적된 무역흑자)을 투자해(③ 금융산업) 국부를 창출(해외 자산에 붙는 이자와 배당 소득)하고, 후발국에는 선망의 대상이 되므로 선진 문화를 소비하려는 글로벌 수요가 소비재 브랜드 등 ④ 문화산업을 일으키고 선진 문화를 직접 체험하려는 오프라인 ⑤ 관광산업으로 이어진다. 이와 같이 선진국이 공통적으로 영위하는 산업은 연구 중심의 지식 기반 IP 산업(지식산업), 첨단산업, 금융산업, 문화산업, 관광산업 등 5개 분야를 백본(Backbone)으로 하고 있지만 각자 차별화를 이루고 있다.

5대 지식서비스는 한국이 글로벌 산업 수도[11]로서 국제 사회 자본과

---

[11] 국제 사회 지경학적, 기정학적 경계위치에서 선진국과 개도국 모두가 필요로 하는 '기술 브릿징 역할'로 세계 산업현장을 지원하는 '본사 국가·코칭 국가·멘토 국가'의 국제허브로 포지셔닝 해 '글로벌 집적효과'를 누리는 나라(국가 산업의 생태계를 세계 권역별 Spoke로 확장시켜 해당 산업의 국제 Hub 역할을 수행하는 글로벌 산업 수도)

인재를 국내로 끌어들여 집적효과를 불러 일으키고 한국(K-)을 소비하려는 글로벌 수요를 내수 동력으로 바꿔내 국내를 국제 허브 경제로 전환시키는 플랫폼이다.

한국만의 고유한 비교우위에 기반하고 차별화된 레버리지 전략으로 뒷받침될 때 산업화시킬 수 있다. 기존 13대 제품 중심의 상품 제조·수출로 만들었던 국부, 기업 일감, 국민 일자리를 질적으로 업그레이드하고 대체할 신산업이다. OECD 선진국 중 유독 제조 강국 한국과 일본의 생산성이 최하위 수준이다. 국내 대기업과 하청 중소기업 간 수직적 산업구조가 그대로 글로벌로 확장된 것이 글로벌 공급망(GVC)이다. 미국의 빅테크가 피라미드의 최상단에 위치하고 한국은 하단부에서 중국 대만 일본과 하청국가 지위를 놓고 경쟁하고 있다. 우리 생산성이 미국의 50%대밖에 안 되는 근본이다. 제조 강국 한국은 기실 미국의 부품기지창에 불과하다. 세계 소부장 1위국인 일본도 크게 다르지 않다. 국내는 이제 공장을 더 지어서 일자리를 만들려고 할 게 아니라 고학력 국민 수준에 걸맞는 R&D중심 지식서비스 기반으로 일자리 베이스(R&D투자형 자본 리쇼어링)를 업그레이드해야 한다. 지식서비스 분야를 따로 찾을 게 아니라 이미 글로벌 베이스를 구축한 제조산업을 서비스산업화시키는 것이 비교우위도 있고 지름길이다. 이제 국내는 모든 분야에서 세계 사업현장을 지원하고 코칭하는 국제 허브 일감 곧 생산형 서비스로, 일자리 기회총량을 늘리고 일자리의 질도 한 단계 높여야 한다. 한 나라의 경제가 선진국으로 전환하는 과정에서 공통적으로 나타나는 고용 형태의 변화는 제조업에서 지식서비스업으로의 흐름이다. 생산직 일자리는 지식인 친화적이지도 않고 로봇으로 자동화되면서 불가피하게 사라질 과거에 매여 있기보다 더 질적인 일자리로 옮겨가야 한다.

[지식산업] 산업현장기술 기반 제조 지식·엔지니어링·위탁경영 서비스

 글로벌 산업수도로서 선·후발국 간 기술 브릿징 역할은 지식서비스로 구현된다. 한국이 압축성장에 성공한 것은 한국만의 강점이 발현되었기 때문이다. 한국은 선진국으로부터 원천기술을 들여와 상용화 R&D를 통해 완성하고 산업화시키는 데 성공해 선·후발국 간 경계에 도달해 있다.

 선진국이 산업별로 아무리 앞선 기술을 갖고 있어도 그 기술을 경제성(가성비, 납기, SCM) 있게 공산품 양산제조 현장, 건설 시공 현장, 조선 건조 현장, 제철 조강 현장 등 사업 현장에 연결하지 못하면 소용이 없다. 기술은 산업화해야 비로소 경제성장에 기여한다. 신흥국이 모두 패스트 팔로워(Fast Follower) 전략을 취하지만 모두가 추격에 성공하는 건 아니다. 따라서 추격에 성공한 국가는 기술을 숙성시키고 범용화시키는 역할을 맡고 국내에서 완성된 기술을 국제 사회에 맞춤형 적정기술로 공유·전수할 책임도 함께 있다.

 개도국에 산업 발전 단계별로 3D 업종·경공업·중공업·IT 산업기술 등 현지 맞춤형 '적정기술 R&D 서비스'를 제공한다. 국내는 후발국의 적정기술 소싱 중심 연구소가 집적된다. 한국의 차별화된 국제 역할이다.

1. 사업 투자형 코칭 서비스

주력산업으로 축적한 현장기술과 경험 노하우를 기반으로 제조 지식, 엔지니어링, 위탁경영 등 사업 투자형 코칭 서비스의 지식산업으로 진화한다. 상품 제조수출 강국을 넘어 제조 강국 입지를 활용해 '선수에서 코치로' 한 단계 도약한다. 제조 강국의 한 단계 위는 멘토 역할의 제조, 엔지니어링 지식산업 강국이다.

우리의 경험 노하우와 기술을 부가가치로, 곧 지식자산을 컨설팅 서비스로 제공한다. 예컨대 K-공항, K-병원, K-호텔, K-발전 등 K-솔루션 수출패키지(HW 기술+SW 운영 노하우)는 단품 수출, 단건 인프라 개발사업을 넘어 한국형 병원 운영, 공항 운영, 호텔 운영 등 하드웨어 시설 건설에 그치지 않고 건설 후 운영 노하우까지 제공하는 지식서비스 수출이다.

보호무역주의가 강화되면서 공급망 현지화가 요구되고 우리나라가 허브 & 스포크(Hub & Spoke) 전략으로 산업별 현장기술을 세계 시장으로 재배치(K 산업의 생태계를 글로벌로 확장)하면 국내는 마더 팩토리(Mother Factory) 역할을 하고 국제 사회에 적정기술 엔지니어링 서비스를 제공하는 지식기반 제조업으로 옮겨갈 수 있다.

전통산업 현장기술 기반의 지식산업이다. 대미 조선, 원전, 발전산업 파트너십으로 우리 기업이 미국에 공장을 운영하면 현지 공장에 핵심 설비와 부품공급, 기술 멘토 인력을 파견하는 등이 모두 지식서비스다. 철강 조선 석유화학 등 상대국의 노후화된 전통 제조산업에 투자하고 공장 운영을 업그레이드시켜주는 사업 투자형 모델도 전형적인 지식서비스 수출 사업이다.

2. 맞춤형 개발사업 기획 서비스

첨단과학기술이 아니라도 기존 산업의 업종과 제조 기술·엔지니어링 지식을 융합해 상대국의 아젠다를 해결해 주는 맞춤형 개발사업을 다양하게 기획할 수 있다. 주력산업으로 쌓은 기술과 경험 노하우를 해외 현장에 전수하는 일로 시니어 은퇴 인력들에 체화된 지식을 부가가치로 바꿔내는 시니어노믹스('K-시니어노믹스, 세대 상생형 일자리 사업' 참고)다. 국제 산단, 산업도시(신도시) 등은 대표적인 맞춤형 개발사업 플랫폼이다.

40여 년 전 김우중 회장은 K-제조업 수요를 간파하고 당시에는 아직 설익은 기술이었지만 개도국을 대상으로 개발사업을 펼친 바 있다. 신흥국뿐만 아니라 선진국의 러스트벨트화된 공업도시도 K-제조업을 필요로 한다. K-제조업 수출은 산업 역군의 주역이었던 베이비부머 은퇴기술인력의 글로벌 사용처를 찾아 재가동('K-시니어노믹스, 세대 상생형 일자리 사업' 참고)시키는 일이기도 하다. 이는 상대국과 한국의 연결성을 확대시켜 양국 간 시너지효과를 창출하는 선순환 사이클을 형성한다. 우리나라 전통 제조업종들이 중국 공세에 밀려 하나둘 사업을 축소하거나 철수(LCD 태양광 등)하고 있다. 다양한 업종에 걸쳐 숙련기술을 가지고도 국내에 갇혀 널리 활용하지 못하고 사장시키고 있다. 징기스칸이 무력으로 영토를 넓혔다면 이제 21세기 우리기업들은 K-산업 업종과 기술로 세계 곳곳에 현지수요 맞춤형 사업장을 만들고 경제영토를 넓혀나간다. 제조 강국 유지에 매여 있지 말고 제조업을 활용해 어떻게 한 단계 위 지식 서비스 산업으로 업그레이드하느냐가 키다. 제조업을 국내에서 지키려 들면 결국 잃게 되지만 글로벌로 확장시키면 세계 산업패권 국가로 도약할 수 있다.

3. 생산형[12] 서비스

국제사회에 맞춤형 개발사업 현장을 조성하면 국내는 현지의 사업 현장에 필요한 적정기술을 제공하는 본사 지원 역할로 옮겨간다. 이는 글로벌 공급망에서 고부가가치 영역 곧 R&D 상품기획 디자인 마케팅과 같은 생산형 서비스로 옮겨가는 일이다. 생산형 서비스 중심의 본사 일감이 늘어나야 청년들이 선호하는 연구 중심의 고부가가치 서비스 일자리를 늘릴 수 있다. 구조적 내수 침체도 생활형 서비스 중심에서 생산형 서비스를 키울 때 극복이 가능하다. 우리 국민과 기업은 경쟁하는 선수에서 상대국의 코치·멘토로 본사 일감 중심의 일감과 일자리로 업그레이드된다.

---

[12] 생산형 서비스는 스마트폰을 예로 들면 OS 운영체제, 애플리케이션, 반도체 칩 설계, 디자인, 특허 등 소프트웨어가 총 부가가치의 55%를 차지하고 하드웨어는 45%에 불과하다. 선진국일수록 GDP에서 '생산형 서비스업' 비중이 높다. 미국은 56%, G20은 40~50%, 중국은 18%다. 밸류체인내 마케팅, 연구개발 등 주로 본사일감 중심의 스마일커브상 부가가치가 높은 좌우측 상단 영역이다.

K-시니어노믹스,
세대 상생형 일자리 사업

출처 : 저자 작성

이제 초고령 사회를 맞이한 한국도 시니어가 소비와 생산의 주체가 되고 있는 선진국 경제를 닮아가고 있는 것은 물론이고 시니어를 단순 복지 대상으로 볼 것이 아니라 숙련된 기술과 경험노하우를 새로운 성장동력으로 삼아 부가가치로 바꿔내는 시니어노믹스(은퇴 기술자 주도 경제 성장)를 구현할 때다. 새로운 인구구조의 중심에 시니어를 놓고 산업의 큰 그림을 다시 그리고 연금, 정년, 의료, 교육 등 사회 정책과 사회 구조를 개편해야 하는 시점이다.

인구구조 변화로 인한 충격을 관리하고 적응할 대안 경제체제

지금 출산율이 올라가도 새로 태어난 아이들이 성인이 돼 사회에 기여할 때까지 20~30여 년은 걸리고 그사이에 닥쳐올 베이비부머 세대의 급격한 고령화를 어떻게 감당할 것인가? 출산 장려 대책(복지 확대 중심)에만 매여 있어서는 안 될 일이고, 곧 닥쳐올 인구구조 변화(감소 및 고령화)로 인한 충격을 관리하고 적응할 대안 경제체제(인구가 줄어들어도 삶의 질을 지속해서 올릴 수 있는 경제구조)를 찾아야 할 때다.

• 베이비부머 700만 사회적 짐이냐 국가적 자산이냐?

전체 인구 5명 중 1명이 65세 이상 고령인 초고령 사회가 도래했다. 노인 인구 1,000만 시대에 빈곤층이 40%대에 이른다. 2025년 전후로 베이비부머 723만여 명의 은퇴 시대가 완료된다. 이들이 4년 뒤 국민연금을 받기 시작하면 연간 지급액이 약 53조 원으로 불어난다. 30년 경력과 전기전자통신 기능사자격증까지 보유한 60세 베이비부머가 나이 때문에 배달 플랫폼 라이더로 취직하는 사회에 복지정책이 있다고 할 수 있나. 65~75세 고령층은 백세 시대에 여전히 근로가 가능하고, 근로의욕도 높은 경제 활동 연령층이다. 교수, 대기업 간부 등 전문직에서 은퇴한 고령층조차 경비, 아르바이트 같은 단순 노무직에 종사하는 게 대부분이다. 숙련 일자리를 찾기 어렵기 때문이다. 숙련 고령층이 일할 수 있는 일자리를 기업이 만들어야 하는데 국내에서 사업 기회를 찾기가 쉽지 않다. 65세 이상 고령층 인력을 제대로 활용할 수 있는 길을 찾지 못하면 결국 청년세대는 물론 우리 사회의 최대 짐이자 부담으로 돌아온다.

고령층을 관리하기 위해 정부가 매년 재정을 투입해 연간 100만 개 일자리를 만들고 있다. 고령층 정책이 노인 혜택(65세 이상)에 초점을 두기보다 일을 할 수 있는 환경을 만들어 주는 데 방점을 둬야 한다.

기성세대의 기술을 활용해 새로운 성장 기회 창출, 국민 일자리를 글로벌로 확장

[통계청 2023년] 60세 이상 취업자는 585만 명으로 전체 취업자의 20.9%를 차지한다. 70대를 넘은 취업자도 170만 명으로 전체 취업자의 6.5%다. 65세 이상 인구에 대해 복지정책보다 고용 정책으로 접근해야 할 필요성이 커지고 있다. 워킹 시니어가 매년 급증하고 있지만, 이들의 일자리 질과 양 모두 기대치에 턱없이 부족하다. 시니어 일자리의 질과 양을 모두 업그레이드시키는 방법은 이들의 경제 활동 공간을 국내에서 글로벌로 확장시켜주는 길밖에 없다.

- **복지 차원을 넘어 저성장을 돌파할 미래 성장동력으로 시니어층 자산화**

저출산 고령화 시대에 기업과 국가의 경쟁력을 높이려면 해당 분야 전문성을 오래 쌓은 은퇴자들을 활용할 수 있어야 한다. 건강하고 경험도 풍부한 베이비부머 고령자들은 나라의 짐이 아니라 자산으로 활용하는 안목과 발상의 전환이 필요하다. 알바성 노인 일자리를 노인의 경험과 지식을 활용할 수 있는 일자리로 바꿔주려면 나라가 먼저 멘토 국가로 포지셔닝해야 한다.

액티브시니어 노인들을 경제 활동에 다시 참여시켜 경제 활성화와 성장을 꾀하는 시니어노믹스가 필요하다. 즉 비경제활동인구로 분류되는 노인층을 경제활동인구로 다시 편입시켜야 한다. 지식사회의 주력산업인 지식서비스 산업은 이들의 노하우가 부가가치의 원천이다. 단, 노인들을 노동 현장에 다시 불러내는 것이 청년 실업을 확대시키는 형태가 되어서는 안 된다. 정년 연장 등 노인 일자리를 위한 정책이 청년 일자리와 상충해서도 안 되고 연공급으로 인건비 부담을 주어서도 안 된다.

산업현장에서 은퇴하는 시니어 인력의 고학력과 전문성을 활용해 경제적 부가가치를 실질적으로 창출한다.

돈만 쓰는 복지가 아니라 생산 활동에 참여해 돈을 벌면서(복지재원 확대) 복지도 확대하는 생산적 복지로 가야 지속 가능하다.

지식과 경험 노하우는 이를 필요로 하는 시장을 찾을 때 부가가치로 변한다. 시니어들의 경제 활동을 글로벌로 확장시켜 국내에서 용처를 찾기 어려운 기술 노하우와 경험을 산업화시킨다. 한국의 30년 산업화 경험과 노하우가 축적되어 있는 세대가 베이비부머다. 산업화 과정에 있는 개도국은 모두 이들의 산업 현장경험과 기술을 필요로 한다. 경제가 성숙단계에 접어든 오늘날 우리 국민이 성장기를 통해 축적한 잠재역량(기술과 경험노하우)을 잘 활용하는 '한국형 시니어노믹스'에 경제 재도약의 기회가 있다.

• 선수가 전성기를 지나면 코치가 적임이다.

노인복지 차원의 일자리 정책(세금 아르바이트 일자리)이 아니라 산업화 세대(시니어)를 경제성장의 동력으로 활용한다. 정년 연장·폐지·재고용 등 제도적 차원을 넘어 고령층의 숙련과 경험이 필요한 일감을 어떻게 만들 것이냐? 국제 멘토 일자리다. 이는 양극화 해소의 궁극적 해법이기도 하다. 위축되는 전통 제조산업도 시니어층이 다시 살려낼 수 있다. '전통 제조산업 생태계의 글로벌화'는 ① 전통산업도 살리고, ② 지방경제도 살리며, ③ 은퇴 인력도 재활용하는 일석삼조의 효과를 낼 수 있는데 주인공이 시니어 기술자들이다.

예를 들면 제조업을 부활시키려는 미국에 있어서 가장 큰 걸림돌이 숙련공 부족이다. 제조업이 단기간에 경쟁력을 갖추려면 기술과 시스템만 제공한다고 되지 않는다. 특히 노동력 부족으로 로컬기업도 구인난을 겪고 있어 경력 엔지니어를 확보하는 데 어려움이 많다. 현지 생산 운영의 안전성과 품질을 확보하려면 유능한 생산 엔지니어 확보가 필수적이라 현지 인력 육성이 관건이다.

차 부품업체 서연이화는 조지아주에 740명을 고용해 내외장재 부품을 생산하는데 이들 인력을 구하려면 중남미에서 인력들을 데려와 훈련시켜야 한다. 미국에 진출한 우리 기업이 현지 공장을 운영해 수익을 내기에 리스크가 큰 만큼 초기 공장 운영 셋업에 국내에서 대규모 멘토 인력을 파견할 수밖에 없다. 숙련 인력(베이비부머)이 대거 현장에 파견되어 기술과 경험 노하우 전수가 맨투맨(Man to Man) 코칭으로 이루어져야 한다. 현장의 효율(가성비, 속도 등)은 숙련 인력 풀에서 나온다.

개도국·선진국 모두 한국 원전, 방산, 인프라, 제조를 선진국 모델에 비해 높이 사는 것도 효율성(가성비)에 있다.

OCI 홀딩스는 전북 군산공장(폴리실리콘 생산)이 인건비와 전기료 탓에 중국산 저가 제품에 밀려 더 이상 돌리기 힘들었던 상황에서 말레이시아 공장을 인수해 국내 직원 120여 명을 1년 6개월가량 기술 멘토로 파견해 설비와 공정을 업그레이드해 정상화했다.

인도네시아 정부는 능력 있는 현지 청년층을 양성하고 기술을 키우는 데 관심이 크다. 시공 후에도 관리 기술을 이전해주고 현지 인력 양성에 한국 기업이 강점이 있다는 점을 높게 산다. 인도는 제조 강국 도약이 국가 비전이지만 숙련 근로자 공급 감소가 최대 걸림돌이다. 현지 진출 시 교육시스템이 같이 가지 않으면 안 될 일이다.

이렇듯 해외 사업의 성패는 생산성을 좌우하는 현지인 교육에 달려있고 기술 멘토 풀을 어떻게 활용하느냐가 교육성과를 결정한다. 산업화 세대 기술 인력을 '선수(기술로 제품을 생산하고 판매)'에서 코치로(기술과 경험을 지식서비스로 전환)' 변신시켜 국부를 창출하는 한국형 시니어노믹스다.

- **국제 멘토 플랫폼, 시니어층 숙련 기술과 경험 노하우의 부가가치화**

① 은퇴자 일자리(연간 1백만 개 용돈벌이용 세금 일자리)의 질 개선, ② 청년 '밥그릇 뺏기'로 우려되는 고임부담형 정년 연장 요구, ③ 연금 개시 연령 조정으로 소득 크레바스 등의 문제를 극복하기 위해 다음과 같은 일자리가 필요하다.

① 세대 상생형 일자리, ② 경험 활용형 일자리, ③ 부가가치 일감형(안정적 소득) 일자리 요건을 충족시킬 해법으로 국제 멘토 일자리 플랫폼을 기획한다.

기업이 국내 생산을 지키려다 경쟁력을 잃고 인력 구조조정에 나서면 한번 유출된 인력은 다시 돌아오지 않고 관련 산업은 다시 살아나기 어렵다. 우리 국민이 기피해 현장의 숙련 인력이 사라질 때 산업공동화는 현실이 된다. 즉 해외 이전이 아니라 일감부족으로 인한 내국인 기술자 유실이 진짜 산업공동화다. 공장을 국내에 유지하는 것이 아니라 제조 현장 인력을 보존하는 것이 산업공동화를 막는 길이다.

조선업이 대표적인 사례다. 이주 노동자를 늘이는 것은 기술 축적을 통한 조선산업 발전에는 도움이 되지 않는다. 인력난의 근본 원인은 하청 업체의 저임금에 있고 임금을 올리려면 조 단위 영업 손실을 내는 조선 3사의 부가가치가 올라가야만 한다. 처우 개선으로 국내에 '기술 축적'을 하려면 내국인 근로자가 '고부가 일감으로 이동'해야만 가능하다. 국내에 고부가 일감을 늘리려면 해외에서의 현장 일감을 늘려야만 한다. 국제 멘토 양성 퀵스타트 프로그램은 산업현장 인력 유출을 막는 고용 유지 정책이자 서민층에게 채무상환 역량을 키우고 재기 기회를 주는 일이기도 하다. K-산업생태계를 글로벌로 확장시킨 세계 권역별 클러스터 사업장, 국제 사회 다양한 개발 아젠다를 사업화한 복합개발사업장은 시니어의 숙련 기술과 경험 노하우를 부가가치화시키는 사업장이다.

- **현지 맞춤형 사업장별로 시니어 인력 수천· 수만 명 단위의 그룹 파견**

일감에는 현장 일감과 본사 일감이 있다. 국내 대기업은 대부분 지방에 사업장(산단)을 두고 현장을 지원하는 본사는 수도권에 두고 있다. 생산기능직 중심의 저부가 현장 일감은 개도국으로 이전하고 국내는 연구 사무직 중심의 본사 일감으로 재편되는 산업 분화가 수도권 쏠림현상이다. 본사 일감은 현장 일감에 비례해 늘어난다. 대기업들은 국내 지방 사업장(생산기능직, 저부가 단순 노무)의 현장 일감은 줄었으나 개도국의 현장 일감을 늘리면서 수도권에 본사 기능(연구사무직, 고부가 지식서비스)은 확장해 왔다. 지방 산단의 중소기업은 만성적 인력난에 공장을 돌릴 수 없고 현장

직이 고령화되고 숙련공이 대가 끊기고 있다. 중소기업 일자리 저부가 가치화 → 청년 기피, 인력난 → 일손 부족, 공장 가동 축소 → 일자리 총량 감소의 악순환 고리를 끊으려면 일자리 업그레이드 개혁에 나서야 한다. 고령화된 현장 근로자를 기술 맨토로 해외로 파견해 현장 일감을 늘리면 국내는 현장을 지원하는 고부가 지식서비스 일자리가 늘어나 청년 인재를 유치할 여력이 생겨난다. 대중문화 한류를 청년세대가 주도한다면 산업 한류는 숙련된 기술과 경험 노하우를 갖춘 기성세대(신 노년층, 베이비부머 세대)의 몫이다.

'일 없는 청년, 일해야 하는 노년' 문제의 근본 해법

저출산 고령화로 노동과 자본 등 생산요소 인풋(Input)에 의한 양적 성장기가 마무리되면 질적 성장 방식으로 전환해야 한다. 즉 경제 수축기는 노동과 자본의 인풋 증가에 의한 성장에서 노동(경험과 기술 노하우=지식재산 IP)과 자본(HW 설비보다 SW 무형자산 투자 기회)의 질적인 잠재력을 잘 활용하는 운용 기회를 발굴하는 혁신이 성장률을 올리는 길이다. 이는 곧 경제정책을 운영(현 체제를 잘 유지 관리) 중심에서 운용(보유한 역량을 잘 활용)으로 전환(국가 단위 기업가 정신 발휘)하는 일이다.

우리나라가 패스트 팔로워로 숙성시켜 완성된 산업기술은 숙련된 은퇴자에게 체화되어 있는 현장기술이다. 시니어를 운용하지 못하면 재도약(코치형 편승 성장) 기회도 사라진다.

고령화 관련 ① 연금 문제, ② 정년 연장 문제, ③ 청장년 일자리 제로섬 경쟁 문제 등 세 가지 문제를 동시에 해결할 수 있다. 국민연금 재정고갈 가속화는 베이비붐 세대의 은퇴로 인한 수급자 급증이 큰 원인이다. 정년을 65세까지 연장해 연금 수령과 정년 시기를 맞출 수 있지만 대기업은 반대한다. 호봉제라 정년에 가까울수록 임금 부담이 높기 때문이다.

60세 정년을 제도화하면서 도입한 임금피크제도도 부당하다는 판결이 나오고 있다. 임금 수준도 낮추면서 재고용하는 시니어 촉탁 제도가 대안이다. 추가 5년만큼 해외 사업장 봉사 시간을 제공하는 것이다. 하지만 60세 정년을 맞이하는 근로자는 불과 10% 미만이다. 시니어가 선수에서 코치로 바뀔 때 청년세대의 살길도 열린다. 역피라미드 인구구조에서 은퇴 비용 부담을 감당하려면 시니어의 숙련된 기술이 필요한 해외 사업장을 여러 개 조성해 일감을 창출하고 정년을 연장하는 것이다. 시니어층을 국제 멘토로 활용하는 플랫폼이 'K-산업생태계 글로벌 확장사업', '국제 사회 개발 아젠다 맞춤형 융·복합사업'이다.

나아가 5,000만 국민이 국내에서 하는 일 모두가 자국민을 넘어 세계인을 대상으로 확장한다. 우물 안 국내에서 눈을 돌려 우리 사회가 보유한 자산과 역량이 세계로, 미래로 나아갈 수 있도록 연계시키는 운용 혁신이 요구된다. 경제발전 전성기에 축적된 숙련 제조 기술과 경험지식을 제때 부가가치화(사업 모델화)시키지 못하고 버틴 결과가 미국의 러스트벨트이고 백인 서민층 일자리 문제의 근본이다.

- **기술 유출 근본 대책**

기술 유출의 주체 53%가 퇴직자다. 퇴직자 인재 유출을 막기 위해 SK하이닉스는 60세 정년을 넘긴 뒤에도 '기술 전문가 제도', 삼성전자는 '시니어 트랙'을 시행하고 있다. 효과가 있을까? 기업이 기술인재를 활용하지 못하는 게 근본 문제다.

중국에 이어 미국도 한국 반도체 인력을 스카웃할 전망이다. 기술 유출을 막으려 할 것이 아니라 현지 사업장을 늘려 은퇴자를 재활용하고 현장 일감이 늘어나는 만큼 본사 일감을 늘려 청년 신입 채용을 확대해 기술 개발에 한발 앞서가는 선순환을 만들어내야 한다.

[금융산업]
국제 개발 협력 플랫폼 기반 개발금융허브

　한국이 금융허브에 도전한 것은 벌써 20년이 넘는다. 2003년 노무현 정부 때부터 동남아 금융허브 로드맵, 이명박 정부에서는 서울과 부산을 후보지로 제시하면서 '금융 중심지 기본 계획'을 수립했으나 답보 상태다. 서울시는 국내외 금융기관을 위해 전용 공간을 마련하고 입주기업에는 최대 5년간 임대료와 관리비 70% 이상을 지원하는 등 유치전을 펼치고 있다.

　중국과 일본 사이에서 지정학적 위치가 유리하다고 글로벌 금융 회사들이 몰려들 것이란 판단은 오산이다. 상대적으로 서울과 가까운 지역 내에 싱가포르, 홍콩, 상하이, 도쿄 등 아시아권의 대표적인 금융허브 도시들이 위치해 있다. 객관적으로 볼 때 이 지역에 또 하나의 주요 금융센터가 들어설 여지는 적다. 서울만의 차별화된 금융영역이 있어야만 가능하다는 뜻이다. 싱가포르는 국제 금융산업으로 인당 GDP 10만 불대를 달성하고 있다. 금융산업을 발전시키려면 우리 금융사의 해외 진출 및 해외 투자 확대로 글로벌화해야 하고 글로벌 금융사의 국내 유치가 일어나야 하는데 둘 다 부진하다. 유인 플랫폼이 없기 때문이다.

1. 개발금융 특화

　한국이 주도하는 국제 사회 개발 아젠다 사업은 한국을 개발금융의 허브로 도약시키는 기제다. 개발사업과 연계해 국제 금융을 일으켜 한국이 국제 개발사업의 금융허브로 떠오른다. 블랙록이 ESG를 주제로 세계 자금을 끌어들이듯이 한국 금융산업 플랫폼은 국제 개발 투자사업에 특화된 개발 금융산업이다.

　한국은 돈놀이 금융이 아닌 실물과 연계된 금융, 곧 금융 본업인 실물경제개발을 지원하는 역할에 집중한다. 국가 아젠다 맞춤형 개발사업을 펼치는 개발 협력 플랫폼 국가로서 국제 사회 잠재 시장을 개발하는, 상대국의 개발 아젠다를 파이낸싱하는 개발 금융서비스에 특화한다. 중국 진출 파이낸싱은 홍콩을 통해서 하듯이 개도국 개발사업 파이낸싱은 한국을 통한다. SDG 취지를 살린 글로벌 개발사업을 기획하고 이를 레버리지로 국제 금융을 일으킨다.

2. 국제 금융 유치 플랫폼

특히 국제 금융을 끌어들이는 플랫폼으로 세계 산업도시, 미래 첨단 신도시 개발을 한국이 주도하고 한국 자본을 마중물로 투자한다. 국내 건설사 해외 수주가 90% 이상 도급 사업인데 앞으로 해외 사업은 단순 도급이 아니라 투자(파이낸싱)개발형 사업으로 전환되고 있고 개발금융이 기본이다. 개발 금융서비스는 비기축통화 개방경제인 원화 리스크를 헤징할 수도 있다.

글로벌 개발 재원 부족분(OECD 지속가능개발 보고서, 2022년)은 연간 4.2조 달러에 달하지만, 전 세계 ODA 규모는 1,790억 달러에 불과(4.2%)해 개발 재원의 수급불균형이 매우 크다. 개도국 정부를 대상으로 증여나 저리 차관의 현행 ODA 지원 방식을 개도국 민간에 대한 직접 지원을 확대해 부족분을 보충할 수 있다. 국제 사회 민간 재원이 유입되도록 하면 개도국의 외채 부담도 줄이면서 대규모 현지 개발 프로젝트를 추진할 수 있다. 개도국에 진출하는 기업들과 은행들이 경쟁력 있는 금융 조건을 제공하면서 양질의 인프라 등 다양한 개발 아젠다 사업을 수주할 수 있게 된다. 이들 개발금융을 한국이 선도하면 우리 기업과 국내 금융기관이 새로운 해외 투자처를 발굴할 수 있다.

세계는 지금 중국 일대일로(사회기반시설 투자 중심)를 견제하기 위해 EU는 글로벌 게이트웨이(GW, Global Gateway) 사업에 2027년까지 3,000억 유로(약 400조 원)를 투입한다. 산업 공급망 연계 투자, 저개발국 기후변화 대응 지원, 주로 에너지. 교통. 디지털. 보건. 교육 인프라와 연구개발 등으로 중국처럼 부채함정으로 내몰지 않는 파이낸싱 프로젝트다. 미국도 같은 취지로 개도국 대상의 B3W(Build Back Better World)를 추진한다. 개도국이 먼저 개발계획을 한국 측에 발주하도록 하면(한국이 종합개발 청사진을 제안) 양국이 함께 GW와 B3W에 해당 펀드를 요청할 수 있다.

전 세계 개발금융 규모는 2020년 851억 달러(100조 원)에 그치고 민간을 대상으로 투자하고 수익성을 추구한다는 측면에서 ODA와 구분된다. 개발 효과와 위험을 적극적으로 떠안는다는 면에서 상업금융과도 성격이 다르다. 미국 유럽 등 선진국은 개발금융을 자국 기업의 진출 기회를 돕고 정부의 대외 경제전략을 뒷받침하기 위해 하고 있다. 한국은 아직 개발금융을 담당하는 개발금융기관이 없다. 수출입은행이 개도국 민간 부문에 금융을 제공하는 정도다. 수출입 은행법상 우리 기업과 연관성이 없는 사업에는 지원이 불가능하다. 미국 개발금융 공사, 독일 투자 개발 공사, 프랑스 개발금융 공사 등이 대표적인 개발금융기관이다. 개발도상국 경제협력을 위해서는 ODA만으로는 한계가 있고 민간금융의 참여를 이끌어내야 한다. 특히 삼성 현대와 같은 글로벌 기업들의 신용을 이용(정부 보증)해 국제자금을 개발금융으로 끌어들일 수 있다.

한국은 바야흐로 투자 시대를 맞고 있다. 미국은 가계 소득(근로소득+사업소득+자산소득+이전소득 등 총합)에서 이자 배당 등으로 벌어들이는 자산소득 비중이 14.3%(2021년 기준)나 되지만 우리나라는 0.6%에 불과하다. 주력산업이 성숙기를 맞아 고용 창출이 떨어지면서 근로소득이 늘어나는 것은 쉽지 않고 내수 시장 저성장에 자영업 생태계가 퇴조하면서 사업소득도 줄어들고 있다. 국가부채 급증에 정부 재정도 긴축압력을 받고 있어 정부에 의한 이전소득 증가도 한계가 있다. 결국 소득 증가에 여지가 있는 부분은 자본 시장과 자산소득이 유일하다. 선진국은 경제성장기에 축적한 자본의 투자로 먹고사는 경제라 해도 과언이 아니다.

경제성장기에 축적된 자산을 활용해 투자 기반 국부 창출 시대를 연다. 탈경쟁의 코칭·멘토링을 제공하는 투자국으로 변신해 간접 투자 편승 성장전략을 추구한다. 국제수지를 개도국형 무역수지 흑자에서 선진국형 서비스수지·본원소득수지 중심으로 국부 창출 모델을 진화시키는 플랫폼이 개발금융산업이다. 국가 전체가 투자기획·운용 서비스 역할로 진화한다. 경계 국가 위치에서 개도국의 산업발전을 기획하고 지원하는 역할이다. 국부펀드 KIC, 국민연금 등 성장기에 축적한 자본을 글로벌 성장 시장에 투자해 원원 성장을 끌어낸다. 국내에서 투자처를 찾지 못해 떠도는 3,000조 원의 유동자금도 부동산 등 자산 버블을 일으킬 것이 아니라 성장 여력이 큰 신흥 시장의 개발 투자로 물꼬를 터 국민 노후 자금 증식에도 기여한다. 일본이 30년 장기불황에도 버틸 수 있는 것은 일찍이 해외 자산에 투자해놓은 덕분이 크다. K-신도시 사업, K-경제특구 사업 등 국제 개발사업이 마중물 투자 플랫폼이다. K-제조업 진출 지역 중심으로 경제 활성화가 일어나면 유입 인구를 소화할 배후도시 개발 수요가 커지고 이는 국제 금융(개발금융 서비스, 투자사업)을 일으킬 수 있는 기회로 작용한다. KIND, 수출입은행, KIC 등이 국제개발협력은행으로 통합해 경제특구(신도시) 조성에 참여하고 투자자로 시행사업을 주관할 수 있다. 개발사업으로 조성된 K-경제특구는 원화 국제화의 토대가 된다.

3. 신금융(핀테크) 테스트베드

서울의 세계 금융 경쟁력(국제 금융센터 지수GFCI 133개 도시 기준)은 10위권이다. 미래에 국제 금융센터로 부상할 잠재력은 크지만, 기업 규제 환경이나 인적 자원 등에서는 아직 순위가 낮다. 특히 IT 기술이 접목된 디지털 금융 산업인 핀테크도 10위권이다. 디지털경제 시대 디지털 생활문화는 블록체인 기반의 신금융(핀테크)으로 구현된다. 기업이 주식 대신 코인 발행으로 자금을 조달(ICO, 가상화폐 상장)하게 되고 금융업을 겸하게 되면서 새로운 금융산업(디파이 등)이 대두된다. 디지털 문화콘텐츠를 선도하는 한국이 코인 기반의 미래 금융산업도 선도하면서 글로벌 부호의 에셋 파킹(Asset Parking) 국가로 거듭날 수 있다.

[첨단산업] 상용·응용 R&D 기반 첨단산업의 글로벌 테스트베드

미국 중국 등 강대국과의 경쟁에서 어떻게 첨단산업을 선도할 것인가? 경쟁이 아닌 파트너십에 해법이 있다. 압축성장으로 축적한 한국만의 상용화 R&D 역량은 빠른 추격자의 비교우위이자 강점이다. 상용화는 신기술의 숙성(가성비)과 완성(범용화, 산업화·시장화)을 의미한다. 패스트 팔로워의 강점을 버리지 말고 십분 활용한다. 세계 모든 첨단미래 신기술의 숙성과 완성은 제조산업 강국 한국이 맡는다.

1. 첨단 미래기술 상용화 R&D 허브

한국은 세계 과학기술 생태계 내 국내 산업 비교우위가 있는 상용화 역량과 고도화된 제조 기반을 활용하면 선진국 원천기술의 상용화 R&D에 특화된 첨단산업 글로벌 연구소를 집적시킬 수 있다. 패스트 팔로워로 입증된 산업현장기술과 시장화·산업화 R&D에 독보적인 역량을 보유하고 있기 때문이다. 고학력 인력과 다양한 소재·부품·장비 업종부터 완제품 생산까지 다수의 글로벌 제조기업을 보유(첨단 제조산업현장 플랫폼 보유)해 세계 첨단기업 입장에서는 신기술을 테스팅하고 세계 시장 개척을 위한 최고의 교두보다.

상용화 R&D와 실증사업 테스트베드 사례를 들면 OLED 기술은 미국에서 싹을 키웠지만 꽃을 피운 건 한국이다. 삼성과 LG처럼 관련 기술을 구현할 수 있는 우수한 기업이 있기 때문이다. 세계 시장 80%를 LG와 삼성이 점유하고 있다. 투명 OLED는 이제 막 상용화 단계에 들어선 분야다. OLED 기초 원천기술은 이미 나온 지 오래지만 기존 기술을 한 단계 높이고 상용화할 수 있는 응용개발 연구는 우리 기업이 주도하고 있다. 생산원가 50% 이상 감축, 시장점유율 70% 이상 달성 등의 시장화 과정에서 기술을 숙성시키고 있는 것이다. 글로벌 표준을 선점하기 위해 하루라도 더 빨리 상용화하려는 경쟁이 치열하다.

도심 항공기 사업(UAM)도 각국의 실증사업 경쟁 속에 있다. 글로벌 테크기업들이 글로벌 생산 허브로, 즉 상용화 허브로 대한민국을 택하고 있다. 이스라엘 유니콘 기업 스토아닷은 글로벌 사업 확장의 교두보로 한국을 선택했다. 초고속 충전 배터리 양산을 한국기업과 JV 설립으로 추진한다. 초고속 충전 배터리 상용화 사업이다. 한국을 글로벌 시장 진출을 위한 거점으로 삼았다.

해상풍력 세계 1위 덴마크 '베스타스'는 아태본부를 싱가포르에서 한국으로 이전하고 풍력 터빈에 들어가는 핵심 부품과 기자재를 한국에서 제조하고 글로벌 시장을 개척할 계획이다. 다양한 제조산업 현장을 보유한 한국이 GOWA(글로벌해상 풍력연합)의 파운드리(수탁 생산) 거점으로 거듭나고 있다.

애플은 한국의 제조산업이 애플의 공급망에서 중요한 파트너라는 점에서 세계 최초로 제조업 R&D 지원센터를 포스텍에 구축하고 제조 공정 개선, 데이터 기반 스마트팩토리 구축 컨설팅 등 중소납품업체를 지원하고 있다.

이처럼 제조 밸류체인이 잘 구축되어 있고 제조 대기업이 있는 한국에 글로벌 리딩 테크기업들이 실증 연구소를 구축하면 차세대 배터리 및 반도체 시범제조, 바이오 및 화장품 파운드리, 풍력 발전소 제작 담당 등 상용화 R&D와 시장 개척 협업을 강화할 수 있다.

우리나라는 이미 양자컴퓨터, 첨단 배터리, AI 로봇, 디지털 헬스 케어, 스마트시티, SMR, 수소 산업 등 미래 첨단산업 선행기술에서 중국 대비 많이 뒤처지고 있다. 우리가 전력투구한다고 해도 미·중 강대국과의 기술 경쟁은 다윗과 골리앗의 싸움이다. 절대 열세의 투자 규모로 미래 핵심기술 분야에서 초격차를 확보하겠다는 목표는 전략이 될 수 없다. 한국이 강대국 대비 규모 열위와 내생적 R&D 한계를 딛고 AX DX 시대를 선도하는 세계 최고 혁신 국가로 변신하기 위해서는 비대칭적 경쟁전략이 필요하다.

기술 패권전쟁 시대에 AI와 양자, 우주 항공, 에너지 등 미래산업에서 국내 자체 연구에 매달려 선진국과 경쟁할 것이 아니라 '상용화 사업' 파트너로서의 R&D 협업을 선점해 불리한 경쟁을 피하면서 신기술 확보를 꾀하는 것이 효과적이다. 원천기술 개발을 경쟁할 것이 아니라 우리 강점을 살려 사업화·산업화 연계형 기술 개발 R&D에 집중한다.

예컨대 사용 후 핵연료 처리기술인 파이로 공정 기술, 전고체배터리 등 기술 성숙도는 낮으나 성장잠재력이 높은 새로운 기술들을 발굴해 기술의 완성도를 높이는 일은 한국 R&D의 강점이다. 우주산업, 양자, 수소, 초전도체, 미래형 배터리, 솔라, 원전 등 첨단기술들은 한국에서 가장 먼저 상용화되고 기술이 숙성되어 세계에 보급된다. 조선산업과 같은 전통산업 대미 파트너십도 단순 선박 건조 하청업에 그치지 않고 이를 레버리지로 미국이 보유한 친환경 선박 기술 등 첨단기술 교류 및 공동 R&D 협업을 확장해 SMR 상용화 사업, 양자컴퓨터 상용화 사업 등을 선도한다.

선진국과의 전통산업 생산성 제고 파트너십을 확대함으로써 R&D 협업기회가 확장되고 관련 분야 선진국의 신기술도 선점기회를 얻을 수 있는 것이다.

예컨대 기존 원전 사업을 해외 시장에서 한국과 미국이 함께 펼침으로써 한국은 SMR 등 미국의 차세대 원전 기술(한국 기업도 투자 참가) 상용화를 선도할 수 있다. 미국에는 반고체 리튬 메탈 배터리, 전고체배터리 등과 같은 차세대 배터리 기술, 친환경 배터리 리사이클링 기술과 에너지저장장치 등에 첨단기술을 보유한 대학, 연구소, 스타트업이 다수 있다. 단 배터리 양산 기술력은 취약하다. 이들을 국내로 유치해 상용화·양산 테스트를 한국에서 하고 시장 개척에 같이 나선다. 한미 양국의 강점을 결합하면 윈윈 전략적 파트너가 될 수 있다. 따라서 우리나라 국책연구소는 우물 안 개구리 격인 국내 자체 연구를 고집할 것이 아니라 미래 기술 발굴, 파트너십 구축, 국내 기업과의 상용화 사업 매칭 등 글로벌 신기술 소싱·기술 기획의 기술 운용 전략에 방점을 두어야 한다.

게임체인저가 될 미래 기술과 미래산업의 글로벌 표준을 선점하는 것도 상용화 R&D 파트너십의 핵심목표다. 개별기업이 이런 미래 기술에 적극적으로 투자하는 것은 초기 투자 비용 부담이 너무 크다. 국내 기술 투자 펀드와도 연계시킨다. 독일 프라운호퍼 연구소가 벤치마킹 롤모델이다. 우리 국민(특히 청년)이 R&D 중심 제조로 옮겨가지 못하고 부가가치가 낮은 양산 중심 제조업에 묶인 손발을 풀어줘야 K-제조업의 강점인 신기술 상용화 역량을 살려 미래산업을 선점해나갈 수 있다. 첨단산업 제조 거점에서 첨단산업 글로벌 연구 거점(연구소, APAC 시장 개척 교두보, 테스트마켓)으로 진화한다.

첨단산업이라도 국내 발 제품제조·수출에 집중하기보다는 국내 대기업의 납품관계를 활용해 관련 분야 세계 기술기업을 끌어들여 연구단지 중심(지식 기반 제조업)으로 가야 승산이 있고 고부가가치 일자리도 늘릴 수 있다. 당연히 연구 일감은 세계 공급능력 점유율(글로벌 공장 생산능력의 총합)

에 비례해 늘어난다. 송도가 삼성, 롯데, 셀트리온의 CDMO 제조기지에서 출발해 '바이오 연구단지'로 빠르게 변모하고 있다.

2. 첨단산업 소부장 R&D 허브

반도체, 배터리, 바이오, 전기차, 방산, 원전 등 주력 제조산업별로 한국이 보유한 글로벌 대기업과 거래관계에 있는 세계 첨단 소부장 기업의 연구소를 국내로 집적시킨다. 실례로 글로벌 반도체 장비업체 '빅4'가 한국에 연구기지를 설립하고 국내 기업들과 협력 강화 방안을 모색한다. 글로벌 반도체 소재·부품·장비 기업들이 한국으로 모여들고 있다. 고객사들의 주요 생산 거점이 국내에 모여 있기 때문이다. 글로벌 반도체 연구소허브, 글로벌 바이오연구소허브, 글로벌 배터리연구소허브, 글로벌 원자력발전연구소허브, 글로벌 방산연구소허브, 글로벌 로봇연구소허브 등 한국 전체가 거대한 연구소다.

첨단 제조산업별로 세계 최강의 소부장 생태계를 국내(세계 생산기지 허브)에 조성한다. 산업별 앵커 기업 본사가 위치한 한국에 세계 최고 기술 기업이 집적해 근거리에서 실시간 R&D 협업체계를 구축한다. 이들 기술 기업을 국내로 유치하는데 가장 레버리지 효과가 큰 전략은 수출 대기업의 구매력을 활용하는 것이다. 대기업이 HUB & SPOKE 전략으로 산업 생태계를 글로벌로 확장시키면 납품 관계에 있는 세계 소부장 기술 기업들도 이에 편승해 세계 시장을 공동 개척할 수 있다.

3. 신기술 융합의 사업 현장(신도시) 플랫폼 선점

직접 더 많은 상품을 제조·수출하기 위해 타국과 경쟁하지 않고도 경계 국가 지위와 특성을 활용해 세계가 모여들도록 경쟁의 장을 제공하는 허브 역할로 승부할 수 있다. 다양한 업종과 기술 간 융합이 요구되는 산업도시, 신도시와 같은 개발사업은 미래 첨단 신기술의 상용화 플랫폼이자 인공지능 기반 다양한 스마트기술을 실증할 수 있는 테스트베드다. 한국이 미래 첨단기술의 총합체인 신도시 플랫폼을 선점함으로써 국제사회에 신기술 융합의 장을 펼치고 세계로부터 신기술을 끌어들여 상용화를 선도한다.

한국은 IT강국이라 하지만 IT기기 제조 및 ICT 인프라 강국이다. IT강국의 한 단계 위는 ICT 기술을 잘 활용하는 스마트 산업 강국이다. 디지털 경제 시대의 디지털기술은 곧 ICT 기반 스마트기술이다. 도시문제 해결에 ICT기술을 접목한 스마트시티(미래형 신도시) 사업이 거대한 신시장으로 각광받고 있다. 어느 나라가 디지털 신기술을 주도할 것이냐는 곧 어느 나라가 미래형 신도시 플랫폼을 선점하느냐에 달려 있다. 새롭게 출현하는 분야별 스마트 신기술은 모두 신도시 건설의 오프라인 사업현장에서 먼저 구현해봄으로써 신기술의 국제 표준을 선도할 수 있기 때문이다. AI, 빅데이터 등 디지털기술은 어떤 분야에 적용해 문제를 해결할 것인지 활용·응용·상용화 사업 비전이 먼저다. 어떤 분야에서 데이터와 AI

를 활용한 서비스산업을 먼저 키워낼 것인가에서 승부가 결정된다. 각종 도시문제 해결 중심으로 스마트 산업의 혁신 방향을 잡고 필요한 기술은 세계로부터 끌어들일 수 있다. 한국은 다양한 ICT 요소기술 기업, 건설기업, 한류문화에 기반한 내수 서비스 기업을 융합하면 세계 신도시 플랫폼을 선도하는 데 가장 유리한 위치에 있다. 우리 사회는 미래산업 하면 반도체 바이오 배터리 수소 등 첨단 제조와 HW 과학기술 중심의 성장 담론이 지배적이지만, 한류열풍과 ICT 강점을 활용한 글로벌 비교우위와 미래 고용 효과 등을 고려하면 K-신도시(미래 첨단도시 솔루션)를 기반 플랫폼으로 스마트의료(바이오·헬스 케어·원격의료), 스마트교육(에듀테크), K-스마트홈, K-스마트 환경관리 등 스마트 서비스산업이 더 강력한 성장 동력이 될 수 있다. 특히 국내 신도시 건설의 축적된 노하우와 다양한 요소기술, 한류 문화적 콘텐츠를 융합해 세계 신도시 표준을 선도하면 국내 중견중소 건설기업, 서비스 분야 내수기업들도 시장 영토를 확장할 수 있다. IT 부문 중소기업들도 하청 제조업에서 방범 솔루션, 하수 정화 솔루션 등 대거 도시문제 해결 솔루션 서비스 기업으로 진화할 수 있는 터전이 마련된다.

　미중 대비 경쟁 열위에 있는 AX 대전환은 어떻게 대응해야 할까? 우리나라의 AI 선도전략은 '한국은 어느 분야에서 AI 사회를 선진할 것이냐'에 대한 답을 찾는 일이다. 상용화-시장화-산업화-응용 분야 R&D 역량에 비교우위를 가진 우리나라는 ① AI 기술 자체를 경쟁하기보다 'AI기술이 접목된 미래 사회'를 먼저 만들어서 국제사회의 롤모델이 되는 것이 아닐까? 이미 우리가 잘 하고 있는 본업의 강점에 AI를 적용해서 얼마나 실용적인 솔루션서비스를 만들어낼 것이냐의 'AI응용 산업화 게임'으로 승부한다.

② 막대한 자본과 기술이 투입되는 범용 AI 모델로는 미국과 중국을 이길 수 없다. 앞으로 AI 기술이 상향 평준화되고 범용화되면서 도메인 분야별로 세분화되어 발전하게 될 것이고 '양질의 데이터 게임'으로 승패가 판가름 날 것이다. 결국 AI 승부처는 '차별화된 데이터 경쟁력'이 될 수밖에 없다. 이미 우리나라가 양질의 데이터 비교우위가 있는 분야에 승산이 있다.

예컨대 우리나라만의 특화산업 분야(K-데이터 비교우위 분야)로 5대 지식서비스산업(PART 3 [산업 2.0] 지식서비스 기반 5대 선진형 산업 플랫폼 참고)에서 AX를 선도한다. 범용 AI가 아닌 '특정 분야에서 글로벌 시장을 선도하는 서비스'를 출시하는 것이다. 특정한 목적에 맞춰 설계된 '소규모 도메인 특화형 AI 모델'로 승부한다. 특히 우리가 글로벌 비교우위가 있는 미래 첨단 스마트기술의 총합체인 '신도시 플랫폼' 분야, 산업한류는 반드시 산업과 교육이 함께 가야하는데 세계인을 대상으로 하는 '디지털 에듀테크 플랫폼' 분야, 그리고 K-제조업의 세계 패권 시대를 열어갈 '산업현장기술 도메인' 분야에서 특화된 K-AI모델 출현이 기대된다. 제조업 AX는 제조효율 제고에만 그칠 것이 아니라 제조업의 지식서비스업으로의 진화 곧 산업전환 AX가 궁극적 목표가 되어야 한다. '소버린 AI'도 한국만의 특화된 데이터 학습으로 차별화될 때 독자적인 경쟁력을 얻을 수 있다.

③ AI 반도체도 챗GPT와 같이 초거대 파운데이션 모델에 들어가는 GPU와 직접 경쟁하기보다 스마트팩토리 공장 제어AI, 의료영상 판독AI 등과 같이 소규모 '도메인 특화형 AI 모델'에 최적화된 '특화형 AI 반도체' 개발로 승부하는 것이 유리하다. IoT시대를 선도하는 한국이 온디바이스 AI, 추론형 AI 분야에서도 NPU 기반 AI 반도체를 선도할 수 있을 것이다.

[과학기술정책 2.0] 초격차 R&D 경쟁에서 산업기술 R&D 파트너십으로

우리나라 R&D 예산 비중은 세계 최고 수준이고 절대금액을 보더라도 일본 프랑스 수준이다. 2000년 이후 한국은 이스라엘과 함께 국민소득 대비 연구개발 투자를 가장 많이 하는 국가다. 기초연구 예산 비중도 세계 상위권 수준이다. R&D 인재도 세계 1위(2022년 기준 인구 1000명당 연구개발 인력이 9.5명, 전일제 근무 기준 연구원(FTE)은 49만 명으로 취업자 1000명당 17. 3명꼴, 프랑스 11.5명 미국 10.6명을 앞선 세계 1위)다. 한국은 과학에 막대한 투자를 하고 있지만 성과(한국 세계 8위, 미국1위, 네이처 인덱스)는 놀라울 정도로 적다. 왜 한국이 과학기술 연구에 대한 가성비가 낮은 나라의 대표 국가가 되었는가? 한국 R&D에 무엇이 문제인가? AI 강국, 바이오 강국, 우주 강국, 반도체 강국 등 과학기술 강국 비전을 경쟁적으로 내놓고 있지만 정작 이를 이루기 위한 차별화된 전략도 구체적 미션도 제시된 바 없고 그사이 이미 미래 첨단 분야에서 중국 대비 많이 뒤처지고 있다. 뚜렷한 수익모델이나 목표 비전 제시도 없이 ○○강국의 선언적 비전

(중추국가, 포용국가, 과학기술강국, 복지국가, 초격차 전략 등)만 만연하고 있다. 전략기술만 나열하고 정작 제대로 된 '기술전략'은 없다. 미중 대비 R&D 투자 규모에 밀리는 우리나라는 제한된 재원과 인력으로 기초과학 R&D를 경쟁하기보다 첨단 분야 기초 기술·원천기술들을 앞서 발굴해 기술 선도국과 R&D 파트너십을 맺고 우리의 강점인 상용화 R&D 역량을 접목시켜 기술을 숙성-완성해나가는 데 비교우위가 있다. 따라서 국책 연구기관은 기초 기술 원천기술 개발에 주력하기보다 첨단 분야 테크 선도기업과 기관을 발굴하고 국내 유관 분야 기업과 기관과 R&D 파트너십을 매칭시켜서 기술 상용화를 선도·선점하는 신기술 기획, 신기술 소싱, 기술 운용에 방점을 두어야 한다. 게임체인지 기술도 발명 자체가 아니라 이후의 기술적 진화 – 상용화 – 보급에서 성패가 결정된다. 게임체인저가 될만한 연구실 기술을 앞서 발굴해 상용화를 선점한다. 첨단 기술개발이란 기술혁신을 넘어 기술을 빨리 현실로 구현해내고 먼저 상용화해내는 국가가 기술 패권국이다.

정부 R&D의 비효율성과 저성과, 민간은 삼성 제외 시 투자 규모 절대 열세에 직면해 배터리 등 주요 산업 부문에서 목표인 초격차(절대우위 기술 경쟁력) 기술 개발은커녕 한중 기술격차 역전이 확대되고 있다. 정부의 12대 전략기술 분야 50대 중점기술 육성 계획(정책지원 자금 분배 중심)이 대표적인 사례다. 그 결과 2012년 정부가 선정한 120개 중점기술 중 36개 분야에서 세계 1위를 차지했으나 2020년에는 4개로 줄었다. 양자컴퓨터, AI, 로봇, 친환경 미래 에너지(첨단 배터리, 첨단 솔라) 등 첨단산업의 기술 상용화 경쟁이 본격화되는 시기에 한국의 대표기업들이 메모리 반도체 CAPEX(Capital Expenditures, 자본적 지출)에 발이 묶여 뒤처지고 있다. 배터리 등 첨단산업도 초격차 기술이라기보다 이미 기술 평준화 단계에 들어가고 있다. BBC로 대표되는 우리나라의 첨단산업도 제조양산에 치우쳐 있다. 우리가 첨단 제조산업의 비교열위 요소(상대적 R&D 규모, 대중 핵심 광물 의존 등)를 극복하려면 무엇보다 기존 산업 경쟁력 유지에 묶인 노동과 자본이 첨단으로 옮겨가도록 먼저 전통산업의 물꼬를 터야 한다.

선도자, 퍼스트 무버(First Mover)로 가야 한다면서 정부 R&D는 추격자형 R&D 지원에 집중돼 있다. 인공지능과 양자 컴퓨터 관련 메가 프로젝트가 전형적인 예다. 미국의 혁신 기업과 글로벌 대기업들이 개발한 혁신기술들을 정부 프로젝트가 추격하는 꼴이니 효율이 높을 수 없다. 한국은 반도체 배터리 등 기술 상용화에는 강점이 있지만, 신산업 육성에 필요한 원천기술(기반 기술) 개발에는 업력. 자본. 역량 모두 취약하다. 특히 첨단산업 소부장은 업력이 기술격차를 좌우한다고 해도 과언이 아니다. 우리나라 R&D 전략은 '왜 무엇을 위해 어떻게'가 분명한 '전략비전(차별화된)'이 없다. 국민의 마음을 뛰게 만드는 R&D 미션이 없다. 어떤 분야에 집중할지 청사진이 나와야(How), 무엇을 하겠다는 구상이 구체적으로 제시되어야 그 목적에 맞는 R&D 조직, 기능, 체계를 만들 수 있다.

경제성장에는 인구수뿐만 아니라 생산성도 중요하다. 저성장을 인구 요인으로만 돌릴 것이 아니라 인구수가 줄어들어도 생산성을 직접적으로 올려주는 연구 부문 투자를 확대함으로써 성장동력을 회복할 수 있다. 산업 파트너십 기반의 글로벌 공동 연구 체제를 확대해 연구 분업(선진국은 기초 기술. 원천기술, 한국은 상용화 기술)구조를 만든다. 상용화 R&D 우위를 십분 활용해 양산제조보다 신기술. 첨단기술의 글로벌 표준과 규격을 선점하는 데 방점을 둔다.

한국의 강점은 연구실의 기초과학 R&D가 아니라 산업현장의 응용·상용 기술 R&D이다. 압축성장을 성공시킨 한국의 R&D 역량은 선진국의 1/3 비용으로 1/3시간을 들여 기술 상용화를 완성하는 데 있다. 일례로 한국의 임상시험 능력(신약의 안전성과 유효성 증명)은 미국보다 비용이 40% 덜 들고 속도는 40% 더 빠르면서도 결과의 질은 비슷한 수준으로 평가받는다(아시아 최대 다케다 제약 평가). 상용화 R&D는 (대)기업, 대학, 국책 연구기관이 민관협업(기술별 산·학·연 컨소시엄)구조를 구축하는 것이 가장 효율적이다. 상용화 R&D 효율성을 극대화하려면 산업별로 현행 기술(산자부 담당)과 미래 기술(과학기술정보통신부) 간 연결성을 높여야 한다. 특히 반도체·디스플레이, 2차 전지, 첨단 이동 수단, 차세대 원자력, 첨단 바이오, 우주 항공·해양, 수소, 사이버보안, 인공지능, 차세대 통신, 첨단로봇·제조, 양자 분야 등 12대 국가전략 기술은 민관협업 R&D로 추진한다.

- **'초격차 R&D 경쟁'에서 '산업기술 R&D 파트너십'으로**

코리아 R&D 패러독스 극복(R&D 투자국 2위 vs OECD 최하위 생산성) 과제, 미·중 등 강대국 대비 투자 규모의 절대 열세, 본원적 비교우위(글로벌 경쟁력을 가진 국내 기업이 있는지, 글로벌 시장을 선도할 수 있는 잠재력이 무엇인지) 요소 보유 여부 등 우리나라가 가진 내생적 한계를 직시한다면 과학기술정책 2.0은 내부 총력전을 펼칠 게 아니라 기술 선도국과의 기술동맹 선점으로 돌파해야 한다.

기술 선도국이 된다는 것은 '글로벌 표준 및 규격'을 선점하는 것이고 이는 원천기술의 상용화 역량이 좌우한다. 곧 상용화, 산업화 게임이다. 기술 선도국과의 R&D 파트너십 기술동맹은 기존 제조산업을 레버리지(곧 본업 강점 기반으로 신산업 기술 분야 선정)로 활용한다.

업력에서 불리한 한국 기업이 첨단기술 우위 확보에 한계를 극복할 수 있는 길은 비대칭적 전략이다. 한국은 중국 R&D 투자규모의 경제우위에 대항할 카드로 선진국과의 과학기술 R&D 파트너십이 키다. 진정한 초격차는 경쟁우위를 넘어 한 단계 위 탈경쟁의 새로운 시장 영역을 개척하는 일이다. 진정 제조 강국을 유지하는 길도 양산 중심 제조업(제조 원가 경쟁우위 기반)에서 R&D 중심 제조업(지식 부가가치 기반)으로 진화하는 데 있다. 초격차는 기술격차가 아닌 초격차 성장이 본질이고 퍼스트무버(선도자)도 기술개발에 앞서기보다 기술을 활용해 새로운 시장을 창출하는 것이 본질이다.

한국의 혁신은 기술과 경쟁우위에 매여 있다. 기술이 혁신의 출발점이라는 사고부터 바꿔야 한다. 혁신의 관점을 기술 경쟁우위에서 문제 해결로 돌리면 기존 기술을 활용할 수 있는 기회도 확장되고 새로운 문제를 해결하는 과정에서 신기술을 먼저 시장에서 흡수할 수 있는 기회도 생겨나므로 선도자 전략도 가능해진다.

예컨대 한·미가 조선산업 파트너십(오브라이언 전 백악관 보좌관 제안)을 맺고 세계 1위 한국 조선산업의 제조 기술과 생산성 노하우를 활용해 미국의 낙후된 조선산업을 재생시켜 주고 우리나라는 대신 미국의 앞선 미래 조선 첨단기술을 흡수하는 기회로 활용하는 식이다. 첨단산업 분야도 기술 개발을 경쟁하기보다는 한국 기업의 신시장 개척 능력을 레버리지로 첨단기술을 보유한 선진 기업과 기술 파트너십을 확대해 글로벌 시장을 공동 개척하는 것이 유리하다.

예를 들어 미국은 배터리 양산 기술력은 취약하지만, 반고체 리튬메탈 배터리, 전고체배터리 등과 같은 차세대 배터리 기술, 친환경 배터리 리사이클링 기술과 에너지저장장치 등에 기술력을 갖춘 대학, 연구소, 스타트업이 다수 있다. 이들을 국내로 유치해 상용화. 양산 테스트를 한국에서 하고 시장개척에 같이 나선다. 한미 양국의 강점을 결합하면 원원 전략적 파트너가 될 수 있다.

우리나라가 GDP 대비 연구개발 투자가 4.1%로 세계 1, 2위를 다툰다고 하지만 절대액은 미중에 비해 턱없이 적다. R&D 투자는 산업의 미래 먹거리 준비다. 국가 연구개발비(2022년 기준)는 총 112조 원(민간 86조 원 77%, 정부 26조 원 23%)이다. 정부는 '기초연구' 중심으로 민간 투자를 견인하는 마중물 역할, 민간은 '제품개발'로 역할을 분담하고 있다.

특히 민간 부문은 글로벌 R&D 투자 상위 기업 2,500개 중 한국 기업은 47곳(2021년 53곳)에 불과하다. 미국 827곳, 중국 679곳, 일본 229곳, 독일 113곳, 대만 77곳보다 적다. 여러 산업에 걸쳐 중국에 추격당하고 대만에도 밀리는 상황이다.

삼성전자 R&D 투자액이 23조 9,000억 원으로 우리나라 1,000대 기업 전체 투자액의 33%로 2위~10위 대기업 R&D 비용을 다 합친 것보다 많다. 1,000곳 대기업의 R&D 투자액은 72조 5,000억 원으로 중국 기업의 약 20%, 미국의 약 10% 수준으로 절대 열위에 있다. 강대국 대비 규모의 열위를 겪는 모든 분야에서 한국 기업은 각자도생으로는 생존하기 어렵다.

일례로 배터리는 CATL이 국내 배터리 3사를 합친 것보다 R&D 투자비가 더 많다. 규모의 열위는 대외적(글로벌 공동 연구 등)이든 대내적(국내 기업 간, 민관협업 등)이든 융합으로만 극복할 수 있다. 국내는 '상용화 R&D'에 집중할 수 있도록 R&D 중심으로 투자하고, 양산 설비 투자는 가능한 시장 가까이 배치해 공동 투자를 끌어내 부담을 줄이는 비대칭 경쟁전략으로 돌파할 수 있다. 산업 파트너십 기반 분업구조. 투자 리스크를 헤징(Hedging)할 수 있게 국제 사회 투자 파트너십도 확대한다.

[문화산업]
한류 콘텐츠 기반 문화산업

　추격국에서 선도국으로의 도약은 초격차 기술 확보에만 있는 게 아니다. 하드웨어 분야만 고부가 첨단산업이 아니다. 최고급 지식서비스는 문화산업이다. 디지털경제의 핵심 부가가치는 콘텐츠다.

　한국이 세계 경영을 위한 소프트웨어가 한류 콘텐츠 기반 문화산업이다. 세계사적 전통 유산자산에 기반한 선진국의 문화산업과 달리 한국은 대중문화 한류가 국제 사회의 관심을 불러일으키고 한국 국민, 산업, 기업에 대한 수용성을 높이고 있다. 그 바탕 위에서 국제 사회의 관심을 국제 신용으로 바꿔낼 한류 2.0이 요구된다. 한국과 함께하면 같이 잘 살 수 있다는 희망과 믿음을 불러일으키는 산업 한류는 기술 전수형 코칭 멘토링 기반의 국제 개발사업으로 구현된다.

1. 대중문화 한류 기반 엔터테인먼트 산업

대중문화 한류의 인기를 활용해 한국은 세계 엔터테인먼트 허브로 진화한다. 정부의 R&D 지원이 제조업 중심인데 콘텐츠 산업의 특성을 반영해 아이템 발굴, 시나리오 개발, 파일럿 콘텐츠 제작비, 웹툰 등 재료 구입비도 콘텐츠 R&D 비용으로 지원받는 등 세계적인 콘텐츠 생태계를 구축하고 한류 팬이 국내로 들어와 즐길 수 있는 세계적 규모의 아레나 등 문화시설 투자를 확충한다. 다양한 분야의 엔터테인먼트 기업, 글로벌 콘텐츠 기업을 국내로 유치한다. 정부는 첨단제조중심 국가 산업단지 15개를 새롭게 지정했다. 제조단지만 조성할 게 아니라 문화산업단지, 곧 한류 테마파크 단지, 문화지구, 로컬콘텐츠 타운 조성도 필요하다. 국내에서 한국의 국가 위상이나 대중문화 인기에 상응하는 국제 문화 지구를 찾기 어렵다. K-팝의 나라 서울에 아직 전용 아레나가 없다. 아레나를 중심으로 복합 문화 클러스터 지구를 조성한다.

2. 사회 전 부문 교육 콘텐츠 IP 산업

한국은 아직 대중 문화한류를 국제 신용과 국가 경제 재도약의 레버리지로 바꿔내지 못하고 K-팝 인기에만 머물러 있다. 한류 콘텐츠는 대중문화 콘텐츠에만 국한되지 않는다. 국제 사회에 롤 모델을 제시하고 이끄는 나라가 진정한 선도국이고 일류 국가다. 우리나라 사회 전반의 OS(일례로 시니어 복지의 하나인 한국만의 경로당 운영 콘텐츠 등)는 물론 지역별 로컬 콘텐츠(전주 한옥, 강릉 커피 등 지역 스토리)에 기반한 K-라이프 스타일 일체가 세계 시민을 위한 교육적 가치를 내포한 문화콘텐츠이자 경험산업이다. 한국은 사회 전 부문에 걸쳐 K-생활문화의 롤모델 콘텐츠 IP 파워하우스다. 대중문화에서 시작한 한류의 본질은 한류 문화콘텐츠 IP R&D이다. 자살률, 빈곤율, 저출산, 사교육 등 OECD 삶의 질 지표를 해소하는 한국만의 새로운 해법을 찾아내면 모두 교육 콘텐츠 IP다.

선진국에 진입한 일본이 반면교사라면 한국은 정면교사 역할이다. MZ세대의 수출품은 기성세대의 HW 기기 대신 SW IP 로열티다. 한류를 BTS 노래 음반이나 콘서트로만 팔지 말고 대중문화 한류의 한 단계 위 K-라이프 스타일, 생활문화 콘텐츠 서비스산업으로 발전시킨다. 한국의 생활문화 모두를 문화콘텐츠화시켜 교육콘텐츠로 세계에 보급하는 것이 한국의 미래산업이다. 미래 경험산업 시대에는 웹툰, 게임, 드라마 등 스토리 창작에 강한 한국 MZ세대의 주력 수출품이 중국과 경쟁하는 기성세대의 하드웨어 제품 대신 디지털(가상세계 XR 등) 소프트웨어 콘텐츠 IP로 대체된다.

AI시대 양산제조업은 자동화되고 더 이상 양질 일자리의 보고(寶庫)가 아니다. AI는 문제 해결을 위한 도구로 등장했다. 사회 각 분야별로 '사회문제 해법을 연구하는' 연구 기반 일자리 체제로의 전환이 AI시대 일자리 근본 해법이다. 지식사회를 살아가는 우리 국민 모두가 연구원으로 진화한다. 연구원은 정년이 없다. 고령화 시대에 친고령 일자리도 연구직이다. 미래 한국 통상은 한국만의 교육콘텐츠와 결합돼 타국 기업과 차별화된다. 한국은 대중문화 콘텐츠를 넘어 K-정책과 K-OS를 수출하는 브레인 국가로 도약한다.

특히 국제 사회 교육강국 이미지를 보유한 한국은 AI시대 디지털 교육 콘텐츠가 대표적인 글로벌 IP 문화산업으로 성장 잠재력을 지니고 있다. 에듀테크와 맞물린 신개념 교육 콘텐츠 시장이다. 국내 방대한 사교육 중소기업들이 글로벌 교육 콘텐츠 시장으로 진출할 수 있게 길을 열 수 있다. 한국 사교육(26조 원대 수능 대비 내수 시장, 2022년)은 글로벌 에듀테크 산업(게임업체+교육기업)의 원천이다. 미래 교육모델을 실험하는 다양한 글로벌 교육기업을 국내로 유치하고 국내 사교육 기업을 모아 '글로벌 에듀테크 플랫폼'으로 육성한다.

3. 소비재 산업의 문화산업화

선진국의 브랜드 산업·명품산업은 제조산업이 아니라 문화산업에 가깝다. K-패션, K-푸드, K-뷰티 등 소비재 제품의 수출은 문화산업의 일부다. K-식료품, K-화장품(3만여 개 업체, ODM 물량 포함), K-의류 등 경공업 제품이 전체 수출에서 차지하는 비중은 29.8%(2023년, 한국무역협회)로 30년 만에 최고치다. 한류의 맥락을 이해한다면 K-소비재 상품은 수출 드라이브 정책을 펼친다고 늘어나는 게 아니다.

우리나라가 산업한류를 펼쳐 국제 사회에 기여할 때 세계 시민으로부터 신용을 얻게 되고 그 신용이 한국 문화 전반을 경험해보고 싶어 하는 욕구를 불러일으킨다. K-라이프 스타일을 경험하려는 욕구가 K-소비재 소비를 촉발해 단순 제조업을 문화산업으로 업그레이드시키는 것이다. 소비재의 문화산업화는 K-라이프 스타일이 반영된 소비재 상품과 생활형 서비스를 수출하는 일이다. 경쟁우위를 잃은 중간재 수출을 대신해 대중문화 한류에 힘입어 수출이 늘어나는 소비재 제조업이 K-브랜드화된 문화산업으로 바뀌고 있다. 내수 중심 국내 경공업을 글로벌 산업으로 도약시키는 것도 문화산업화에 있다. 대중문화 한류 기반 소비재 산업의 부흥이다.

코로나19 이후 제조업 기반의 상품 중심 국제교역이 콘텐츠, 뷰티, 패션, 체험형 관광 등 보다 고차원적인 욕구 실현을 추구하는 감성사회의 문화소비로 바뀌고 있다. 문화산업은 음악 영화 등 대중문화뿐만 아니라 힐링산업, 식품산업, 교육산업, 패션산업 등 K-라이프 스타일을 반영한 소비재 일체와 한류 콘텐츠 IP가 결합된 형태다. 프랑스는 패션산업이 GDP 3%를 차지하며 자동차나 항공산업보다 비중이 크다. 문화콘텐츠 산업은 자동화로 가고 있는 제조업에 비해 취업유발계수(최종 수요가 10억 원일 경우 직간접 발생하는 취업자 수 : 자동차 6.8명, 반도체 3명, 문화콘텐츠 12.4명)가 2배가량 높다. 2022년 콘텐츠 수출은 130억 달러(17조 원)로 국내에서 생산한 배터리(100억 달러), 전기차(98억 달러) 수출액보다 많다.

원천기술이 뭐가 있느냐가 중요한 게 아니라 어떻게 보유 기술들을 전통문화와 융합해 선진국으로서 한국만의 고유한 특색을 창출하느냐가 핵심이다. 이케아 가구는 스웨덴의 생활문화를 반영하고 있다. GDP 수준이 선진국이 되었음에도 불구하고 선진국을 카피하는 산업에서 벗어나지 못한다면 경제의 자주독립은 불가능하다. 한국만의 특색으로 승부할 때 지속 가능한 경제구조다. 그래서 한류가 새로운 한국적 제품생산의 원천이다. 이건희 회장이 문화수출을 강조한 이유다. 한국산에 한국문화가 가미되어야 차별화되고 프리미엄을 받을 수 있다.

한류가 대중문화를 넘어 산업 한류로, 생활문화 한류로 진화하지 못하면 지속 불가능하다. 한류 소비재 상품(K-뷰티, K-식품, K-패션 등)이 지속성을 가지려면 한류 테마 교육관광과 연결돼 경험산업으로 나아가야 한다.

한국은 ICT와 한류가 결합된 K-스마트시티로 구현된 앞선 디지털 라이프 스타일을 선도하는 생활문화 기반 교육 콘텐츠 허브로 진화한다. 상품 수출 대신 교육 콘텐츠·게임 IP로 달러를 벌어들이는 시대. 교육문화, 커피문화, 패션문화 등 문화 한류는 제조 상품이 아닌 소프트 문화콘텐츠다. MZ세대가 열어갈 문화강국의 일자리 보고다. 대졸은 문과생이 많은데 취업은 80%가 이공계다. 문과 졸업자들의 일자리가 부족해 미스매치가 청년실업의 최대 난제다. 제조 강국에서 문화 강국으로 변모하면 문과 졸업생의 일자리도 같이 늘어난다.

[관광산업]
세계 목적성 관광의 허브, 테마 관광대국

관광산업의 GDP 기여도는 세계 평균(200여 국가)이 약 10%(프랑스 9.7%, 스페인 15%, 이탈리아 10.5%, 2023년 기준)에 이른다. 우리나라 관광산업이 GDP에 기여한 정도는 2.8%(2019, 중국 10.9%, 미국 7.8%, 일본 7.5%)로 관련 통계가 있는 주요국 51곳 중 꼴찌다. 대표적인 선진국형 서비스산업이지만, 우리나라 고용 기여도는 3.1%로 역시 51개국 중 가장 낮다. 게다가 우리나라 관광산업은 저부가 서비스산업으로 남아 있다. 관광산업이 주력인 제주도가 근로자 평균임금이 전국에서 가장 낮은 지자체 중의 하나인 이유다. 어떻게 절대 열세인 관광산업의 규모도 키우면서 고부가가치화시킬 것인가 과제를 안고 있다. 세계 관광산업 1위(2023년 입국자 기준)인 프랑스는 연간 외국인 관광객이 9,000만 명대로 자국 인구 대비 1.3배나 된다. 싱가포르는 자국 인구의 3배 외국인 관광객이 들어오고 우리만큼 자영업이 많은 이탈리아는 인구의 2배인 1억여 명의 체류 관광객이 매년 방문한다. 유동 인구로 보면 싱가포르는 2,500만 명, 이탈리아는 1.6억 명의 국가가

되는 것이다. 우리나라 관광산업이 세계 평균만 해도 현재 방한 관광객 1,700만 명(코로나19 이전 피크점 2019)이 3배인 5,100만 명으로 확대되고 만성 적자인 관광수지 만회 차원을 넘어 200조 원대(GDP 10%, 2022년 반도체 수출액 1,280억 불 150조 원) 산업으로 성장시킬 수 있다.

관광산업은 외화 유입과 고용 효과 면에서 레버리지 파워가 가장 커 상품 제조수출을 대체할 대표적인 서비스산업이다. 외국인 관광객 10명이 중형 자동차 한 대를 수출하는 것과 맞먹는 경제적 효과를 창출한다. OECD 세계 최대 자영업 국인 우리나라의 내수경제를 성장시키기 위한 최고 레버리지다. 특히 인구감소로 침체하고 있는 지방경제 활성화에도 필수적이다. 제조업 침체 속에서 제조 일자리를 대체할 수 있는 고용 효과가 가장 큰 서비스산업이기도 하다. 관광산업은 모든 국제 허브(국가·도시) 경제의 기본 토대다. 공장을 유치하는 것보다 세계로부터 멤버십 관광객을 불러들이는 글로벌 호텔 하나를 유치하는 게 경제 파급효과가 훨씬 더 크다. 관광산업은 달러를 직접 유입시키는, 대표적인 친환경 수출기업과 동체다.

부산, 거제도, 경기도 광주, 하동 등 지자체들이 경쟁적으로 1,000만 명 관광객 유치를 지역경제 부활 전략으로 내세우고 있다. 경상북도는 베트남에 진출한 삼성전자 등 국내 대기업과 협력업체에서 근무하는 30만 명의 베트남 근로자를 유치하는 관광 계획을 추진하고 있다. 지속적인 방문 성과를 내려면 어떻게 기획해야 할까? 전국 관광특구 33곳 중 14곳이 연 방문객이 10만 명에도 못 미치는 유령 특구로 전락하고 있다. 각 지자체는 이른바 먹거리, 볼거리, 놀거리가 부족해 관광객 유치가 어렵다고 호소하며 하드웨어 인프라 조성에 열을 올리고 있다. 옳은 방향인가? 세계는 코로나19 이후 보다 안전한 지역 중심으로 여행시장이 재편되고 있다. 먹거리, 볼거리, 놀거리 관광에서 목적성 관광으로 관광문화가 바뀌고 있다. 한국에 기회다. 관광객을 유치하려 들 것이 아니라 관광객이 스스로 찾아오게 하는 환경을 먼저 만들어주어야 한다.

한국은 세계 문화산업 7대 국가라고는 하나 관광산업 시장 점유율은 3% 미만이다. 문화콘텐츠 시장은 문화관광의 보고인데 이를 테마관광으로 연결하지 못하고 있다. 오늘날 한류는 BTS 하나만으로도 수천만 명의 관광객을 끌어들일 수 있는 잠재력을 가지고 있다. 일례로 BTS 아미와 같은 한류 팬의 관심은 칼군무와 노래에만 국한되지 않는다. 한류스타들은 어떻게 영어를 배웠을까? 코디는 어떻게 할까? 헤어스타일은 어떻게 할까? 여가는 어떻게 보낼까? 스타들의 라이프 스타일과 모든 생활환경을 궁금하고 배우고 싶어 한다. 관광에 문화 한류가 결합될 때 엄청난 폭발력을 갖는다. 문제는 세계 팬들의 관심사를 어떻게 테마별로 상품화시킬 것이냐다.

신흥선진국인 한국을 직접 방문해 경제, 산업, 사회, 문화 제반 면에서 롤모델 사례를 벤치마킹하고 한류 테마를 체험하고 한 수 배워가려는 글로벌 수요를 목표로, 에듀투어 기반 관광산업을 일으킨다. 특히 세계 1.5억 한류 팬은 러닝(체험학습) 기회에 특화된 관광 입국을 추진할 수 있는 기본 토대다. K-팝스타의 국내 아레나 상시 공연과 에듀투어를 결합하면 관광입국의 강력한 레버리지다. 공연 하나가 도시 전체 숙박, 교통, 외식, 쇼핑 매출을 견인한다. 가장 강력한 내수 경기 활성화 방안이다. 한국의 새로운 문화를 경험·견학하고자 하는 방문수요는 한류 테마 기반 3대 목적성 관광플랫폼으로 구현할 수 있다.

1. 한류 테마 기반 에듀투어

한국은 인적자원만으로 경제성장에 성공한 국가로 국제 사회에 인재 육성 교육 강국 브랜드를 가지고 있다. 본사로서의 연수 교육 기능, 사교육 인프라와 문화 한류를 결합하면 한국은 세계인의 교육장, 국제 교육 도시다. 1억 BTS 아미 팬을 위해 자격증 취득 프로그램을 교육 관광자원으로 상품화시킨다.

K-자격증 프로그램으로 교육관광의 메카로 변신한다. 미용사, 식당 등 한국의 수많은 생활 서비스 업종에 종사하는 자영업자가 세계 한류 팬들의 실습장으로 변한다. 세계 한류 팬 1.5억 명을 대상으로 서울과 지방에 아레나를 두고 상시 K-팝 공연·이벤트를 열어 한류 팬을 국내로 불러들이고 이들의 방문을 K-자격증 에듀투어와 연계시킨다.

미래는 바리스타 양성과 같은 문화교육 프로그램이 가장 큰 관광상품이 된다. 바리스타 국가 자격증제를 기획하고 정부 인가제를 도입하며 세계 바리스타 경연대회를 유치한다. 특히 중국은 경제성장률이 떨어지면서 내수를 키우고 인민을 교육시키는 장으로 커피문화의 폭발적 확산이 예상된다. 세계 화교들이 중국에서 바리스타 교육을 받고 화교권을 대상으로 글로벌 프랜차이즈화에 나선다. 한국 호텔은 세계적으로 한국형 바리스타 자격증을 관리하고 전국 규모의 강사를 양성해 세계에 파견한다. 호텔이 학교로 변신하는 것이다. 한국형 바리스타 자격증 교육의 핵심도 해외에서 들여온 커피를 만드는 기술이 아니라 한국식 커피문화(커피 생활

문화)가 무엇인지를 담은 '교육용 한류 콘텐츠'가 본질이다. 각각의 교육과정은 직무별 전문기술만 교육시키는 것이 아니라 한국적 전통과 문화가 반영된 직무별 차별화된 인성 역량 등을 체계화시켜 한국형 자격조건을 취득하게 한다. 자격증은 초급·중급·고급 등으로 구분하고 기간도 1주 코스, 1개월 코스, 3개월 코스 등으로 재방문이 일어나도록 다양화한다.

인도 북부에 리시케시라는 인구 10만여 명의 작은 도시가 있다. 세계 요가의 수도라 불리고 연간 2,000만 명이 요가를 배우러 온다. 1968년 비틀즈가 리시케시에 있는 명상가 마하리시 마헤시의 아슈람에서 두 달간 머물면서 세계적으로 유명해졌다. 숙박시설인 아슈람은 등급에 따라 6개월 전에 예약해야 한다. 4주 코스에 400여만 원이나 하는 아슈람도 있는데 지원자가 넘친다. 요가 메카로 브랜드화된 인도 현지에서 요가 강사 자격증을 따려고 세계에서 몰려온다. 도시 전체가 하나의 '요가 기숙학원'인 셈이다.

요즘 한국에도 테마성 호텔이 각광받고 있다. 목적성 관광호텔이다. 일례로 제주 신라는 플로우팅(Floating) 요가 경험을 판매한다. 프리미엄 숙박시설이 아니라 물 위에서의 요가를 경험해보고 싶은 관광객에게 인기 상품이다.

한적한 해변을 연간 50만 명이 붐비는 서핑의 메카로 변신시킨 양양의 서피 비치, 강릉커피산업 등 지역 특색을 활용한 관광상품이 대표적인 사레이다. 하지만 여전히 지속가능성에는 의문이 남는다.

한국의 명동은 유커들의 쇼핑관광으로 초토화되었다. 지속 가능한 관광이 되려면 교육 테마가 들어가야 한다. 즉 교육목적을 가진 관광산업이다. 한류 테마별 자격증 취득을 목적으로 하는 에듀투어 프로그램을 관광 상품으로 개발하면 모든 국내 호텔은 단순 숙박업에서 교육 중심의 테마 호텔로 바뀐다. 한국만의 문화와 교육 요소가 담긴 한류 테마호텔로 진화한다. K-패션 디자인 호텔, K-웨딩문화 호텔, K-커피문화 호텔 식이다.

국내 호텔은 모두 '어떤 특정 분야에서 교육 콘텐츠를 체계화시켜 전 세계에 보급하는 호텔이다'로 포지션한다. 호텔은 테마 콘텐츠 개발의 연구소로 진화한다. 한류를 관광 상품화하는 기획사로의 변신이다. 교육과 문화(한류)를 새로운 패러다임으로 기획하면 거대한 서비스 시장 기회가 열린다. 자연유산, 문화유산은 전통적 관광 강국에 비해 열세하지만, 교육관광은 한국만의 차별화된 관광 서비스산업을 일으킬 수 있는 한류 플랫폼이다. 앞으로 한국에 오는 관광객들은 모두 무엇인가를 배우러 온다. 테마 호텔들이 한국을 교육 테마 중심의 관광산업을 일으키고 관광산업을 한 단계 위로 업그레이드시키고 달러를 벌어들이는 선도산업 역할을 하게 된다.

지자체마다 1,000만 관광객 유치를 목표로 관광시설 인프라 투자(HW)를 경쟁하고 있지만 정작 고부가가치, 재방문율, 체류형 관광으로 전환시킬 글로벌 테마(SW)는 극히 빈약하다. 특급 호텔에 비해 코로나19 타격을 더 크게 입은 3성급, 4성급 중소호텔이 침체를 극복할 해법은 무엇일까? 국내 숙박업은 모두 '한류 테마 교육 체험에 특화된 호텔과 리조트'로 변신할 수 있다. 문화체육관광부가 주관하는 국가 공인 시험(일례로 체육지도자 자격증 시험)을 '한류 테마 국제 멘토 10만 명' 양성 과정으로 확대한다. 청년세대를 중심으로 K-바리스타, K-셰프, K-패션 디자이너, K-헤어 스타일리스트, K-뷰티케어, K-올레길 트래킹, K-명상 힐링, K-마인드 테라피 등 각종 라이프 스타일 한류 콘텐츠를 외국 관광객 대상으로 에듀투어(Education+Tour)를 지도할 국가자격증 국제 멘토 풀을 사전 양성한다.

국내는 세계 한류 팬을 위한 거대한 교육장(한국만의 독보적인 에듀투어 관광 패키지)으로 변신한다. K-자격증을 대한민국 정부가 공인한 자격증으로 발급(각 테마별로 소정의 교육관광 프로그램을 이수한 외국인 관광객 포함)한다면 그 효과는 더욱 커질 것이다.

미국 요가협회 인증 자격증 취득 프로그램 RYT은 200시간 자격증부터 심화 과정인 500시간 자격증까지 구분된다. 강사 자격증 과정을 수료하고 요가협회 인증을 받으면 연회비를 납부하고 지속적인 교육을 받는다. 비용은 오프라인 과정은 2,000~3,000달러, 온라인은 500달러 수준이다. 국내에서도 시행 중인 후불제 교육 서비스 제도(코딩교육업체들이 수강생을 모집해 먼저 교육을 시켜주고 수강료는 취업 조건으로 나중에 청구, 수료 후에도 취업을 못 하거나 월 250만 원 이하 급여면 수강료를 면제해 줌)도 참고한다. 한류 테마별 국제 멘토를 양성해 숙박시설, 외국 관광객, 여행사를 통합하는 '에듀투어 플랫폼'을 구축한다.

2. 글로벌 산업 수도로서 MICE 관광

매년 초 라스베가스는 CES를 호스트한다. 세계 기업들이 새로운 기술과 비즈니스 비전을 제시한다. 세션별로 새로운 비전을 선보이는 기업체의 CEO를 스피커로 선정해 발언 기회를 준다. 다보스포럼은 세계의 리더들이 한 데 모여 인류의 새로운 비전을 제시한다. 새로운 비전을 얻으려고 세계는 다보스 포럼에 주목한다. 코로나 이후 세계는 분야별 새로운 비전을 찾기 위한 니즈가 폭발하고 있다. 과거 시스템이 시효를 다하고 선진국의 표준이 더 이상 글로벌 스탠더드로 인정받지 못하게 되었기 때문이다. 특히 미·중 경제전쟁으로 어려움을 겪고 있는 중국 14억이 코로나19 이후 찾고 있는 테마도 바로 사회, 경제, 산업 전 분야별 새로운 비전, 새로운 국제표준, 새로운 롤모델이다.

글로벌 산업수도로 포지셔닝한 한국은 한류를 관광플랫폼으로 발전시키면 분야별로 새로운 비전을 제시하는 세계 비전 엑스포를 관광 테마로 육성할 수 있는 최적의 국가다. 산업도시를 이루고 있는 도시 인프라, 사회 운영 시스템 전체가 개발도상국에는 매력적인 교육 테마다. 일례로 서울 BCG 사무소는 지난 2020년 3개월간 세계 각국으로부터 K-방역 솔루션을 요청하는 문의 전화가 쇄도했다.

국제 사회에 롤모델로 평가받고 있는 K-방역을 활용해 한국은 세계 방역 엑스포를 개최할 수 있다. 1회성으로 그치지 않고 매 2년마다 행사를 열어 참가국 모두가 업그레이드된 미래 방역 비전을 공유한다. 비전 실천을 지원, 지도하는 상설 국제기구를 한국에 설립해 세계 방역본부로 위상을 굳힌다. 교육. 복지. 환경 등 분야별로 새로운 미래 비전을 제시하는 세계 엑스포를 유치하면 테마 관광대국으로 변모할 수 있다. 코로나 방역 성공 사례를 진단키트나 마스크 수출에 그치지 않고 K-방역 솔루션 사업(예 : KT의 감염병 확산 방지 솔루션, 글로벌 방역플랫폼. GEPP 시스템), K-방역 컨설팅사업, K-방역 현장 견학 등을 패키지로 묶어 K-방역을 새로운 방역 비전으로 제시하는 '세계 미래 방역 비전 엑스포'를 기획할 수 있다. 테마관광 상품화다. 지자체마다 우후죽순 글로벌 엑스포를 기획하고 있다. 국내에서 '국제'라는 이름을 걸고 주최하는 다양한 엑스포가 명실상부한 국제행사가 되도록 하려면 행사 주체 기관 산하에 국제 본부를 설치해 행사 후에도 참가국에 대한 멤버십 유지관리 서비스를 제공할 수 있어야 한다.

일례로 소방청이 주관하는 '국제소방안전박람회'는 전시 위주에 그치지 않고 가칭 '소방안전국제본부'를 조직해 행사 때마다 방문하는 국가들에 대해 맞춤형 서비스를 제공한다. 국가별로 새로운 소방 안전 비전을 가져와 발표하게 하고 한국의 미래 비전(K-소방산업)과 비교해 매년 자국의 소방 안전 비전을 업그레이드해서 돌아갈 수 있다면 이는 곧 각국의 소방 안전 업그레이드 사업에 우리 기업(국내 소방산업 기업 8,909개, 수출 경험 1.6%)들이 참여할 수 있는 산업 기회로 연결된다. 해를 거듭하면서 참여국도 늘고 멤버십 국가들은 자국 주재원을 서울 국제 본부에 파견해 상주시키면서 관련 노하우를 업데이트하게 된다. 이렇게 되면 5~7년 내에 라스베가스 CES처럼 세계 제1의 박람회로 자리매김할 수 있다.

최근에 고양, 영종도, 의정부 등 지자체가 경쟁적으로 추진하고 있는 아레나(1만 명 이상 수용 가능한 실내 공연장) 건립은 K-팝 공연을 상시화해서 한류 관광객이 연중 찾아오게 하는 인프라인데 이를 미래비전 엑스포, 포럼과 연계시키면 효과가 배가된다. 미래 관광산업 비전 엑스포, 미래커피산업비전 엑스포 등 우리 사회 모든 분야에서 새로운 비전을 제시하는 엑스포 테마를 개발할 수 있다. 일례로 미래커피산업 엑스포를 기획해보자. 바리스타는 어떻게 교육되어야 하나? 커피는 우리 사회에 어떻게 활용되어야 하나? 커피를 수단으로 어떤 일까지 할 수 있나? 등의 새로운 비전을 제시해 세계 커피산업을 리드할 수 있다.

이는 각 지자체 특성을 살려 추진할 수 있다. 섬유산업이 강한 대구는 섬유산업 미래 비전 엑스포를 기획한다. 이와 같이 한국의 지자체는 각자 고유한 산업도시를 가지고 있다. 미래 조선산업 비전 엑스포(거제도), 미래 철강산업 비전 엑스포(포항) 등 주력산업을 활용해 미래 비전 엑스포를 주관할 수 있다. 엑스포는 매 2년마다 실시하고 참여국을 회원국으로 관리한다. 엑스포에서 얻은 새로운 비전을 본국에서 실행하도록 컨설팅하고 지원한다. 회원국을 상대로 세계 관광산업본부와 같은 분야별 OO국제본부를 설립해 운영할 수 있다. 지방 엑스포, 지역 축제, 지방 관광시설이 흉물이 되어가는 이유는 콘텐츠 부재다. OO지역 축제에 공부 거리가 있는 교육 콘텐츠를 넣어 테마 축제로 발전시키고 매년 콘텐츠를 업그레이드시킬 수 있다면 지속성이 담보된다. 그리고 그 콘텐츠는 바로 한국이 제시하는 분야별 미래 비전이다. 지자체의 균형발전 방향이다. 원격의료, 원격수업, 원격회의, 재택근무, 교육·문화콘텐츠, 원격콘서트 등 미래의 디지털 라이프 스타일에 앞서 있는 한국을 직접 경험하려는 오프라인 테마관광은 한국의 지식 서비스산업의 미래 유망주다.

국제 도시를 지향하는 지자체 산업도시들은 전통제조업을 레버리지로 국제 사회와의 연결성을 확대(K-제조업 및 산업도시 인프라 수출)하면 산업별 MICE 도시(철강, 조선, 섬유, 자동차 등)로 거듭날 수 있다. 특정 산업의 글로벌 수도 역할을 하는 것이다. 사실 한국은 국제 사회 경계 국가로 분야별로 새로운 미래 비전을 제시하고 선·후발국 간 새로운 기술과 시스템을 가교하는 국제엑스포(박람회)를 미래 문화관광산업의 한 축으로 육성한다.

3. 한류 테마 관광

최근 외국계 자본이 국내 호텔 인수에 적극적으로 나서고 있다. 한류와 연동된 글로벌 관광 잠재력을 인지하고 국내 여행객이 아니라 글로벌 여행객 유치를 목표로 한국에 진출하는 것이다. 예를 들면 세계에 K-뷰티로 알려진 한국의 건강과 미용 관리 프로그램을 개발해 '아시아의 웰리스 여행지'로 포지셔닝할 수 있다. 제조설비 FDI를 넘어 글로벌 호텔 FDI 유치에 적극 나선다. 이처럼 놀거리, 볼거리, 먹거리 관광에서 한 단계 위로 진화해 K-의료관광, DMZ 평화관광, K-산업관광 등 한류 테마를 목적으로 하는 목적성 관광객을 유치(객단가/체류율/재방문율)한다. 산업 연수관광의 사례로 인천공항공사는 글로벌 교육 사업을 하고 있다.

2008년 인재개발원을 열어서 공항시설 견학 위주로 진행하던 프로그램을 체계적 교육과정으로 개편해 글로벌 항공 전문 교육기관으로 발전하고 있다. 인천공항의 운영과 보안, 항공안전시스템을 바탕으로 공항 운영과 관리 등에 필요한 전문적 지식을 가르치고 있다. 국제 공항 협의회, 국제 민간항공기구ICAO, 국제항공 운송협회 등 세계 3대 국제 항공기구로부터 항공 전문 교육 기관 인증을 받았다. ICAO가 인증한 9개의 국제 교육과정을 보유하고 있다. 세계적인 공항 운영 노하우를 150개국 1만여 명에게 전수하고 있다. 한국은 국제 허브로서 관광 입국 전략으로 테마 관광대국으로 도약할 수 있다.

[북한개발 사례] 체제 불안을 야기하지 않는 경제개발 비전, 관광 입국

북한이 완전한 비핵화만 되면 경제개발이 순조롭게 될 것인가? 북한 경제를 어떤 방식으로 개발할 것인가에 대한 담론은 다양하다. 값싼 제조 노동력을 활용한 수출주도형 산업화는 북한의 경제 사정으로 보아 너무 긴 시간이 걸린다. 과거 최빈국의 경제개발 과정을 답습하는 전통적 모델로는 북한이 매년 10%씩 성장해도 최소 20년은 지나야 현재 베트남 수준(한국의 15% 경제 수준)에 도달할 수 있다. 북한 지도부도 기존 산업을 후발주자로 추격하는 성장모델에 한계가 있다는 점을 인식하고 IT·과학기술을 통한 '단번 도약(북한식 표현)' 의지가 강하다.

규제가 복잡하지 않은 북한을 자율주행차 등 스마트시티 테스트베드로 개발하자는 제안도 있다. 북한의 인구 규모는 유의미한 5G 서비스 데이터를 축적하기에는 턱없이 부족하다. 북측 뜻대로 기술과 자본을 투자할 기업들이 들어올지 의문이다.

북한의 경제 규모는 라오스와 비슷한 수준으로, 내수 시장이 너무 작아 외자 유치가 쉽지 않다. 1억 인구 베트남도 개혁 개방을 선언한 후 해외 직접 투자가 본격적으로 유입되는데 20년이나 걸렸다. 미국 기업들은 수십 년째 제재하에 있는 북한을 거의 신뢰하지 않는다. 제재가 풀린다고 곧바로 기업과 자금이 북한으로 물 밀듯이 들어가지 않는다.

북한은 중국에 95% 무역을 의존하는 사실상 경제 속국이다. 중국은 북중 간 산업 연관효과를 높여 향후 대북 영향력을 확대하고자 한다. 중국 주도 투자는 산업 종속화 우려를 피할 수 없다.

한국 주도 개발은 체제안정에는 가장 불리한 시나리오다. 남한의 자본과 기술, 북한의 싼 노동력과 광물자원의 결합이 남북경협의 성공적 모델이 될 수도 없다. 저임금 기반의 개성공단식 모델을 고수하다가는 얼마 못 가서 한계에 직면한다. 광주나 대전 정도의 지방 지자체 경제 규모에도 못 미치는 북한을 개발해 세계 10위권 한국 경제의 활로를 찾겠다는 발상은 비현실적이다. 북한을 공장지대로 변모시켜 인접한 중국이나 신흥국과 경쟁 구도를 만들어서는 더더욱 안 될 일이다.

북한은 국제 사회 지원을 제한 없이 받으면 체제를 지탱할 수 없기 때문에 대외 개방에 제한적일 수밖에 없다. 북한이 자원과 노동력의 약탈 대상이 되는 착취적 성장을 거부하면서도 지속 가능한 경제개발을 하려면 제3의 길을 찾아야 한다.

신북방정책도 리스크가 있다. 러시아의 극동, 중국의 동북 모두 저개발지역으로 제조업이나 SOC 사업 등에 필요한 기술은 고급 기술보다는 낮은 단계의 기술들이다. 오히려 산업업종과 기술 차별화가 별로 없는 상황에서 우리보다 10배 이상 큰 거대 중국 경제권의 블랙홀에 빠져드는 위험을 자초할 수 있다.

북한은 체제보장과 경제개발이라는 두 마리 토끼 잡기의 묘수가 절실하다. 어떤 방식이든 개발 재원을 확보하려면 즉각적인 외화 유입을 일으킬 수 있어야 한다. 상품 제조·수출 이상으로 외화 유입과 고용 효과 면에서 레버리지 파워가 큰 산업이 관광이다.

북한경제는 내수 인구가 적기 때문에 단기간에 유동 인구를 늘리려면 관광 입국이 기본 토대가 되어야 한다. 스위스에서 유학한 김정은 위원장이 관광대국을 꿈꾸고 고향 원산과 백두산에 대규모 휴양시설을 짓고 있는 것도 관광산업 잠재력을 인식하고 있기 때문이다.

문제는 북한이 시장성을 갖춘 관광자원이 부족해 부가가치가 낮은 일반 관광만으로는 국가 경제 전체를 단번 도약시키기에는 역부족이라는 점이다.

고부가 관광이 되려면 경제적으로 부유한 서방 국가들의 관광객이 북한으로 몰려 들어오게 해야 한다.

어떻게 북한을 단번에 관광대국으로 도약하게 개발할 것인가. 북한의 국가 발전 모델로 스위스를 주목한다. 특히 스위스가 ① 목적성 관광대국, ② 중립국 지위, ③ 국제기구 거점인 점에 주목한다. 스위스는 산악지형이 많아 농업이나 공업이 불리한 자연조건을 관광으로 극복했다. 8개의 문화유산이 유네스코에 선정되어 있고 관광산업이 금융이나 명품 시계 산업에 버금간다. 유럽 강대국 사이에 낀 스위스는 중립국 지위를 이용해 제네바 회담, 다보스포럼 등 국제행사로 목적성 관광객을 끌어들인다. 연중 수십만 명의 외교관과 가족들, 국제기구 근무자, 국제회의 참가자들로 붐빈다.

북한 '단번 도약'의 힌트는 세계가 주목한 김정은-트럼프 회동 이벤트에 있다. 국제 사회에 거의 알려지지 않은 무명의 변방 북한이 핵 때문에 세계 최대 강대국인 미국 대통령과도 마주 앉을 수 있었다. 북한은 핵을 지구적 숙제로 만들어 세계 속에 그 존재를 드러냈다.

북한을 스위스로 만드는 지렛대는 '핵과 DMZ'다. 어떻게 북한의 핵을 경제개발을 위한 국제 사회 신용자산으로 전환시킬 것인가? 전화위복의 묘수가 '핵 빅딜 마케팅'이다. 세계 유일의 DMZ를 '다크투어리즘(Dark Tourism) 문화유산'으로, '이념 냉전 종식의 인류사적 문화유산'으로 유네스코에 등재한다. 등재 조건은 비핵화를 선언하고 '핵으로 세계를 위협하는 비정상 국가에서 '세계 비핵화를 선도하는 평화 선도국'으로 탈바꿈한다. 한반도 비핵지대화는 국제 사회의 '비핵지대 국제조약' 선례를 참고한다.

군사시설, 땅굴, 대성동 마을 등 다크 투어리즘 콘텐츠의 보고인 DMZ는 세계 역사교훈 여행지 넘버원이다. 유네스코 요건을 갖추어 DMZ를 포함한 한반도 전체를 '세계 평화지대'로 등재하는 방안도 병행 검토한다. 평화의 사도 교황 방문 등 평화 선도국으로 국가 브랜드 정체성을 마케팅하고, 평화 선도국'으로 탈바꿈한다. 한반도 비핵지대화는 국제 사회의 '비핵지대 국제조약' 선례를 참고한다.

지금 북한은 관광 입국 최적기다. 핵이라는 '브랜딩 레버리지'가 생겼기 때문이다. 유네스코(UNESCO) 심사국 21개국은 물론 193 회원국(2019년) 모두로부터 동의를 받으면 스위스와 같은 중립국 지위를 얻는다. 미중 신냉전의 최전방 기지로 전락할 한반도의 지정학적 위기가 일거에 양국의 충돌을 완충시키는 평화지대의 기회로 전환된다.

유네스코는 본부가 파리에 있고 전통적으로 제3세계 국가들이 수적 다수를 형성하고 있다. 서로 이해관계가 얽혀 있는 4강을 우회해 국제 사회 집단 체제보장을 받아내기 위해 유엔이 아닌 유네스코를 지렛대로 활용한다. 비핵지대화 빅딜 조건으로 국제기구와 글로벌 호텔을 대거 북한에 유치한다. 비무장 지대와 평양에 유엔 동아시아 본부 등 평화 관련 국제기구를 유치하면 핵을 국제기구라는 평화 기제와 맞바꾸는 빅딜이다. 국제기구와 평화재단들의 국제포럼, 국제 세미나 등 평화 관련 엑스포, 국제행사를 북한으로 유치한다.

원산 하얏트, 원산 포시즌과 같은 글로벌 호텔 체인은 즉각적이고 상시적인 방문객 유입으로 이어진다. 인민이 생활 수준 향상을 체감할 수 있도록 경제 성과를 조기에 만들어내야만, 인민들로부터 체제 유지 정당성을 확보할 수 있다. 이런 면에서 북한 지도부가 동북아는 물론 국제 사회 정치의 중심에 서 있다는 점을 북한 인민에게 각인시킬 수 있는 시나리오가 필요하다. 미국의 협상카드, 압박카드에 의해서가 아니라 북한 지도부 스스로 국제 사회를 대상으로 세계 평화지대 비전을 선언하고 추진하는 주체가 되어야 한다는 뜻이다.

관광산업만으로는 안정된 경제라 할 수 없다. 관광은 북한 경제개발의 지렛대다. 관광 입국을 플랫폼으로 한 북한경제의 미래 비전은 무엇인가? 국제 사회가 인정하는 평화 체제가 구축되면 북한경제는 평화 테마 관광 입국을 기본 토대로 ① 동북아 MICE 관광 거점, ② 평화 관련 국제기구 및 평화재단 본부, ③ 금융허브, 신흥국 부호들의 에셋 파킹(Asset Parking) 국가, ④ 중국 시장 진출을 위한 글로벌 기업의 대중국 교두보 및 R&D 거점, ⑤ 한반도의 그린벨트 지역의 친환경 국제 도시로 발전한다.

중국경제가 미국을 추월해 아시아의 세기가 펼쳐지면 동북아는 명실공히 세계 경제의 중심으로 부상하고 북한은 중국 동북, 러시아 극동, 한국, 일본을 연결하는 동북아 허브 역할을 할 수 있는 지정학적 포지션에 있다. 중국은 사회통제, 지방 정부 간 경쟁 및 견제로 중국 기업과 관련 인사들이 안전과 기밀을 보장할 수 있는 비즈니스 협의, 추진 장소, 업무와 휴식, 관광 및 쇼핑 수요를 한꺼번에 만족시킬 복합 시설과 서비스 환경을 필요로 한다. 북한이 비자 편의, 외자 유치를 위한 제도적 장치와 법률 및 금융서비스 환경을 조성하면 인접한 북한으로 몰려올 수밖에 없다. 트럼프도 김정은에게 북한의 금융 강국 비전을 제안한 바 있다.

남북한의 진정한 경협 시너지는 노동과 자본의 결합이 아니라 한반도 전체의 '세계 평화지대' 브랜딩이다. 세계 평화지대라는 브랜딩 자체가 최고의 경제적 가치이고 남북한의 신용등급을 획기적으로 올려주는 지렛대로 작용한다.

북한개발도 IMF·WB·ADB 등 국제금융기구의 국제자금을 활용할 수 있게 된다. 유네스코에 의해 세계 평화지대로 거듭난 한반도는 평화를 테마로 한 관광산업, 한류가 접목된 세계 평화관광 벨트의 중심축으로 등장한다. 통일의 경제적 실리가 여기에 있다. 박근혜 대통령은 DMZ에 세계 평화공원 조성을 북한에 제안했었고 문재인 대통령은 DMZ를 국제기구가 상주하는 평화지대로 만들자고 유엔에 제안한 바 있다.

대부분 이미 현실에 나와 있는 아이디어들이지만 국제 사회를 움직일 만한 마케팅 레버리지가 없고 북한이 원하는 방식으로 이들을 하나로 꿰어줄 비전이 없다. 북한 지도부가 자신감을 가질 수 있는 개발 비전이라야 비핵화에 나설 수 있지 않겠나.

김정은 남매는 이미 스위스에서 북한의 미래를 모두 경험했다고 볼 수 있다. 소를 끌고 DMZ를 넘었던 정주영 회장이 살아있다면 오늘날 교착 상태에 빠진 남북경협을 보고 어떤 발상을 내놓았을까? 북한 관광 사업권을 가지고 있는 현대아산이 북한의 관광 입국 비전과 마스터플랜을 기획해 북한 지도부를 설득할 수 있다. 10년간의 개발 프레임으로 호텔, 콘도미니엄, 컨벤션 등 다양한 관광 기반 시설 개발에 나서고 2040년까지 관광 입국을 완성하는 청사진이다.

북한 대외전략의 궁극적 목표는 '체제가 보장된 경제개발'이다. '한반도 비핵지대화' 비전을 실현할 수 있는 레버리지는 '북한의 체제를 위협하지 않는 경제개발 곧 관광 입국'이다. 한국의 여론이 안전하다고 느끼고 경제적 비용 부담을 주지 않는 통일 대안은 이것밖에 없다.

부록

[잠재성장률 2.0] 잠재역량 운용 기반

한국 잠재성장률 추이 3대 특성

경제성장이 성숙단계에 이르면 자본, 노동의 투입에 의한 성장은 한계를 보이는 게 보편적 현상이지만 우리나라는 경제 규모에 비해 잠재성장률이 유난히 낮고 그 하락 추이가 유독 가파르다. 잠재성장률이 2010년 3.8%에서 2024년 1.7%로 15년 연속 하락하고 있다. OECD가 2001년(한국 당시 5.4%) 통계작성 이래 G7 국에 비해 낮아지는 것은 처음이다. 경제성장률이 80년대 9%, 90년대 7%, 2000년 5%, 2010년대 3%로 30년 만에 1/3로 떨어진 반면 잠재성장률은 20여 년 만에 3분의 1토막으로 급락했다.

특히 선진국 대비 총요소생산성(TFP) 기여도가 낮다. 80년대 연간 평균 5% 성장했던 총요소생산성은 2013년 이후 성장률이 그 절반 이하로 떨어졌다. KDI가 10년 전 TFP 기여도가 1.5%는 될 것으로 전망했으나 0.9%밖에 안 됐다. TFP가 예상보다 빨리 하락하고 있어 잠재성장률이 더 낮아진 것이다. 금융위기 이후 2010년대부터 TFP 정체가 경제성장률을 낮추는 주요인이 됐다. 총요소생산성의 GDP 기여도(2001~2017년)는 19.1%(독일 59.4%, 일본 50%, 미국 34.5%)에 불과하다. 저성장 이면에 노동, 자본 인풋 감소보다 TFP 증가율 감소 내지, 정체 요인이 더 크게 작용해 왔다. 지난 50년간(1970~ 2022년) 한국 경제 GDP 성장률은 연평균 6.4%다. 자본 투입기여도가 3.4%로 절반 기여(자동화 설비 등), 노동 투입기여도 1.4%, TFP 기여도가 1.6% 포인트 기여했다. 앞으로는 TFP 기여도가 성장의 키가 될 것이다.

더욱이 실질성장률이 2012년부터 역전해 12년째 잠재성장률을 밑돌고 있다. 2023년 실질 GDP(1,996조 원 추정)가 잠재 GDP(2,012조 원)에도 미치지 못하고 있다. 한국 경제가 허약해진 체력만큼도 실력 발휘를 못 하고 있다는 뜻이다. 경제 규모가 비슷한 호주, 스웨덴, 캐나다도 코비드 등에서 회복력을 발휘했지만, 한국만 예외다. 한국 경제의 회복력 상실 증거다.

잠재성장률 하락의 근본 원인

잠재성장률을 갉아먹는 가장 중요한 요인이 생산 가능 인구의 감소라고? 그래서 외국인 노동자들을 과감히 받아들여야 한다고? 잠재성장률을 올리기 위해 노동 시장의 유연성을 높여야 한다고? 기업 규제가 많고 세제 혜택이 부족해서 투자가 줄어 잠재성장률이 떨어진다고? 잠재성장률 추락을 바라보는 우리 사회의 주류 시각이다.

노동·자본과 같은 생산요소 투입의 증가로 인한 양적 경제성장은 생산성 증가로 인한 질적 경제성장으로 진화한다. 중국경제와 미국을 비교해 보면 중국은 생산요소 기여도(input)가 높고 미국경제는 생산성 기여도(업종 부가가치)가 높다. 미국의 노동과 자본 생산성이 중국보다 3배 높다. 우리나라는 생산성이 OECD 최하위다. 질적 성장을 대표하는 생산성 향상은 기술혁신(R&D 투자)과 인적 자본 증가(교육개혁)에 달려 있다. 그런데 우리가 지금껏 R&D 투자를 게을리하고 교육개혁을 안 해왔나? 수명주기를 다한 업종 자체를 진화시켜야 하는 이유다. 한국의 잠재성장률 하락은 저출생 고령화보다 총요소생산성 추락 요인이 가장 크고 총요소생산성 하락은 고용 경직성 등 규제 요인보다 업종 부가가치 하락과 과밀구조로 인한 과당경쟁이 주다.

자본(설비 투자 주도)과 노동 투입에 의한 대표적인 성장모델이 한국의 상품 제조수출형 양산제조업(양적 성장)이다. 선진경제에 진입한 한국도 이제 노동 투입과 설비자본을 늘려 성장을 견인하던 시대는 끝났다. 앞으로도 잠재성장률 하락 세는 지속된다. 생산요소 투입 증가는 0%대에 그칠 것이니 결국 경제정책의 핵심 목표는 총요소생산성 TFP 제고에 달려 있다.

생산 가능 인구감소에 따른 잠재성장률 하락 관점은 과거 경제관 곧 성장기의 경제논리[13]에 기반한다. 지식사회의 잠재성장률 원천은 노동력이나 자본력이 아닌 지식 생산성이다. 육체노동이 아닌 지식서비스가 부가가치를 창출한다.

잠재성장률 하락 원인을 ① 세계 최고 저출산 고령화, 노동(강성노조 등), 교육(사교육비 줄이고 산업 적합 인재 육성)개혁과 연계시키고, ② 기업 투자 축소를 규제 탓으로 돌리거나, ③ 생산성 저하를 노동과 자본의 인풋 문제에서 찾는 것은 본질과는 거리가 있다. 한국 잠재성장률 하락(=저성장 기조)의 근본은 저출산 고령화로 노동력이 줄고 자본이 줄어든 영향보다 생산성 추락(총요소생산성)이 더 문제다.

저출산 영향은 내수가 큰 국가에 해당하고 노동력 투입이 생산성을 가져오는 고도 성장기도 아니다. 저출산 고령화로 인한 생산가능인구 감소 영향보다는 우리 국민의 일감이 줄고 일감의 부가가치가 하락하고 있기 때문이다.

그러면 총요소생산성이 급락하는 근본은 무엇인가? 돈과 노동력을 쏟아부어도 기술혁신, 경영혁신이 생산성 향상으로 연결되지 않는 이유가

---

[13] 국가 차원의 비교우위 환경이 바뀐 경제·산업전환기(팽창·성장기→수축·성숙기)에 기존 성장경로(수출드라이브, 상품제조·수출형 기존 산업구조 연장선상의 신산업 육성 등) 집착, 양적 인풋 대비 아웃풋 관점, 기존 시장에서의 입지를 지켜내기 위한 초격차 기술경쟁 등 경쟁우위 혁신 기반의 경제성장기 경제관 vs 탈성장기 기존 경제·산업체제 운용중심 경제관

무엇인가? 총요소생산성은 무엇에 의해 결정되는가? 생산성 하락은 ① 기술혁신 부족, ② 규제, 제도 문제, ③ 노동, 교육 문제라기보다 가공무역 기반 상품 제조수출형 주력산업이 대중 경쟁 심화로 업종 부가가치가 하락한 탓이 크다. 자칭 타칭 제조 강국이라는 한국의 제조업 부가가치율은 27.3%로 선진국은 물론이고 OECD 평균 30%에도 못 미친다. 수출 강국 국부 창출의 한계다.

갑을 관계형 종속적 산업 구조는 부품 협력업체에 비용을 전가하고, 기술 혁신이 생산성 향상으로 연결되지 않는 산업 수명주기상 혁신가의 딜레마에 봉착해 있다. 지난 20년간 10대 수출산업은 변화가 거의 없다. 수출 물량 축소로 인한 공급력 과잉이 국내 과당경쟁을 초래해 경제 전반의 생산성을 떨어뜨리고 있다. 국내 과당경쟁 과밀 해소(저생산성 구조 탈피)는 해외 출구전략으로, 탈 상품 제조수출형 산업 구조는 인적 자원의 경험 노하우를 활용하는 무형자산 투자 중심 지식서비스형 산업으로의 전환을 요구한다. 인풋 경제(요소 투입에 의존하는 양적 성장기)를 운용 경제로 패러다임을 전환한다. 이는 기술 개발 경쟁 중심의 TFP 혁신에서 기술 운용 중심(탈 경쟁의 문제 해결 중심)의 TFP 혁신으로의 전환이다. 자본의 질은 고부가가치 산업으로의 전환이다. HW 설비 중심의 기존 투자가 해외로 향하면서 국내 수출 낙수효과가 감소하고 있다. 국내는 자본 인풋이 줄어들 수밖에 없다. SW 투자 기회 및 사업 모델 혁신이 요구된다. 산업 노후화가 TFP 혁신이 코리아 패러독스를 겪고 있는 근본이다.

규제 문제에 앞서 혁신의 방점(기존 산업 유지형 초격차)이 문제다. 인적 요소에 앞서 산업 구조와 혁신의 효율성을 먼저 짚어 보아야 한다. 즉 인적 자본과 투자 자본을 얼마나 잘 운용하느냐, 인적 자본은 머릿수(저출산, 고령화로 생산가능인구 감소)만이 아니라 사람이 가진 경험지식, 기술(노동의 질)을 어디에 어떻게 잘 활용하느냐의 게임이다. 이는 양적 인풋 기반 잠재성장률에서 노동과 자본의 잠재역량을 잘 운용하는 잠재성장률 2.0으로 혁신 패러다임을 전환하는 것이다. 경제 성숙기의 운용 혁신 기반 질적 성장이다.

잠재성장률 제고 방안

잠재성장률을 올리려면 ① 자원 인풋 중심 경제정책에서 자원 운용중심 경제정책으로 전환한다. 잠재성장률 제고는 '혁신잠재력'을 올리는 것이고 혁신 잠재력은 '보유한 자산의 잠재력을 잘 운용'하는 것이 키다. 양적 GDP 늘리기(수출 드라이브, 포트폴리오 대체 신산업 육성 중심 성장정책 등)로는 수축하는 경제 규모를 상쇄할 수 없고(초저성장), 경제 전반의 생산성(양극화 확대)을 올릴 수도 없다. 저성장 추세를 반전시키려면 통상 국가는 무엇보다 국가 차원의 비교우위 전략이 나와야 한다. 앞으로 노동(인구감소, 노동시간 단축), 자본 투입(FDI 감소, ODI 확대)은 계속 줄어들 수밖에 없다. 남은 것은 TFP 생산성을 높이는 게 유일한 대안인데 문제는 TFP를 기술혁신(기술우위 경쟁 혁신)과 등치 하는 성장기 혁신 관점으로는 저생산성을 극복할 수 없다는 점(주력산업 수명주기 혁신가의 딜레마=코리아 패러독스 봉착)이다. 생산성 혁신이 성과를 내지 못하는 것은 초격차 경쟁에 매여 우리 내부에 축적된 잠재 역량을 운용할 기회를 보지 못하고 있기 때문이다. 노동의 '생산성'을 높이고 자본의 '생산성'을 높이려면 양적 인풋(이민 확대, 여성인력 활용 등) 관점을 넘어 노동이 가진 역량과 기술을 어디에 활용할 것인지, 설비 투자 중심의 자본 투입을 부가가치가 높은 무형자산 투자로 어떻게 전환할 것인지 '운용 혁신'으로 경제 패러다임을 바꿔야 한다. 인구수와 자본 규모가 아니라 노동의 질, 자본의 질을 활용하는 혁신이다. 단순한 GDP 성장을 넘어 다수의 일자리와 소득을 향상시키는 경제 전반의 생산성 성장을 만들어야 한다. 결론적으로 경제 성장기 노동·자본의 '양적 인풋 관점'에서 경제가 성숙단계에 접어든 지금은 노동·자본의 '질적인 운용관점'으로 혁신의 키를 전환해야 한다. ① 저출산 고령화를 탓할 것이 아니라 노동이 가진 잠재역량(경험노하우와 숙련기술)을 활용(시니어노믹스 구현)하고 ② 투자 총량은 여전히 적지않은 규모지만 투자 증가만큼 경제성장과 소득증대로 이어지지 않고 있는 자본(GDP 대비 총투자율이 주요 선진국보다 높으나 성장률은 저조, HW 설비투자에 집중)은 선진형(무형자산투자, 편승성장형 투자 등)투자로 전환하고 ③ 총요소 생산성의 핵심인 기술혁신은 기술 개발 경쟁에만 매여 있을 게 아니라 기술 운용기회(K산업 업종과 기술 포트폴리오를 필요로 하는 세계 시장 또는 이를 활용한 세계 사업장 기획)를 찾는 혁신으로 전환해 잠재성장률을 올릴 수 있다.

② 업종 부가가치 제고를 위한 산업전환(탈상품 제조수출)에 나선다. 노동시장 유연성이 부족해서? 중소기업이 해고를 못하고 구인난을 겪고 있어서? 성별 격차를 줄이지 못하고 여성의 노동 참여 확대를 못해서 생산성

이 낮은가? 취업 포기자가 230만 명대다. 노동 미스매칭을 개혁하기 이전에 시대변화를 못 따라가는 산업구조 미스매칭부터 개혁해야 한다.

생산성을 높이는 유일한 대안으로 R&D 투자를 통한 기술혁신이라고 하지만 문제는 기술혁신이 혁신가의 딜레마에 직면해 생산성 향상으로 연결되지 않는다는 점이다. 수명주기상 산업 노후화가 근본이다. 인구문제에 앞서 산업이 노후화되고 저부가가치화되어 TFP 혁신(기술이 아닌 신시장을 열어야)이 안 먹히기 때문이다. 혁신 패러다임을 바꿔 업종 부가가치를 올리는 것이 우선이다. 곧 기존산업의 업종과 기술을 활용해 새로운 시장을 찾아내는 운용 혁신으로 기존산업을 한 단계 위(V2)로 진화시켜야 한다. 경제성장률이 잠재성장률을 밑도는 이유는 경기 불황 차원을 넘어 산업 노후화로 (기술) 혁신이 생산성으로 이어지지 않기 때문이다.

③ 중소기업 생태계의 과밀·영세구조 해소를 위한 출구가 국가 전체 잠재성장률 제고의 출발점이다. 대기업 납품에 의존해 성장해 온 대다수 중소기업의 자생력 부족이 생산성 저하의 근본이다. 압축성장으로 잉태된 중소기업 생태계의 과밀구조가 수축기를 맞아 과당출혈경쟁을 초래해 생산성을 떨어뜨리고 있다. 영세한 중소기업 생태계의 태생적 한계를 직시하면 새로운 성장 공간을 제공하는 것이 급선무다. 무엇보다 먼저 국내 과밀을 해소하고 국내에서 일감을 찾지 못해 늘어나는 유휴설비를 돌릴 수 있도록 중소기업의 범용기술을 활용할 수 있는 글로벌 사업장 출구(K-국제 산단 사업 참고)가 있어야 한다.

산업 2.0 전환을 위한 FDI 유치 전략

국내 산업환경의 투자 불모지대화

민생경제가 나아지려면 국내로 투자가 들어와야 하는데 국내 기업도 탈한국 엑소더스가 일어나고 있는데 해외 기업이 들어올 유인이 무엇이 겠는가? 국내는 투자 비교우위 상실로 FDI 불모지대가 되어가고 있다. 국내 기업도 해외로 나갈 수밖에 없는 국제환경(GVC 재편 등)인데 국내 투자를 어떻게 유치할 것인가?

국내 기업의 해외 투자(ODI)를 규제 탓으로 돌리기 전에 우리 제조업의 성격(양산제조 중심)을 직시할 필요가 있다. 국내는 저출산 고령화로 내수가 정체하고 고비용화 되어 양산제조업의 비교우위를 유지하기는 어렵다. 국내 기업의 투자가 해외로 향하는 것은 생존을 위해 불가피한 측면이 크다. 줄어드는 국내 투자마저 자동화 설비 투자가 주류다. 일자리 창출을 기대하기 어려운 이유다.

우리 기업의 해외 투자가 국내에도 낙수효과(일감과 일자리)를 일으키게 연계할 수는 없는가? 낙수효과 2.0 해법(글로벌 집적효과를 누리는 국제 허브형 경제)[15]다. 국내를 '국제 사회 돈과 인재가 모이는, 글로벌 집적효과를 누리는 국제 허브로 바꿔내는 것이 투자 불모지대 화를 극복하는 지름길이다. 개방형 통상경제의 내수 경기 활성화는 정부 재정에 의한 소비 진작보다 FDI 촉진에 역점을 두는 것이 더 효과적이다. 성장 잠재력 배양에서도 유리하다.

선·후발국 경계에 위치한 한국은 신흥국으로서의 매력도(내수 성장 잠재력)가 떨어지고 선진국으로서는 주력산업이 업종전환을 하지 못하고 전통산업에 머물러 있어 미래 성장성이 떨어져 OECD 국가 중에 가장 투자 불모지대(시총이 PBR < 1배 미만)가 되어가고 있다. 외국 투자자의 관점에서 한국을 보면 내수 시장은 저출산 고령화로 성장이 정체되고 고비용 대비 생산성이 낮다. 주력산업이 여전히 전통제조업에 머물러 있고 중국 등 후발국의 추격에 경쟁력을 잃고 있다. 내수 시장을 보나, 수출 경쟁력을 보나 투자 매력이 현저히 떨어지고 있는 것이다. 반면 전통산업 및 첨단산업에 걸쳐 강력한 제조업 인프라는 투자 잠재력 면에서 독보적이다. 글로벌 기업들이 한국의 고유한 장점을 새롭게 인식하도록 투자 매력 소구점을 새롭게 재정립해야 한다.

---

[15] 세계 사업 현장을 지원하는 '국제 허브 일감 + 국제 자본(FDI) 및 글로벌 인재 유입 + 인바운드 관광객 소비(관광수지)'가 내수 성장의 주된 동력이 되는 경제

투자 유치 기회 및 전략

• 한국만의 투자 매력 소구 및 조준 사격형 유치 전략

한국은 이미 조세감면 제도, 현금보조금 제도 등 적어도 제도적 측면에서는 FDI 유치를 위한 환경조건이 선진국과 동일한 수준으로 갖추어진 상태다. 하지만 FDI 유치 성패는 한국만의 독보적인 매력을 지닌 투자 유치 주제를 무엇으로 할 것이냐, 그리고 유치 활동을 그에 맞추어 목표 기업을 어떻게 타깃팅할 것이냐에 달려 있다. 즉 배터리 B, 바이오 B, 반도체 C와 같은 미래형 첨단산업 분야는 국내 기업이 글로벌 기업의 선도 기술을 이전받거나 글로벌 기업이 국내 산업생태계에 편입되도록 국내외 기업 간 연계 투자(M&A, 지분 참여 등)를 장려하고, 자동차. 조선. 철강. 기계 등 기존 전통산업 분야는 생산시설투자보다 기술 고도화를 위한 R&D 센터 투자 등으로 투자 성격을 전환하도록 인센티브 제도의 보완이 필요하다. 예컨대 업종에 상관없이 모든 FDI에 무조건 적용하는 투자 인센티브나 법인세 인하 정책(생산비용 절감용)보다는 국내 첨단산업의 경쟁력 제고에 필요한 특정 전략산업 및 업종에 특화한 투자 인센티브 정책을 개발한다. 첨단산업 제조 거점에서 첨단산업 R&D 거점으로의 도약이 투자 유치 목표다.

먼저 국내 투자를 활성화하기 위한 기본 환경을 조성한다. 첫째 국내 기업의 해외 진출(M&A. 개발사업. 공장 이전 등)로 인해 해외 일감이 늘어나면

이에 상응해 국내는 본사 일감 곧 R&D 설비나 본사 지원 조직을 늘리려는 수요가 생기면서 국내 투자를 유발한다. 둘째 관광 입국 전략(에듀투어 기반 관광산업 부흥 전략 참고)은 FDI 유치 확대를 위한 기본 환경 조성이다. 사람이 오면 돈이 따라온다, 외국인 관광객 증가가 외국계 투자자 관심을 증가시킨다. 여행 수지가 1억 달러 늘 때 경상수지는 1억 8,800만 달러가 느는 반면 상품수지 1억 달러가 늘 때 경상수지는 9,400만 달러가 느는 것에 그친다. (전국경제인연합회) 셋째 제조 거점으로서의 매력을 상실해 투자 불모지대로 전락하고 있는 국내를 제조설비 투자 중심에서 지식서비스 기반 무형자산 투자 환경으로 물꼬를 트기 위해서는 ① 첨단 제조산업 R&D 기지(BBC 제조 역량, 상용화 R&D 역량), ② APAC 시장 진출 교두보(파트너 후보 대기업+선·후발국 적정기술 교류) ③ 한류 기반 글로벌 테스트마켓 투자 유치로 구분해 추진한다.

한국은 세계적 제조산업 기반 ① 글로벌 R&D 허브다. 양산제조 거점으로는 투자 매력을 잃고 있지만 첨단 제조산업의 R&D 기지로서는 최적의 거점이다. 한국이 보유한 최대 제조설비와 대기업의 제조 혁신역량을 높이 사기 때문이다. 앞선 제조 인프라와 제조 기술+상용·응용 R&D 경쟁력+고학력 청년 인재와 현장기술 산업전문가 풀을 소구하면 미래산업 신기술 상용화 R&D 허브, 전통산업 기술 고도화 R&D 허브, 적정기술 R&D 교류 허브다. 선진기술 기업 R&D를 유치해 세계 신산업·신기술의 상용화를 선도하는 '첨단 제조산업 글로벌 R&D 허브'로 거듭날 수 있다.

첨단산업의 소부장 R&D 허브다. 예컨대 미국 자동차 부품기업 '보그워너(Borg Warner)'가 전기차 및 하이브리드차 구동 모터 R&D 센터를 한국에 증설한다. 한국은 보그워너의 신제품 개발 허브로 자리매김하고 있다. 리튬 메탈 배터리 개발사인 '솔리드 에너지 시스템'(Solid Energy System)은 한국에 차세대 전기차 배터리 R&D 센터와 생산 실증시설을 신설한다. 글로벌 기업들은 한국 인적자원의 높은 교육 수준, 뛰어난 응용력, 일 처리 속도 등 신기술의 상용화 R&D에 독보적인 강점을 갖고 있다고 평가한다.

한국은 선후발국 간 경계 국가로서 전통 주력산업 분야에서도 미래형 신기술을 보유한 선진 기업 R&D를 유치해 국내 기업의 사업고도화를 촉진할 수 있다. 이렇게 되면 추격해오는 후발국과의 기술 경쟁에서 한발 앞서 나가면서 산업고도화를 선도할 수 있다. 전통산업 적정기술 교류 글로벌 허브 역할을 수행하는 것이다.

한국이 지난 30년간 축적한 기술은 제조 현장, 건조 현장, 시공 현장 등 현장 양산기술이다. 한국 기업의 현장기술을 필요로 하는 선진국 기술기업들이 R&D 센터를 한국에 유치하도록 타깃팅한다. 현장기술과 선도기술 간 파트너십 R&D 센터가 투자 유치 목표다. 스마일 커브 상 좌우측 상단의 고부가 업무로 옮겨간다. 이는 탈한국 엑소더스가 벌어지고 있는 국내 제조업이 산업공동화를 피하는 길이기도 하다. 일례로 부산은 아시아 조선 해양산업의 혁신 허브 역할을 할 수 있다. 스마트 조선소를 구축하면 배를 더 빠르게 보다 적은 비용으로 건조할 수 있다.

영국 선박설계 소프트웨어 1위 기업 '아비바'가 부산에 R&D 센터를 연다. 한국 조선 빅3 업체와 오래전부터 독보적인 협력관계를 유지하고 있는 업체다. 조선 해양산업 거점인 부산에 R&D 센터를 구축해 다른 나라 시장으로 영향력을 확대할 수 있다. 아시아 전역의 주요 조선소를 한국 기업과 함께 공략하겠다는 구상이다. 주력산업 생태계를 글로벌 생태계로 확장해 현장 일감(Spoke) 규모의 경제를 키우면 국내(Hub)는 R&D 생태계 구축 중심의 FDI를 유치할 수 있다. 앞으로 국내 투자는 단순 제조 공장 설비 투자보다 R&D 중심의 무형자산 투자가 주류로 떠오른다.

한국은 세계 6대 수출 강국 기반 ②글로벌 시장 진출 교두보다. 한국은 세계 최고 수준의 업종 다양성과 산업생태계를 보유하고 있다. 반도체, 배터리, 바이오, 전기차 등 미래 유망산업 분야에서 글로벌 대기업을 다수 보유하고 있다. 이들이 글로벌 기술 기업들에는 안정적인 수요처를 제공하고 미래 사업의 최적 협업 파트너다. 게다가 동북아시아 중심에 위치한 지리적 이점은 글로벌 기업의 아시아 진출 전략에 부합한다.

한국은 세계 최대 FTA 경제영토, APAC 시장의 유리한 입지 조건(세계 최대 단일 시장인 중국과 인접), 다수 글로벌 대기업 보유 등 세계 시장 개척에 파트너사를 찾는 선진국 기업에는 최적 전초기지다. 80여 개국과 FTA를 맺고 있어 수출기지로서 한국의 가치가 돋보인다. FTA를 이용해 미국 유럽 중남미 등 수요에 유연하게 대처할 수 있다.

해외 기업들이 한국 기업의 수출 노하우, 현장기술과 융합하면 세계 무대에서 윈윈이 가능하다. 일례로 이스라엘은 자국의 혁신 기술과 한국의 제조 기술을 융합해 완제품화하면 누구도 대체할 수 없는 성공모델이 될 것으로 보고 있다. 이스라엘은 스마트시티를 건설할 수 있는 다양한 기술을 보유하고 있지만, 제조 강국은 아니다. 반면에 한국은 고도화된 제조 기술이 있고 이스라엘에 없는 대기업이 많아 기술들을 규모 있게 키워낼 수 있는 시장개발 역량을 가지고 있다. 품질과 신뢰성이 매우 강한 한국 기업들은 중동의 건설 분야 신규 프로젝트에서 제2의 중동 붐(1차는 값싼 노동력으로)을 일으킬 수 있다. 대기업 주도로 해외에 개발사업장을 만들어 국내에 투자한 해외 기업과 개도국 시장을 공동으로 개발할 수도 있다.

글로벌 시장에서 한국 대기업의 영향력이 커지면서 한국에 거점을 마련하고 협업을 강화하려는 움직임도 가시화되고 있다. 예를 들어 노르웨이 에너지기업 에퀴노르는 해양플랜트, 선박 건조에 뛰어난 한국을 아세안 시장 풍력발전을 이끌 핵심 기지로 보고 있다. 해상풍력 분야는 출발이 늦은 탓에 선진기술 도입이 시급한 국내 기업들과 아태지역에 생산 거점이 필요한 유럽 선진 기업들의 이해관계가 맞아떨어지고 있다. CS윈드(풍력 타워 세계 1위 한국 기업)는 덴마크 베스타스(세계 풍력터빈 1위)와 JV 설립, 두산에너빌리티는 독일 지멘스와 초대형 해상풍력 시스템 MOU 체결, 현대일렉트릭은 미국 GE와 풍력터빈 분야 MOU 등 국내 기업이 해상풍력을 선점하기 위해 선진 기업과의 제휴를 확대하고 있다. 덴마크 노르웨이와 같은 해상풍력 선진국 기업들과 전략적 동맹을 맺으면 국내 기업들이 해외 진출을 확대할 수 있다.

중국 기업도 한미FTA, 한·EU FTA를 통해 세계 시장 진출을 노리고 한국 투자를 늘리고 있다. 반대로 한국 기업은 중국 로컬기업과 제휴해 중국 내수와 글로벌 시장 진출의 편승 전략(중간재 제품 대신 운영 노하우와 기술 수출)을 구사할 수 있다. 미중 디커플링 시대에 한미, 한중, 한EU FTA 모두를 맺고 있는 한국에게 중국은 '선진국의 앞선 기술을 흡수할 수 있는 통로' 역할을 기대한다. 한국의 가치다. 일본 소부장 업체들도 완성품을 만드는 한국 대기업을 플랫폼으로 삼아 글로벌 시장에 진출할 수 있고 한국 대기업은 특정 분야에 세계 최고 기술을 가진 일본 기업들을 국내로 끌어들여(국내 투자 참여) 완성품 가치혁신을 선도할 수 있다.

한국은 한류 기반 ③ 글로벌 테스트베드다. 세계적 한류에 규모의 경제를 갖춘 5,000만 고학력 내수 시장과 앞선 디지털 인프라 환경을 감안하면 한국은 세계 시장을 선도하는 글로벌 테스트베드로서 최적 조건이다. 인구밀도와 규모 면에서 도시국가나 대국의 대도시에 비해 테스트 시장에서 독보적인 적합성을 갖고 있다. 실제 많은 글로벌 기업이 2,000만 명 인구가 밀집한 서울 수도권 시장에서 신상품을 테스트하고 싶지만, 규제 조건에 막혀 포기하는 사례가 빈번하다. 세계 최대 시장인 중국 시장에 진출하려는 글로벌 기업의 사전 신상품 테스트 시장으로서도 중국에 인접한 최적 입지다. 한국 소비자는 혁신적인 제품과 서비스에 대한 피드백이 빠르고 품질 기준 또한 높아 글로벌 트렌드를 선도하므로 최신 기술을 선보이기에 최적의 테스트 마켓을 제공한다.

특히 글로벌 소비재 기업들에 있어서 문화콘텐츠 분야 신상품과 서비스를 테스트할 수 있는 최적 시장이다. 일례로 나이키가 창립 50주년 세계 1호 '스타일 매장'을 서울에 연다. 스포츠와 스타일을 결합한 나이키 스타일 매장을 보여주는 전초기지다. 게다가 한류는 한국을 아시아 시장 나아가 글로벌 시장의 트렌드를 이끄는 시장으로 브랜딩하고 있다.

한국의 글로벌 혁신 허브화 전략도 국내 자체 창업 생태계를 키우려 하기보다 글로벌 테스트베드, 곧 첨단기술 상용화 허브로 승부하는 것이 유리하다. 신기술 수용력이 높은 한국이 세계 스마트기술의 사업 모델 테스트 시장으로 포지셔닝하고 글로벌 스마트 산업의 상용화 거점으로 거듭난다. 수출의존도를 줄이고 내수 시장을 키우려면 제조업에서 서비스업 중심으로 가야 하고 이는 선진국의 신사업과 신기술, 서비스산업을 테스트 마켓으로 적극적으로 유치해야 한다.

투자 유치 플랫폼으로써 대기업 역할

투자 결정에는 단기적으로 해당 정부의 인센티브가 영향을 주지만,

궁극적으로는 그 나라에 기술과 시장을 이끄는 글로벌 기업의 존재 여부나 자체 내수 시장이 충분히 커 투자에 유리한가가 키다. 한국은 후자보다 전자가 더 크게 작용한다. 우리나라가 세계 선두권인 조선, 반도체, 디스플레이, 석유화학 등에서 우리 대기업과 거래(납품·구매)관계 곧 공급망으로 연결되어 있는 외자 기업들이 국내 생태계에 합류(최대한 고객 가까이에 위치해 납품 공급과 R&D 협력을 효율적으로)하도록 투자를 끌어내는 것이 최고 FDI 레버리지다.

GVC 재편 시대에 세계의 공장 중국에 거점을 두었던 미국 유럽 일본의 첨단기업들이 한국으로 거점을 옮기고 있다. 이들을 유치하는 묘수는 정부의 세제 인센티브도 도움이 되겠지만 결정적 레버리지는 대기업을 투자 유치 플랫폼으로 활용하는 데 있다. 예를 들면 BBC 분야 마더팩토리를 국내에 보유한 한국 대기업들이 현재의 납품 거래관계를 레버리지로 활용해 관련 분야 해외 기술 기업을 유치한다. 대중, 대미, 대EU, APEC '시장을 함께 공략하자'라는 비전을 내세우고 한국에서의 R&D 협업을 명분으로 투자 유치전을 펼친다면 그 효과는 정부의 인센티브에 비할 바가 아니다.

적극적인 투자 유치에 물꼬를 트려면 대기업의 다양한 업종과 글로벌 네트워크를 활용하는 것이 가장 효과적이다. 해외 기업들은 한국 기업과 상호보완적인 공급망을 구축해 안정적인 산업생태계를 조성하려는 의도로 한국에 투자한다. 한국 대기업의 양산제조 역량과 파트너십으로 글로벌 시장 확대를 꾀할 수 있기 때문이다. 국내 대기업도 주력사업을 이을 제2 창업에 나서야 하고 다양한 신기술 신사업 파트너를 찾고 있다. 대기업이 투자 유치를 주도해야 하는 이유다. 국내 대기업과 납품 거래관계에 있는 선진 기술기업 풀(Pool)을 FDI 레버리지로 적극적으로 공략한다.

일례로 반도체 장비업체인 ASML이 삼성과 합작으로 경기 화성에 '차세대반도체 제조 기술 알앤디 센터'를 건립(2024년)한다. 국내 반도체 회사(한국이 ASML 글로벌 전체 매출의 30% 차지)에 공급하는 핵심 설비에 대한 한국 내 부품 조달 및 유지, 보수(재제조센터)뿐만 아니라 첨단기술을 전수하기 위한 트레이닝 센터, 체험전시관 등이 포함된다. 한국이 첨단산업의 R&D 허브가 될 수 있도록 수출 대기업이 납품 관계를 활용해 세계 첨단기술을 보유한 외국기업을 유치하는 데 앞장설 수 있다.

한화임팩트는 미국 PSM과 네덜란드 토마센 에너지를 인수해 수소 혼소 기술을 확보(미래기술 습득)하고 포스코는 인도 2위 재생에너지 전문기업 그린코와 그린수소, 암모니아 사업 협력(미래 시장 확대)을 맺어 선후발국 간 기술 브릿징 역할을 한다. 우리 대기업의 해외 기술기업 인수와 사업협력을 국내 R&D 투자 유치로 연결할 수 있다.

국가적 변화를 가속화하려면 네이버, 카카오 등이 글로벌로 사업확장을 위해 수십 개 외국기업 M&A에 나서듯이 파급효과가 큰 대기업이 자체 제조업 설비 투자에만 매이지 말고 스마트 산업 미래 투자에 적극적으로 나서야 국가 전체가 지식서비스 투자 환경으로 변한다. 한국 대기업이 영업실적이 좋아도 주가가 오르지 않는 딜레마도 극복할 수 있다. 국민연금 등 국내 투자 기관들도 글로벌 스마트 산업, 테크기업 및 신기술 유치에 적극적으로 나선다. 특히 시장 규모가 급팽창하고 관련 생태계가 광범위한 스마트시티, 스마트 의료, 스마트교육 등과 같은 스마트 산업 분야는 대기업이 플랫폼을 선도해야 글로벌 산업으로 키워낼 수 있다.

Q&A
(가장 많은 질문)

FAQ 10
"제조업을 (국내에) 지키려고 하면 제조기업을 잃는다."

❶ 제조기업이 해외로 나가면 지역 경제기반 유실, 투자유출, 기술유출을 부추기지 않나?
❷ (산업공동화 우려) 국내 설비를 밖으로 내보내면 제조경쟁력을 유지할 수 있나?
❸ (일자리유출 우려) 중소기업마저 해외로 진출하면 저소득층 고용문제를 일으키지 않나?
❹ 공급망 안정을 위해 선진국도 자국공급망구축(리쇼어링, 스마트공장 등)에 나서지 않나?
❺ 구인난은 외국인을 늘려 해결하고 국내에서 생산하고 소비하는 게 경제에 유리하지 않나?
❻ 국내에서도 경쟁력을 잃은 중소기업이 해외로 나간다고 경쟁력(특히 대중국)이 생기나?
❼ 공장을 해외로 내보내면 탄소감축을 이전하는 것이 아닌가? (경제식민지 반감은 없나?)
❽ 신흥국들도 ICT, 디지털 기술 등을 요구하는데 전통 제조산업의 자국 진출을 반기겠나?
❾ 은퇴자와 청년층에 열악한 개척시장에 나가고자 하는 의욕을 기대하는 것이 현실적인가?
❿ 세계는 첨단을 경쟁하는 데 전통산업을 확장하려다 미래 첨단기술에 뒤처지지는 않나?

출처 : 저자 작성

Q. 국제 사회 개발아젠다 맞춤형 사업을 위한 K-제조업 수출 이니셔티브에 대해 질문 대부분은 국내 공동화 우려. 국내 설비가 해외로 나간다고 하면 그렇지 않아도 지방 경제가 침체하고 인구가 빠져나가는데 기업들이 해외로 나가면 지역 경제기반이 손실되고 국내 일자리가 유출되지 않나? 지자체별로 투자

유치에 갖은 애를 쓰고 있는데 중소기업들마저 밖으로 나가는 게 지자체 경제에 어떻게 도움이 되나?

'산업공동화'의 목적 변수인 일자리 유출, 기술 유출, 무역수지 흑자 축소, 지역경제 기반 유실 등을 하나하나 따져볼 필요가 있다. 산업공동화 우려는 국제 분업체계, 제조업 밸류체인(Smile Curve), 한국 제조업의 특성(한계와 강점) 등에 대한 이해 부족에서 비롯된 오해로 산업 구조를 선진화하려면 인식 전환이 필요하다. 국내 50인 이상 기업(1만 3,500여 개) 중 50%가 수출을 하고 고용 61%를 기여한다. 반면 해외에 투자한 기업은 25%로 절반이지만 고용은 50%를 넘는다(허정 서강대 교수 통계청 기업 활동 조사 2020년 기준). 그만큼 단순히 한국 발 수출기업보다는 해외 투자 기업이 국내 경제에 중추적 역할을 하고 있다.

공장이 밖으로 나가서가 아니라 중소기업(소부장)들이 국내에서 버티다가 하나둘 도산해서 공급망이 붕괴되는 것이 공동화다. '생산기지'로서 공동화되는 것이 아니라 기술개발 투자 여력이 줄고 숙련인력이 유출됨으로써 '기술역량'을 잃어버리는 것이 진짜 공동화다. 공동화를 막을 기술개발은 돈이 돌아야 가능하고 일감이 늘어야 돈이 돈다. 해외 제조 투자로 인한 공동화를 우려하기보다 중국 공세에 밀려 고사하고 있는 '제조업의 국내 생태계 붕괴'를 우려해야 한다. 공장이 해외로 나가서가 아니라 국내에서 경쟁력과 일감을 잃고 공급력이 줄어들고 있는 것이 공동화의 근본이다. 물량이 줄면서 숙련 인력도 줄어들어 기술 개발 여력을 잃고 외노자를 고용해 공장만 돌리는 것이 공동화다.

일자리 유출이라면 누구 일자리를 걱정하나? 외노자(외국인노동자 이하 외노자) 일자리인가? 지금도 제조 현장은 구인난에 외노자로 공장을 돌리고 있다. 우리 국민이 기피하는 저부가가치화된 일자리를 외국인을 늘려서 당장 공장을 돌릴 수야 있겠지만 환경오염 비용, 저숙련 외국인 인구 증가에 따른 사회 관리 비용, 기술 축적 기회, 본사 일감 기회(국내 일자리 업그레이드 기회), 제조 강국 위상 유지 기회 등 기회비용은 예측불허다. 산업을 국민 수준(일자리)에 맞게 진화시켜내는 산업개혁은 못 하면서 국민이 기피하는 업종을 국내에 유지하려고 노동개혁을 주장하고 외국인 쿼터제 확대를 주장하는 것은 국민을 노예로 더 부려먹겠다는 것과 같다. 저부가 일감을 밖으로 빼내지 못하고 국내에 유지하려고 하는 것이 하청화(아웃소싱) 확대이고 양극화 확대 토양이다. 조선산업의 60% 이상의 일감이 하청이다. 이 일감은 밖으로 빼내야 한다. 우리 국민이 기피해 구인난을 겪는 생산직 일자리를 양질의 지식 기반 연구직 일자리 환경으로 바꿔야 한다.

국내에서 버티다가 양산 규모를 잃는 것이 진짜 공동화다. 양산 규모를 잃기 전에 현장 일감을 해외에서 늘려 국내는 현장 일감을 지원하는 본사 일감으로 업그레이드하면 러스트벨트화에서 벗어난다. 고비용 사회 환경변화에 따른 산업분화에 대응해 제조업을 제때 업그레이드하지 못하고 뒤처진 경제가 러스트벨트화다. 즉 산업공동화는 구조개혁 타이밍을 놓친 결과다. 산업공동화를 우려해 산업생태계를 국내에 유지하려는 쇄국정책이 오히려 제조업 쇠락을 가속화시킨다. 제조를 국내에 지키려다 경쟁력을 잃고 점점 일감이 줄다가 결국 폐업하거나 더 이상 버티지 못해 국내 공장은 문을 닫고 해외로 떠나버리면 국내에 남는 게 없다.

국내 산단을 문 닫고 해외로 옮기자는 게 아니다. 현재 물량이 돌아가는 가동설비가 아니라 가동률 저하로 남아도는 유휴설비와 은퇴한 숙련 인력을 밖으로 빼내 해외 사업장(K-국제산단)을 만들어 추가 일감과 일자리를 창출하자는 것이다. 해외에서 추가 일감을 확보하면 국내 지원 일감도 늘면서 본사는 R&D 중심으로 한 단계 위로 올라갈 수 있는 여건이 조성된다. 공장이 나간다고 기업이 떠나가는 게 아니다. 지자체별로 산단 스마트화 사업을 추진하고 있다. 본질은 일감 확대이지 복지 인프라 시설 확대와 같은 옷 갈아입기가 아니다. 미국의 러스트벨트는 거대한 내수 시장에 함몰되어 일찍이 해외로 진출하지 못한 결과다. 전통기업들이 더 일찍 해외 시장으로 진출했다면 내수 시장도 지키고 디트로이트는 세계 자동차 R&D 허브로 바뀌었을 것이다.

국내는 지금 일감이 축소되고 경쟁과열로 부가가치가 줄면서 임금도 늘지 않고 일자리도 감소되는 상황에 처해 있다. 경제기반은 곧 일자리와 세수원인데 이미 지방 소재 대다수 중소 제조기업은 저생산성 사업체를 부채로 연명하면서 지역경제의 기반이 되기는커녕 각종 보조금 등 세금 먹는 하마(지방 경제의 밑 빠진 독), 실업자 생산(일자리 유실), 임금격차 확대 주범으로 전락하고 양질의 일자리는커녕 수입 노동자 일자리로 변질되고 있다. 고용과 임금을 동시에 증가시킬 수 있는 대안은 저부가 현장 일감을 글로벌로 확대해 국내는 현장을 지원하는 고부가 본사 일감을 늘리는 글로벌 일감뉴딜이다. 해외로 나가 생산 확대와 시장 규모가 커지면 현장 일감을 지원하는 본사 일감도 비례해 늘어나고 부가가치도 올라간다. 당장 생산직 일자리가 해외로 나가는 모양새이지만 대신 지원 업무(본사 일감) 일자리가 새로 생겨나면서 전체적으로 더 많은 사람이 더 높은 임금을 받으며 일할 수 있는 환경이 조성된다.

밖으로 나가 K-제조업을 글로벌로 확장시켜 더 키우고 이를 발판으로 우리 국민 일자리를 업그레이드한다. 이는 해외로 생산거점을 확장해 '글로벌 공급 능력 점유율'을 올리는 산업 재배치 전략이다. 국내 공장에서 줄어드는 일감(돈이 돌아야)이 늘어나야 국내 소부장 기술 개발 역량도 배가된다. K-제조업은 앞으로 'Made in Korea'(양산 중심, 제조대국)에서 'Made by Korea'(R&D 중심, 지식 기반 제조 강국)로 가야 제조업의 세계 패권을 지킬 수 있다. 국내에 공장이 없이도 제조경쟁력을 유지할 수 있나? 삼성은 TV를 1대도 국내에서 생산하지 않지만, 세계 1등을 15년째 유지하고 수원 TV사업부에만 수천 명을 고용하고 있다. 애플도 마찬가지다. 글로벌 제조혁신을 리드할 마더 팩토리(Mother Factory)는 국내에 유지하고 국내

고비용을 감당할 수 있는 프리미엄 제품이나 내수용 생산은 국내에 일부 유지한다.

1990년대 초 세계 신발 메카였던 부산이 대만에 신발산업 패권을 빼앗긴 것도 일자리 및 기술유출을 우려한 정부의 해외 투자 제한으로 부산 소재 신발 기업들이 해외 진출 타이밍을 놓쳤기 때문이다. 제조설비를 국내에 유지한다고 해서 제조업 경쟁력이 지켜지지 않는다. 이미 국내 태양광 사례에서 보듯이 물 밀듯이 들어오는 중국업체들을 보고 있지 않은가. 그나마 OCI, 한화큐셀이 태양광 사업을 지킬 수 있었던 것은 말레이시아와 미국 진출이다. 공장이 해외로 나가면 국내는 공동화된다는 단세포적인 발상이 지난 십수년간 산업구조개혁을 막고 있다. 공동화 우려와 경고에 그치지 않고 국내 제조업의 밸류체인 업그레이드를 위한 개혁 비전 제시가 먼저다.

이미 국내 중소기업계는 빠르게 공동화가 진행되고 있다. 매년 2,000~3,000여 개 기업들이 밖으로 빠져나가고 있다. 이렇게 각자도생으로 탈한국 엑소더스가 일어나면 산업 클러스터를 유지할 수 없게 되고 이것이 진짜 공동화다. 진출 국별로 산단을 만들어 조직화시켜야 산업공동화를 막을 수 있다.

해외 제조 투자를 국내 산업공동화로 볼 것이 아니라 K-산업의 공급 능력을 세계로 확장시켜 ① 글로벌 생산점유율을 높여 경쟁국 대비 규모의 경제를 키워 경쟁력을 보완하고, ② 글로벌 밸류체인에서 양산제조에 집중된 국내 분업 역할은 고부가가치 영역'(스마일커브)으로 옮겨가고 ③ 국내 일자리를 해외 현장 일감을 지원하는 고부가 생산형 지식서비스(본사 일감) 일자리로 전환시키는 기제로 활용해야 한다.

- **일자리 질(質) 개혁(일감 뉴딜)과 '지식 기반 연구원 일자리'**

경제발전을 가져오는 생산성 혁신은 지속적으로 일자리를 고부가로 재생산해나가는 과정이다. 지방침체를 막는 가장 강력한 해법은 기업 유치를 통한 일자리 만들기다. 아파트를 짓고 공장단지를 새로 조성한다고 기업이 오지 않는다. 새로 기업을 유치하려고 하기에 앞서 기존 기업의 일감을 늘려 기존 일자리가 줄어드는 걸 막으면서 일자리를 업그레이드해야 한다. 기성세대의 숙련된 현장기술을 활용해 해외 현장 일감을 만들고 이를 레버리지로 국내 청년세대의 지식서비스(본사 일감) 일자리를 늘려나가는 세대 간 일자리 뉴딜이 요구된다.

지금 우리에게 시급한 것은 노동시간 유연화도 노동시간 단축도 아닌 짧은 노동시간에도 고부가를 달성할 수 있는 산업전환이다. 고부가 산업으로의 전환은 곧 저부가 일감에서 고부가 일감으로 옮겨가는 일이고 고부가 일감은 예외 없이 지식 기반 곧 연구활동 중심 일자리다. 지식연구 기반 일자리 환경 곧 전 국민 연구원 체제로의 전환은 곧 국가산업을 지식서비스기반으로 진화(일자리 2.0)시키기 위한 전제조건이다. DX, 데이터경제, 탄소중립 시대, 저출생·고령화 시대, AI대전환·로봇화 시대, 청년세대 선호 일자리, 지식사회 양질 일자리 요구 등 기술 트랜드 및 사회변화 모두가 가리키는 것은 일자리의 연구원화다. 즉 사람이 안 해도 될 일은 AI로봇에게 맡기고 인간은 창의성에 바탕을 둔 일자리(연구 기반)로 업그레이드하라는 시대정신이 담겨 있다. 기성세대의 효율 중심에서 청년세대의 창의 중심으로 진화시켜내는 새로운 생산성 혁신 기준(생산성 혁신 2.0)이 전환기 국민 일자리 해법 2.0이다.

현장 일감이 늘어야 우리 국민의 양질 일자리인 본사 일감도 늘어난다. 일자리 감소를 우려해 국내에 제조설비를 지키려고만 하면 중소기업은 계속 경쟁력을 잃고(저부가 가치화) 일감이 줄어들면서 그나마 남은 일자리도 사라진다. 공장이 현지로 재배치되면 현장 일감이 늘면서 국내는 설비 투자 대신 R&D 투자가 확대된다. 즉 제조설비 투자가 R&D 중심 무형자산 투자로 전환되는 것이다. 공장은 자동화되면서 생산직 고용은 줄어들지만, R&D 투자는 엔지니어 중심으로 고용을 늘린다.

- **[사례] 조선산업 공동화와 일자리**

2015년 말 13만 3,000명에 달했던 조선업 하청인력은 2022년 2월 5만 1,800여 명으로 절반 이하로 줄었다. 6~7년 전 구조조정 때 숙련공(용접공, 도장공 등)들이 대거 떠나, 돌아오지 않고 있어 늘어난 수주를 맞추려면 현장 인력이 9,500여 명이 부족하다. 한때 조선업 임금은 제조 평균의 1.5배가 넘었으나 지금은 거의 유사한 수준이다. 그만큼 부가가치가 떨어지는 업종이 되어버린 것이다.

장기적으로 어떻게 청년들이 일하러 오는 환경을 만들어줄 수 있을까? 호·불황이 반복되는 조선업 사이클을 극복하려면 어떻게 해야 하나? 조선산업을 국내에서 지속 가능하게 유지하는 비전은 무엇인가?

우리 국민은 이제 '배를 만드는 데 쓸 시간을 어떻게 더 좋은 배를 만들까 연구하는 데 써야 한다.' 노조는 '인건비가 저렴하다는 이유로 이주 노동자를 해외에서 충원하는 것은 기술 축적을 통한 조선산업 발전에 아무런 도움이 되지 않는다'라고 주장한다. 이들은 '정부가 이주 노동자 고용을 확대하겠다는 것은 조선산업 인력난의 근본 원인이 하청 노동자 저임금에 있다는 것을 모른다는 의미'라며 처우 개선을 주장한다.

반면 조선업계 관계자는 '일손 부족의 근본 해법이 처우 개선이란 걸 누가 모르겠느냐'며 '수주 호황'에도 조선 3사가 모두 조 단위 영업 손실을 내는 현실을 노조가 외면하고 있다고 주장한다. 국내에 '기술 축적'을 하고 근로자의 '처우 개선'을 해주려면 '고부가 일감으로의 이동'이 선행되어야 한다.

조선업계는 외국인 인력을 쉽게 쓸 수 있도록 국내에 '특구'를 만들어 달라고 요구하고 있다. 도대체 내국인을 고용하지도 못하는 산업을 국내에 지키려는 명분이 무엇인가? 조선산업처럼 국민이 기피해 현장의 숙련 인력이 사라질 때 진짜 공동화가 일어나는 것이다. 기술 인력 보존이 공동화를 막는 길이다.

• 사회문제와 2.0 해법 매트릭스

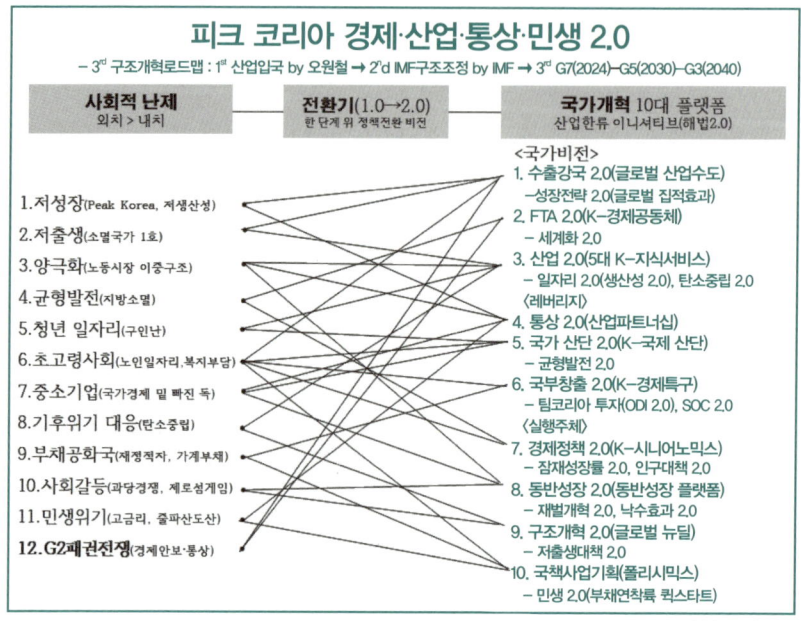

출처 : 저자 작성

킹핀 이후 K-산업 2.0
제조·수출에서 K-지식서비스 경제로

제1판 1쇄 2025년 7월 21일

지은이 박광기
펴낸이 허연 펴낸곳 매경출판(주)
기획제작 ㈜두드림미디어
책임편집 이향선 디자인 얼앤똘비악earl_tolbiac@naver.com
마케팅 한동우, 박소라

매경출판㈜
등록 2003년 4월 24일(No. 2-3759)
주소 (04557) 서울시 중구 충무로 2(필동1가) 매일경제 별관 2층 매경출판㈜
홈페이지 www.mkbook.co.kr
전화 02)333-3577
이메일 dodreamedia@naver.com(원고 투고 및 출판 관련 문의)
인쇄·제본 ㈜M-print 031)8071-0961
ISBN 979-11-6484-792-1 (03320)

책 내용에 관한 궁금증은 표지 앞날개에 있는 저자의 이메일이나
저자의 각종 SNS 연락처로 문의해주시길 바랍니다.

책값은 뒤표지에 있습니다.
파본은 구입하신 서점에서 교환해드립니다.